한국 사회과학 개념사

조공에서 정보화까지

이 도서의 국립중앙도서관 출판예정도서목록(CIP)은 서지정보유통지원시스템 홈페이지(http://seoji.nl.go.kr)와 국가자료공동목록시스템(http://www.nl.go.kr/kolisnet)에서 이용하실 수 있습니다.
CIP제어번호: CIP2018017491(양장), CIP2018017490(반양장)

A HISTORY OF SOCIAL SCIENCE CONCEPTS IN KOREA

한국 사회과학 개념사

조공에서 정보화까지

FROM TRIBUTE TO INFORMATIZATION

하영선·손열 엮음

한울
아카데미

이 저서는 한국사회과학협의회의 지원과 2015년 대한민국 교육부와 한국연구재단의 지원을 받아 수행된 연구이다(NRF-2015S1A3A2046903).

차례

서문

하영선

한국 개념사 연구의 새로운 지평을 찾아서

내가 한국 개념사 연구를 시작한 지 금년으로 사반세기의 세월이 흘렀다. 1990년을 전후해서 좀처럼 끝날 것 같지 않던 냉전질서가 하루아침에 막을 내리고 새로운 질서가 자리 잡기 시작했다. 시대의 뒷모습만 좇다 대란의 조짐을 눈치채지 못한 냉전질서 연구의 실패를 반복하지 않기 위해 단순한 탈냉전질서 연구를 넘어서서 새롭게 다가오는 시대의 앞모습을 정면에서 바라다보는 신문명의 복합질서 연구를 시작했다.

21세기의 근대와 탈근대의 복합질서를 제대로 이해하기 위해서는 한국을 비롯한 동아시아가 19세기에 겪었던 전통과 근대의 복합질서에 대한 공부가 필수적으로 중요했다. 한말의 지식인들은 동양의 전통 천하질서와 서양의 근대 국제질서가 만나는 과정에서 새롭게 겪어야 했던 서양의 삶을 동양의 전통 언어로 담아야만 했다. 나는 그 어려움을 절실하게 공감하면서 본격적으로 한국 개념사에 대해 관심을 갖게 되었다. 우선 유길준의 『서유견문』을 비롯해 문명론에 관한 글들을 읽었고, 다음으로 유길준에게 상당한 영향을 주었던 후쿠자와 유키치(福澤諭吉)의 『문명론의 개략(文明論之概略)』을 검토하고, 이어서 후쿠자와 유키치에게 커다란 영향을 미친 프랑스의 프랑수아 기조(François Guizot)와 영국의 헨리 토머스 버클(Henry Thomas Buckle)의 유럽 문명사 연구들을 만나게 되었다. 19세기 중반 서세동점의 역사적 현실에서 동아시아 3국은 어떻게 시차를 두고 서양의 문명(civilization) 개념을 받아들였는가를 문명표준, 국제정치, 그리고 국내정치의 3중적 시각에서 본격적으로 따져보게 된 것이다. 따라서 한국 개념사 연구의 첫출발은 자연스럽게 오늘 우리가 사용하는 사회과학 개념들이 19세기 중반 이래 어떻게 서양 개념들을 받아들이면서 형성되었는가에 집중했다.

한국 사회과학 개념사 연구를 본격적으로 시작하면서, 사회과학 개념들이 처음으로 등장하기 시작했던 19세기 개화 세력들의 기본 자료를 읽기 시작했다. 김옥균, 박영효의 글과 윤치호의 일기, 서재필의 『독립신문』 등을 읽으면서 한국 사회과학 개념사의 두 특징을 알 수 있었다. 우선 한국 사회과학 개념 형성사는 전통어와 개화어의 치열한 각축 속에 진행되었다는 것이다. 따라서 개화 세력의 글과 함께, 당시 조선의 기득권 세력이었던 대원군을 비롯해 이항로, 최익현을 포함한 위정척사파의 글을 동시에 읽어야 했다.

한국의 근대 사회과학 개념은 세 개의 복합 수준에서 중층적으로 작동하면서 형성되었다. 첫째, 근대 사회과학 개념 형성의 국내 정치 및 사회적 대결이 벌어졌으며, 둘째, 서양 근대 개념의 전파와 도입 과정에서 구미 발신자들 간의 주도권 쟁탈전과 중간 매개로서 일본과 중국의 국제정치적 갈등이 벌어졌다. 셋째, 동양의 전통 개념과 서양의 근대 개념 간 치열한 문명사적 각축이 있었다. 따라서 한국의 사회과학 개념은 일본과 중국 같은 다른 동아시아 국가들이나 유럽에 비해서 훨씬 복합적으로 형성되었으므로 연구도 3중적으로 진행할 수밖에 없었다.

한국의 국제질서관은 19세기 중반에 서세동점의 문명사적 변화를 겪으면서 해방론(海防論), 원용부회론(援用附會論), 양절체제론(兩截體制論), 자강균세론(自强均勢論), 국권회복론(國權回復論)을 거쳐 활발하게 전개되었으나 결국 국망의 비극을 맞이했다. 그리고 암울한 식민지 시기의 한국 사회과학 개념사 연구는 1920년대의 국제협조주의나 1930년대의 신동아질서론 등이 국내의 사회주의, 독립민족주의, 문화민족주의, 일선(日鮮) 융화 세력 등에 의해서 어떻게 받아들여졌는지를 본격적으로 검토해야 하는 숙제를 안고 있다.

한국 개념사 연구의 기본 문건을 좀 더 체계적으로 읽기 위한 방법론을 찾는 과정에서 유럽의 개념사 연구에서 많은 주목을 받은 라인하르트 코젤렉(Reinhart Koselleck)의 독일 개념사 연구를 만날 수 있었다. 코젤렉의 연구는 독일은 물론이고 덴마크, 네덜란드, 핀란드 등에서 활발하게 후속 연구가 진행되는 동시에, 개념사 연구의 세계적 전파를 위해 매년 국제 여름학교와 연례 세계학술대회를 열고 있다. 나는 구미의 개념사 연구서들을 본격적으로 검토하면서 2006년에 스웨덴 웁살라에서 열린 제9회 개념사 세계회의에 처음 참석했고, 2008년에 아시아 처음으로 한국에서 제11회 개념사 세계회의를 개최해 동서양의 개념사 연구자들이 함께 모일 기회를 만들었다.

코젤렉 학파의 글들을 본격적으로 읽고 개념사 세계회의를 통해서 지적 교류를 하면서 한국 개념사 연구를 위한 도움도 받았지만, 1750~1850년에 독일의 정치·사회 개념들이 어떻게 형성되었는가를 방대하게 다룬 코젤렉 개념사 연구를 디디고 넘어서서 한반도에서 전개된 개화와 척화의 싸움, 중국과 일본의 매개, 유럽의 전파를 제대로 담을 수 있는 좀 더 복합적인 한국 개념사 연구의 새로운 지평을 열어야겠다는 생각은 점점 커졌다.

21세기 한국 개념사 연구는 새로운 지평 확대를 필요로 한다. 19세기 중반 이래 지난 한 세기 반을 거쳐 전 세계적으로 자리 잡았던 근대 국제질서는 21세기에 다시 한번 새로운 문명표준으로 등장한 복합질서를 맞이하고 있다. 주인공, 무대, 연기의 복합화가 공동 진화하고 있는 것이다. 그 속에서 한국이 당면한 3대 주제는 신흥 대국 중국의 부상과 아시아 태평양 신질서 건축, 한반도의 냉전과 탈냉전, 정보기술혁명에 힘입은 신흥 지식 무대의 부상이다.

중국의 부상은 단순히 국제권력의 전이에 따른 미·중 관계의 전쟁과 평화 문제를 제기하는 것이 아니라 지구권력의 상대적 비집중화에 따라 나타나는 신질서 건축 시대의 도래를 의미한다. 미국은 중국의 빠른 부상에도 불구하고 21세기 복합권력에서 상대적 우위를 확보한 자신감을 기반으로 21세기 후반에도 신문명 건축을 주도할 수 있다는 자신감을 보여왔다.

한편, 중국의 부상과 미국 기성 권력의 유지라는 이중적 현실 앞에서 중국은 신형 대국 관계와 신형 주변국 관계를 포함하는 신형 국제 관계와 운명공동체 건축을 강조하고 있다. 따라서 중국은 미국과는 '신형 대국 관계'를 건축해서 근대 이래의 중심 무대인 군사 무대에서는 정면 대결을 피하고, 경제 무대에서는 경쟁과 협력을 추진하고, 다른 한편 신흥 무대에서는 새로운 질서 건축의 정통성을 확대하기 위한 명분 전쟁을 치열하게 전개하고 있다.

그뿐만 아니라, 신형 주변국 관계에서는 '친(親)·성(誠)·혜(惠)·용(容)'의 4자 잠언과 운명공동체라는 '의(義)'의 국제정치, 육상 실크로드 경제벨트와 해상 실크로드를 포함하는 일대일로(一帶一路)라는 '이(利)'의 국제정치, 그리고 국내 안보, 국제 안보, 경제 사회 안보라는 핵심 이익을 군사력으로 적절하게 지키는 '력(力)'의 국제정치를 강조하고 있다.

특히 고대의 종교혁명, 근대 초기의 정치혁명, 근대 중기의 산업혁명에 이은 근대 말기의 기술지식혁명은 과거 어느 때보다도 정통성 전쟁의 중요성을 강화하고 있다. 따라서 21세기의 개념 전쟁은 이미 치열하게 진행되고 있다. 이러한 개념 전쟁의 승패는 21세기 미래사의 주인공이 누가 될지를 크게 좌우할 것이다. 19세기 동아시아가 새롭게 겪어야 했던 근대적 문명표준을 개념화하기 위해서 서양 개념을 도입했다면, 21세기 아시아 태평양이 겪고 있는 복합적 문명표준의 개념화를 위해서는 고금동서를 동시에 품을 수 있는 개념이 필요하다.

이와 같이 21세기 복합질서를 근대 서양 개념으로 잡으려는 노력이 한계에 부딪치면서 신흥 대국 중국의 전통 개념이 현대 동아시아의 지평에 미치는 영향에 대한 관심은 점점 더 커지고 있다. 중국의 자오팅양(赵

汀阳)처럼 서양의 근대 국제질서가 오늘의 난세를 가져왔으므로 중국의 전통 천하질서 개념이 다시 한번 미래질서 통치의 중심이 되어야 한다는 무리한 주장을 하는 경우도 등장하고 있다. 전통의 천하 개념과 미래의 복합 개념을 이중으로 오해해서 생기는 이러한 혼란을 극복하려면 전통과 미래개념사를 제대로 연구해야 한다.

우선 현재처럼 천하질서를, 예치의 위계질서를 상대적으로 강조하는 존 킹 페어뱅크(John King Fairbank)적 시각과 다국 권력정치를 강조하는 모리스 로사비(Morris Rossabi)의 이분법적 시각에서 개념화하는 대신에, 선진(先秦)·한당(漢唐)·송원(宋元)·명청(明靑)의 네 시기를 거치면서 사방 주변국들과 정벌(征伐)·기미(羈縻)·회유(懷柔)·예치(禮治)의 복합적 통치라는 시각에서 새롭게 해석할 필요가 있다. 페어뱅크가 천하질서의 조공책봉제도가 본격적으로 작동했다고 평가한 청조 시대의 건륭제는 몽골 지역은 정벌과 기미로, 티베트 지역은 회유로, 그리고 조선은 예치로 다스렸다. 동시에 로사비가 세력균형이 작동했다는 송원 시대의 고려와 송과 요나라의 관계를 보면 세력균형과 예의 작동 원리가 복합적으로 작동하고 있다.

전통의 복합적 천하질서 개념은 19세기 중반에 서양의 근대 국제질서와 충돌해서 불가피하게 세력균형과 제국주의의 국제정치 개념을 수용하는 과정을 겪었다. 그러나 서양의 근대 국제질서가 자기모순을 극복하기 위해서 21세기를 맞이하면서 근대와 탈근대의 복합질서를 모색하는 속에 신흥 대국으로 부상하는 중국은 중국 특색의 신형 국제 관계와 운명공동체의 복합질서를 건축하려는 노력을 하고 있다. 이러한 중국의 꿈을 제대로 해몽하려면 중국의 전통 천하질서 개념이 서세동점의 근대와 미소의 냉전질서, 그리고 21세기의 복합질서를 겪으면서 어떻게 변환되어 오늘에 이르렀고 또 내일을 위해 어떻게 새롭게 바뀔 것인가를 검토해야 한다.

제2차 세계대전이 끝난 1945년 이후 세계질서는 1950년 한국전쟁 발발과 함께 기대와는 달리 미국과 소련이 주도하는 양극 냉전체제의 모습을 본격적으로 갖추게 된다. 군사와 경제 무대만 양극화된 것이 아니라 이념 무대의 갈등도 빠른 속도로 심화되었다. 한국전쟁으로 냉전질서의 세계적 주전장이 된 한반도는 이념 갈등의 양극화를 전 세계에서 가장 첨예하게 겪어야 했으며, 전 세계가 탈냉전의 새로운 역사를 맞이하고 있음에도 불구하고 냉전의 고도로 외롭게 남아서 쉽사리 이념 양극화의 비극을 극복하지 못하고 있다.

한반도의 남북한에는 1945년의 해방과 함께 서로 다른 사회과학 개념들이 도입되었다. 한국에는 서양의 자유민주주의 개념들이 미국과 유럽에서 직수입되었고 북한에는 소련과 중국의 사회주의 개념들이 직수입되었다. 그 이후 한국전쟁을 겪고 휴전 상태를 현재까지 유지하면서 남북한은 전쟁, 평화, 혁명, 연방, 민주, 인권과 같은 용어들을 함께 쓰면서도 전혀 다른 개념으로 이해하는 비극적 현실을 겪고 있다. 한반도 냉전사가 국제체제·분단체제·국내체제의 3중적 틀에서 형성되고 진행되어온 것처럼 냉전 개념사도 3중적 접근이 필요하다. 국제체제적인 차원에서는 냉전 시기의 동서 양 진영에서 양극화된 이데올로기가 어떻게 생성되어 양 진영으로 전파되었는가를, 남북한 분단체제 차원에서는 사회과학의 핵심 개념들이 지난 70여 년간 어떻게 이질화가 심화되는 과정을 겪어왔는가를 밝혀야 하며, 마지막으로 국내체제 수준에서는 남북한에서 권력/지식적인 영향과 사회적인 영향 속에서 일어나는 사회적 실천으로서의 해방 이후 담론 분석이 필요하다.

21세기 복합질서의 건축은 19세기 서양 근대 국제질서의 전 세계적 전파에 이어서 새로운 문명표준의 변환 가능성을 보여주고 있다. 먼저 주인공에서는 근대국가가 여전히 중요하지만 초국가 조직과 하위국가 조직뿐만 아니라 그물망과 초유동체(superfluid)까지 새롭게 등장하고 있으며, 무대에서는 군사와 경제 무대와 함께 근대적 자기모순을 극복하기 위한 생태·문화 무대, 그리고 기반 무대로서 기술지식 무대, 마지막으로 상층 무대로서 통치 무대를 포함하는 3층 복합 무대가 건축되고 있다. 그중에도 특히 인공지능(artificial intelligence), 생명공학(biological technology), 사이버 공간(cyber space), 빅데이터(big data) 같은 혁명적인 첨단기술의 혁신에 따라 기존 무대들은 불가피하게 새로운 개념들의 등장을 필요로 하고 있다.

장기적 시야에서, 코젤렉이 강조하는 과거의 경험과 미래의 기대라는 지평에서 등장하는 새로운 개념의 미래를 연구해야 한다. 이렇게 형성되는 미래 개념이 어떻게 지구적으로 소통되어 정통성을 확보하게 되는지를 밝히기 위해 지구지식사회학적인 시각에서 소통, 의미, 지식을 엮으려는 시도가 필요하다. 19세기에 서양의 근대 개념들이 동양으로 전파되었다면 21세기에는 한국 또는 동양의 개념들이 전 세계로 전파될 수 있는지를 검토해야 한다. 좀 더 구체적으로 한반도를 중심으로 하는 동아시아 또는 아시아 태평양의 새로운 질서가 건축되는 과정에서 미국과 중국의 미래 개념이 무대 주인공들의 합의를 제대로 마련하지 못한다면, 중견국 한국은 복합이나 공진과 같은 새로운 개념의 발신으로 미래 개념의 전쟁을 평화로 이끌어가는 합의의 길을 모색해야 한다.

한국 개념사 연구의 지평을 확대하기 위해서는 내용의 복합화와 함께 방법론의 복합화에 대한 노력이 필요하다. 우선 전통 개념사 연구를 위해서는 코젤렉을 비롯한 서양의 연구 방법론을 넘어서서 전통 개념의 역사적 전개에 대한 전통 방법론의 성찰이 필요하다. 한문을 공유하는 동아시아에서는 전국시대의 맹자 이래 시를 제대로 해석하려면 문장(文

章)을 임의로 끊어서 본래 시를 쓴 사람의 뜻이 아니라 읽는 사람의 뜻을 취하는 단장취의(斷章取義)를 하지 말고, 마음의 소리〔意〕로 시를 쓴 사람의 마음으로 들어가서 마음의 움직임〔志〕을 맞이해야 한다는 이의역지(以意逆志)와, 시를 쓴 사람을 알고 세상을 논의하는 지인논세(知人論世)의 방법론을 오랫동안 논의해왔다. 글의 외면세계와 내면세계를 동시에 바라다보면서 동양의 전통 개념이 어떻게 태어나고 자라나며 또 사라졌는가를 제대로 정리할 필요가 있다.

다음으로 20세기의 냉전과 탈냉전 개념 연구, 21세기의 미래 개념 연구 방법론의 세련화를 위해서 20세기 서양 지성사의 논의 중에 코젤렉 주도의 개념사 연구와 함께 맥락(context)을 강조하는 퀜틴 스키너(Quentin Skinner), 지식과 권력관계를 특별히 강조하는 미셸 푸코(Michel Foucault)의 담론 분석, 독일의 지식사회학과 푸코의 담론 분석을 결합하려는 라이너 켈러(Reiner Keller)의 담론 지식사회학이 전개하는 논의들을 주목할 필요가 있다.

그러나 코젤렉, 스키너, 푸코, 켈러의 노력들은 자신들이 부딪치는 삶의 어려움을 풀어나가려는 노력이므로 서로 일정한 편차를 보여준다. 한국의 사회과학 개념 연구사도 좁은 의미의 영미 또는 독일·프랑스적인 지평을 넘어서 지구, 동아시아, 한반도의 고민을 함께 풀어내는 복합적 지평을 보여주려는 노력이 필요하다. 19세기 당시 조선, 일본, 중국의 동양 지식인들은 근대 서양의 신질서가 다가왔을 때 전통 개념으로 담아보려는 1차적인 노력을 해보았으나, 현실의 벽에 부딪쳐 좌절한 후 비로소 서양 근대 개념을 조심스럽게 도입하기 시작했다. 전통 개념의 좌절 이후 서양 근대 개념을 도입하기 시작하면서, 새로운 개념을 형성했다. 21세기 미래도 복합 신질서를 맞이해서 근대 개념으로 잡아보려는 노력의 한계에 직면해서 동서고금의 전통과 근대 개념을 동시에 품는 새로운 복합 개념을 만들어보려는 지구적 노력이 진행되고 있다.

한국 사회과학 개념사 연구가 갈 길은 험난한 만큼 풍요로울 것이다. 이 책에 앞서 한국 사회과학 개념사 연구를 모은 두 권의 책을 간행했다. 19세기에 서양의 근대 사회과학 개념들이 한국에서 어떻게 자리 잡았는지를 다룬 『근대한국의 사회과학 개념 형성사 1』(2009)에 이어서 『근대한국의 사회과학 개념 형성사 2』(2012)는 좀 더 넓은 시공간을 다루었다. 21세기 한국 사회과학 개념사는 전통 개념의 형성과 전개, 서양의 근대 개념와 냉전 개념의 수용과 변용, 그리고 21세기의 새로운 복합 현실에 걸맞은 개념의 창출과 전파를 동시에 다뤄야 한다. 따라서 동아시아에서 전통질서 개념의 변환을 크게 천하·국제·냉전·복합의 네 시기로 나눠서 검토했다.

21세기 한국 개념사 연구는 유럽의 개념사 연구보다 한 걸음 더 나아가야 한다. 따라서 세 번째 공동 연구에 해당하는 이 책에서는 과거의 1권과 2권에 비해서 좀 더 복합적인 시공간을 다루기 시작한다. 한편 최근 공동 연구로 진행한 한국의 냉전 개념사 연구를 가까운 시일 내에 선보이게 될 것이다. 그리고 다섯 번째 연구서로서 한국 미래 개념 연구사를 출판하기 위해서 전파연구모임은 공동 연구를 준비하고 있다. 한국 사회과학 개념 연구의 새로운 지평을 열어 줄 4중 복합 개념 연구는 미국, 유럽을 넘어서 아시아와 한반도의 삶에 대한 앎을 세계가 주목하게 만드는 데 기여할 것이다.

이 책은 다음과 같이 구성된다. 제1장에서 전재성은 조공 개념을 통해 동아시아 지역질서를 보는 시각을 새롭게 제시하고자 한다. 우선 조공의 개념적 기원을 밝히고, 한중 관계사를 통해 조공의 의미가 각 시대의 정치적 맥락 속에서 어떻게 바뀌어왔는지를 살펴본다. 조공은 동아시아 지역질서의 형태에 따라 그 의미가 달라지는데, 강력한 중원 왕조 중심의 단일위계하에서는 정체성과 문화에 기반해 정치적·경제적 관계를 맺는 행위이었고, 복수의 위계/천하 간 공존의 시기에는 동등한 외교적 행위이기도 했으며, 경쟁과 전쟁 상태에서는 전략적으로 자신의 이익을 추구하는 기민한 대처 방법이기도 했다. 필자에 따르면 한중 관계는 중원의 군사적 패권, 그리고 이민족과의 상대적인 세력균형에 따라 그 양상이 달라졌다. 한반도 왕조들은 때로는 안정적인 대중 관계를 맺는가 하면, 때로는 중원 왕조의 요구를 거절하거나 더 나아가 전쟁을 벌일 만큼 독립적인 외교를 추구하기도 했다. 이 과정에서 조공은 매우 전략적 의미를 가지는 정책으로 변화되었다. 따라서 조공을 하는 한반도 왕조의 주체들 역시 조공에 대해 매우 전략적 고려와 심상을 가지고 힘의 질서로서의 조공, 제도로서의 조공을 인식하고 이에 유연하게 대처했음을 알 수 있다. 요컨대 조공이 사대 관계를 유지하는 일방적이고 보편적인 행위였다고 가정하기는 어렵다는 것이다.

제2장은 구한말과 식민지 시기 독립 개념을 다루고 있다. 김현철에 따르면 당시 한국이 처한 상황에서 독립 개념은 국가적·민족적 차원의 과제로서, 주권회복운동의 슬로건으로서, 그리고 국가에 대한 민의 자유와 권리를 보호하는 측면 등 다양한 함축적 의미를 지니면서 사용되었다. 독립은 처음에는 중국(청)과의 관계에서 외교적·정치적 자주성을 확보하는 것에서 출발해, 이후 일본 등 주변 각국과의 관계에서 국권을 회복하는 의미로 확대되었다. 20세기 초 한국 지식인들은 '동양평화'를 주창하는 일본으로부터 지역 평화의 명분을 위해 한국이라는 개별 국가의 독립이 희생되어서는 안 된다는 점을 강조했다. 1910년 일제의 한국 병합 이후 한국의 독립운동가들이나 지식인들은 당시 일본의 동양평화론을 비판하면서, 일본 주도하의 한중일 3국 관계를 대체하는 새로운 지역 질서가 수립되기를 희망했다. 일제 강점기에 많은 한국인과 단체들이 항

일 독립운동을 전개하면서 독립은 1910년 이전으로 원상회복한다는 의미에서 나아가 국제사회의 위임통치를 거치지 않고 완전한 형태로 새로운 국가를 건설한다는 의미로 이해되었다.

제3장에서 손열은 1930년대 동아시아 공간에서 공동체 혹은 협동체라는 개념이 담지하는 국제정치적 의미를 분석한다. 이는 본래 '우리의식'을 담는 사회적 개념으로서 공동체라는 언어가 국제적 단위체를 구성하는 국제정치적 개념으로 전환되는 과정을 분석하는 일이라 할 수 있다. 이 글은 첫째, 당시 일본 정계와 지성계를 풍미한 동아협동체론이 어떠한 정치적 배경에서 등장했는지, 왜 공동체 개념이 국제정치적 개념으로 확장되었는지, 이 개념이 어떤 정치적·외교정책적 결과를 가져왔는지에 대한 답을 제시하고자 한다. 둘째는 조선에서 동아협동체 유통 과정을 분석한다. 동아협동체란 1930년 일본의 전향자의 작품으로서 역설적으로 1938년을 기점으로 전향한 조선의 지식인들을 중심으로 적극적으로 수용되었다. 이들에게 동아협동체의 수용 문제는 세 가지 고려 속에서 제기되는 것이었다. 중일전쟁의 추이 및 파시즘 국가들과 동맹 등 국제 정세에 대한 전망, 협동체론이 갖는 민족주의와 자본주의, 자유주의를 넘는 상당한 혁신성을 일본이 실천할 수 있을 것인지에 대한 판단, 그리고 동아협동체와 식민지 조선의 민족 문제는 어떻게 관련되는지에 대한 판단 등이 핵심적인 쟁점 사안이었다.

구갑우의 제4장은 1949년의 시점에서 지구적 수준의 반핵·반전 평화운동에 북한 대표로 참여했던 북한 소설가 한설야의 '평화의 마음'을 추적하고 있다. 1949년 파리세계평화대회를 전후한 한설야의 수필과 소설을 매개로 하여 한설야 '개인'이 가지고 있던 평화의 개념을 찾고자 한다. 한설야가 파리대회에 참여하고 그 전후로 소설을 생산하는 1949년 봄부터 가을까지 북한 지도부는 제국주의 진영 대 민주주의 진영이라는 소련판 냉전적 마음체계를 수입해 평화를 통일과 등치하는 사유를 공유하고 있었다. 정권의 '대변인'으로서 한설야는 평화가 자신들이 생각하는 민주제도와 사회주의제도에서 비롯되는 것이라고 생각하고, 한반도적 맥락에서 평화를 통일로 등치하면서 전쟁을 통한 평화와 통일의 길에도 동의하고 있었다. 다른 한편 한설야에게는 개인의 내면에서 비롯되는 평화와 함께 북한 국가의 내면인 건설이 평화를 만들어간다는 인식도 보인다. 필자는 이 두 내면의 평화가 폭력적 방법에 의한 평화와 충돌하는 모순, 즉 개인과 국가 내면의 평화가 외면에서의 전쟁을 위한 기초가 될 수 있다는 마음의 모순을 지적한다.

제5장에서 김성배는 북한식 자주 개념이 탄생하게 된 배경과 변화 과정을 추적한다. 해방에 이은 냉전과 분단 이후 남북한 정부는 자주성을 둘러싸고 선명성을 다투었으며 상대방을 외세에 의존한 괴뢰 정부로 비난했을 만큼, 자주는 정통성 확보에서 핵심적 개념이었다. 북한 초기의 자주 개념은 구한말에 확립되어 식민지 시대로 이어진 독립자주·자주독립 개념의 연장선상에 있어 남한과 큰 차이를 보이지 않았다. 그러나 북한에서 주체사상과 같은 극단적 자주 개념이 등장한 이유는 필자에 따르면 노동당 내 권력투쟁과 같은 국내정치적 배경과 중·소 분쟁이라는 대외적 계기이다. 국방에서의 자위와 경제에서의 자립이라는 정치외교상 자주노선 개념은 1970년대 김일성 유일지배체제 확립을 거치면서 인간과 사물의 속성으로서 자주성을 강조하는 일종의 메타개념으로 상승하게 된다. 사회주의 붕괴와 북한의 대외적 고립으로 더욱 자력갱생의 길을 걸을 수밖에 없는 환경하에서 극단적 자주 개념은 더욱 강화되어 김정일의 선군노선과 강성대국론이 제기되는 배경이 되었다는 것이다.

제6장에서 마상윤은 1960년대 지성계를 풍미한 ≪사상계≫를 사례로 자유민주주의 개념의 역사를 분석한다. 1960년대 냉전과 남북 대결이

라는 구조 아래에서 ≪사상계≫를 중심으로 한 일단의 지식인들은 민주주의의 보편성을 인식하면서 그것이 우리 민족의 새로운 진로이자 중요한 정체성의 요소가 되어야 하고, 또한 이를 통해서만 민족의 생존을 도모할 수 있다고 여겼다. 그러나 자유민주주의를 이루는 두 개념인 자유와 민주의 관계에 대한 인식은 그리 예리하지 못해서 종종 둘을 혼용했다. 한편 이들은 민족 개념을 중심으로 박정희와 친화했으나 한일회담을 계기로 끝내 그와 불화하게 되었다. 필자에 따르면 이들은 그 이후 민주주의는 물론 민족주의의 측면에서도 박정희 정권에 대한 신뢰를 접게 되고 도덕주의적 성격이 강한 비판을 가하게 되었다.

제7장에서 김준석은 연방 개념을 다룬다. 그는 먼저 서구에서 연방 개념이 등장하게 된 개념사적 배경을 살펴보고, 이에 기초해 한반도에서 연방 개념이 등장하고 진화한 과정을 특히 통일방안으로서의 연방제에 관한 논쟁과 관련해 살펴본다. 한반도에서 연방의 개념에 관한 논의는 거의 전적으로 남북한 관계의 맥락에서, 그리고 통일국가 건설의 맥락에서 이루어지고 있다. 연방 개념을 선취한 북한은 지난 1960년대 이래 현재까지 줄기차게 연방국가의 건설을 목표로 하는 통일방안을 주장해왔던 반면, 한국에서는 연방제 통일방안을 어떤 식으로든 수용하는 것은 북한의 '적화전략'에 휘말리는 것과 마찬가지라는 인식이 널리 확산되었기 때문에 연방 개념이 터부시되었다. 이후 1989년 노태우 정부의 '한민족공동체통일방안'과 김대중 정부의 2001년 6·15선언의 두 번째 조항에서 남북한 정부는 북한의 낮은 단계의 연방제와 한국 정부의 국가연합이 유사성을 갖는다고 선언해 한국의 정계와 학계는 치열한 논쟁을 벌였다. 남북정상회담과 6·15선언이 한국의 정치 지형에서 '좌파'로 분류되는 정부에 의해 이루어졌기 때문에 연방제 통일방안에 관한 논의 역시 급격히 '정치화'되었고 결과적으로 연방제 통일방안 및 통일방안 그 자체에 관한

논의가 상대적으로 위축되었다는 것이다.

마지막으로 제8장에서 김상배는 한국에서 나타난 (또는 나타날) 정보화 개념의 언어적 실천을 여러 개념(또는 담론)이 경합해 '표준'의 지위를 획득하는 세 가지 차원의 '개념표준경쟁'의 시각에서 파악하고자 한다. 첫째, 개념의 전파와 수용이라는 차원에서 볼 때, 한국의 정보화는 미국의 정보화 담론과 일본의 정보화 담론이 경합하는 가운데 수용되고 전개되었으며, 최근에는 유럽과 중국의 정보화 담론도 주요 변수로 등장하고 있다. 둘째, 한국의 정보화는 위로부터의 정보화 담론과 아래로부터의 정보화 담론이 경합하는 가운데 기술효율성을 앞세우는 정부와 기업의 담론과 사회적 형평성을 강조하는 시민참여 담론이 양대 축을 이루는 양상으로 나타났다. 끝으로, 한국의 정보화는 한국이 이룩한 정보화의 성과와 비전을 대외적으로 역전파하는 기대와 함께, 최근 주목을 받고 있는 중견국 외교의 모색이라는 맥락에서 선진국과 개도국을 중개하는 한국형 정보화 모델의 과제를 던지고 있다. 결론적으로 필자는 근대화와 산업화의 개념사가 근대 국민국가 행위자들의 전통 권력 게임을 반영했다면, 21세기 정보화 개념의 전파와 수용, 번역과 반역, 그리고 역전파와 중개가 발생하는 현상은 신흥 권력(emerging power)을 둘러싼 새로운 행위자들의 각축을 반영하는 것임을 강조한다.

이 책의 기획과 집필·출판 과정에서 여러 도움을 받았다. 집필과 발표회 개최에 재정지원을 제공한 한국사회과학협의회 임현진 회장의 후의에 감사드린다. 또한 집필을 위한 일련의 연구모임은 대한민국 교육부와 한국연구재단의 지원으로 이루어졌다. 끝으로 정중하고도 세밀한 편집으로 원고의 격을 올려준 한울엠플러스 김다정 씨에게 감사의 뜻을 표한다.

제1장 전재성

동아시아 위계질서의 역사적 변화에 따른 조공 개념

1. 머리말

19세기 중·후반 동아시아가 유럽의 근대 주권국가체제로 개편되기 이전, 동아시아 지역질서는 독특한 기반 위에 있었다. 대부분의 정치단위가 왕조였으며, 서구와는 달리 주권적 평등의 원칙을 창출하기보다는 위계적 질서를 만들어내고 있었다. 동아시아의 지리적 특성 때문에 중원 왕조가 경제적, 문화적으로 중심을 차지하고 있었지만, 아시아 전체를 놓고 볼 때에는 다양한 유목민족 왕조들의 세력도 만만치 않았다.

중원의 왕조들은 동아시아가 자신의 통치하에 있었다고 역사를 기술해왔다. 중원 왕조가 천하의 중심이고 동아시아는 동심원 구조를 이루면서 주변이 중앙의 속국 혹은 번국으로 충성하는 위계구조였다는 것이다. 그러나 동아시아가 중원 왕조의 통일된 지배하에 정통으로 연결된 단일한 위계 상태였다는 것은 현실과 거리가 있다. 다양한 왕조들이 자신이 중심이 되는 세력권을 형성하고 있었고, 이들 간의 경쟁은 때로는 군사적 정복으로, 때로는 문화적 경쟁으로 표출되었다.

중원 중심의 단일적 위계를 표상하는 전통질서관은 현재의 학계에서도 통용되고 있다. 존 킹 페어뱅크(John King Fairbank)가 제시한 조공체제론은 중국의 왕조를 중심에 놓고 긴밀한 제도를 통해 연결된 단일한 위계질서를 상정하고 있다(Fairbank, 1942, 1953, 1968). 대략 14세기 전후에 완비된 조공질서는 명·청 왕조를 축으로 주변의 왕조들을 복속시키고 체계적인 사대자소의 질서를 만들었다는 것이다. 21세기 중국의 부상과 함께 중국이 유지해온 전통 지역질서에 대한 관심이 높아지면서 새로운 관점들이 등장했다. 특히 서구의 신청사론은 중국 중심 시각을 비판하면서 각축하는 왕조들 간의 경쟁 속에서 변화된 지역질서의 모습에 초점을 맞추어왔다(Hevia, 2005, 2009).

동아시아 전통 지역질서의 핵심 개념은 천하, 사대, 자소, 조공 등이다. 천하는 단일한 정치지리를 상정하는 정치적 개념이며, 사대자소는 중심과 주변, 문명과 야만, 중화와 이적을 나누는 이원적 질서의 규범적 철학이다. 상호 간의 책임과 권한을 상정해 동아시아 정치단위들이 실제로 연결되어 있음을 상정한 개념이다. 사대자소를 매개한 실제적인 제도의 기반은 조공(朝貢)이다. 조공은 조근(朝覲)과 귀물(貴物)을 합친 개념으로 군신 간의 정치적·경제적 상호작용의 축이었다(전재성, 2012).

중국의 연구자들은 조공체제가 동아시아 전체에 걸쳐 있었으며 정치적으로 군신 관계가 일반적이었다고 주장한다. 중국 주변의 단위들은 중원 왕조에 충성을 바치고 책봉을 받았으며, 공물을 바치고 회사(回賜)의 형태로 답례를 받았다고 본다. 그러나 조공의 실천이 정치적 주종 관계를 실제로 실현했는가는 당연시하기보다는 본격적으로 탐구해볼 주제이다(Zhang, 2009). 사대자소는 이념적 외피로서 개념적으로 구체적인 현상을 가리키는 데 한계가 있을 수 있다. 그러나 조공을 각 정치적 맥락 속에서 어떠한 목적으로 실행했는가는 매우 구체적인 문제이다.

중국 중심의 천하질서 시각을 비판하는 서구와 동아시아의 학자들은 조공의 물리적·이념적 기초가 매우 다양할 수 있음을 주장한다(Kang, 2010). 조공의 다양한 측면을 밝힘으로써 동아시아질서의 기본 조직원리도 밝혀낼 수 있다고 볼 수 있다. 이 글은 조공 개념을 개념사적으로 연구함으로써 조공을 통해 동아시아 지역질서를 보는 시각을 새롭게 제시해보고자 한다. 우선 조공의 개념적 기원을 밝히고, 한중 관계사 속에서 조공의 의미가 각 시대의 정치적 맥락에 따라 어떻게 바뀌어왔는지를 살펴본다.

2. 이론적 시각과 주요 질문들

동아시아 전통질서를 보는 이론적 시각은, 일원적이고 제도화된 중국 중심 시각인 페어뱅크의 조공체제론, 보편적 제국의 힘의 논리가 사실상 작동하고 있다고 보는 신청사론, 문명과 문화에 의한 구성적 측면을 강조하는 이용희의 사대관계론 등으로 대별된다.

이러한 요소들이 공존하고 있는 것이 사실이므로 중요한 점은 서로 상이한 작동 방식이 어떠한 변수들에 의해 시대와 장소에 따라 다르게 나타났는가, 그리고 각 시대별 특징을 어떻게 유형화할 수 있는가의 문제이다. 이로써 과연 동아시아 이외의 지역질서와 어떻게 차별화되는 특징을 가지게 되었는가를 연구할 필요가 있다.

동아시아 전통 지역은 다른 지역과 구별되는 특징을 가지고 있으며, 한반도 왕조와 중원 왕조의 관계를 시대별로 규정짓는 특징도 이와 연결되어 있다.

첫째, 지정학적·지경학적·지문학적 특징으로 중원의 압도적 위치를 들 수 있다. 동아시아는 지리적·인문적 특성으로 중원의 비대칭적 중요성이 두드러지고, 주변 이민족들의 문명적 후진성이 불가피하다. 따라서 중원이 정치적, 군사적으로 우위를 점해 안정적 패권체제를 이룰 경우, 동아시아질서 역시 안정되는 경향을 보인다. 그러나 북방 유목민족이 농경문화인 중원의 문명적 요소들, 특히 군사적으로 발전된 기술을 수입하거나, 스스로 정치적·군사적 힘을 비축해 중원을 공격할 경우 동아시아 지역질서의 근본적 변화를 가져오는 경향이 있다(Womack, 2006, 2012). 세력의 불평등 구조의 정도에 따라 중원 왕조는 정복, 회유, 기미 등의 다양한 주변국 정책을 실시했다.

둘째, 전쟁으로 인한 지역질서의 변화로서, 군사적 세력균형의 변화는 지역질서를 근본적으로 변화시킨다. 앞서 논의한 바, 거대한 중원 대 분산된 이민족, 농경 대 유목의 구도에서 전쟁이 발발해 군사력의 균형이 변화되면 기존의 지역질서가 무너진다. 한반도를 둘러싼 지역환경의 경우, 한반도 왕조들이 스스로 중원을 군사적으로 공격한 예가 극히 드물기 때문에, 만주 지역과 몽골 지역의 유목민족이 군사적 힘을 비축해 중원을 공격하게 되면 한반도와 중원 왕조도 이에 영향을 받아 관계가 상당 부분 변화하게 된다.

셋째, 중원 왕조의 문화적·문명적 힘으로, 주로 유교 문명의 영향이다. 중원 왕조가 상당 기간 안정되는 상황에서 강력한 문화적 자원을 축적하면 주변 왕조들과 안정적인 관계를 유지하게 된다. 집합정체성이라고 할 수 있는 문화적 유대가 형성되고 왕조들의 핵심 엘리트 간 인적 관계가 형성되는 한편, 조공을 통해 공물의 교환이 경제적 의미를 더 크게 지니게 되어 정치적·경제적으로 안정된 양자·다자 관계가 형성되는 것이다. 특히 송나라 이후 중국의 성리학이 강력한 문화적 자원으로 등장하면서 주변 왕조와 안정적 관계를 유지하는 일변을 보였다.

넷째, 동아시아 정치단위들은 제국적 특성, 혹은 위계적 조직원리에 기초했기 때문에, 왕조 간 관계 역시 위계적 특징을 벗어나지 못했다. 서구의 경우 제국들 간의 세력균형이 제국들의 주권성으로 연결되어 결국 영토국가들 간의 주권적 평등이라는 규범을 이끌어냈다. 그러나 동아시아의 경우 제국들 간에 공존과 안정의 상태가 주권적 평등이라는 새로운 조직원리를 창출하지 못했다. 위계적 조직원리가 무정부 상태 조직원리로 변환되지 못한 것이다. 그 원인은 중원의 과도한 비대성, 유목 왕조들의 불안정성, 왕조 내 조직원리가 민주주의로 변환되지 못했던 점 등으로 추정된다. 전국시대 중원의 복수 단위들 간 관계를 근대 유럽의 국제정치와 비교하기는 하지만, 결국 진(秦)나라의 통일로 귀결되고 7웅 간의 주권적 평등이 규범적으로 보장되지 못했다는 점에서, 양자는 행위적 공통점은 있지만 조직원리상의 공통점이 있다고 볼 수는 없다.

이러한 요인들과 변수들을 고려해볼 때, 동아시아 지역질서는 몇 개의 유형으로 나뉜다고 가정해볼 수 있다.

1) 유형 1: 중원 왕조의 단일위계 상태

중원 왕조가 강력한 군사적·문화적 힘을 보유하고 정비된 조공체제를 유지할 때, 페어뱅크의 조공체제론과 이용희의 문명사대론의 모습이 부각된다. 중원 왕조의 힘이 동아시아 전체에 걸쳐 확산되는 것은 대략 당나라 이후이므로, 당나라 전반기, 북송 전반기, 원나라, 명나라 전반기와 청조의 시기가 이에 해당된다고 할 수 있다. 이때 주변 왕조들은 중원 왕조의 정당성을 보고 정치적·문화적 정당성이 있는 경우 안정적 관계를 유지하며, 그렇지 못한 경우 불안정한 긴장관계를 유지한다. 전자의 경우 사대자소의 질서를 안정적으로 유지하면서 조공체제를 존중했고, 이 과정에서 불교 혹은 유교에 기반한 문화적 동화가 이루어졌다고 볼 수 있다. 원나라와 청나라가 후자의 경우로서 고려와 조선은 원나라의 직접 통치, 청의 명 정복에 대해 불만을 가지고 독립 혹은 북벌을 내세워 문화적 복속은 되지 않았다. 중원 왕조가 군사력에 기반한 이민족 왕조로서 전체적인 안정성은 확보되었지만 문화적 중화의 중심은 약화되었다고 볼 수 있다.

2) 유형 2: 복수의 위계 상태(복수의 천하 간의 평화적 공존, 독자적 위계 영역 존중론)

중원 왕조가 내부적 응집성은 유지하지만 주변의 왕조들에 비해 강력한 군사력을 갖추지 못할 때, 군사적 힘의 균형이 이루어진다. 그리고 이를 바탕으로 문화적·경제적 교류가 활발한 상황이 된다. 이때 각 왕조들은 자신의 영토가 동아시아 전체에 걸쳐 있다는 관념적 천하론을 주창하지만 실질적으로 패권적 힘이 부족함은 자인한다. 그러한 가운데 다른 왕조들의 천하를 실질적으로 존중하면서 이념적으로 독자적이며 배타적인 천하를 주장하는 경향이 두드러진다. 이때의 조공은 각자의 독자적 위계를 존중하는 외교적 행위이며, 군사적 균형이 유지되는 한 안정적 조공체제가 유지된다고 볼 수 있다. 남북조 시대 북조와 고구려 관계, 북송과 고려 관계가 이에 해당한다(노태돈, 1999a).

3) 유형 3: 군사력 중심의 왕조 간 경쟁·전쟁 상태

중원 왕조가 군사적으로 취약해져 문화적·경제적 힘을 발휘하지 못하고, 중원이 이민족에게 침략당해 정복되거나, 혹은 지속적인 전쟁 상태에 있는 경우에 해당된다. 이민족 왕조들은 군사력을 급속히 증진시켜 힘의 불균등 발전을 이룩하고, 중원을 차지해 스스로 천하를 이룩하려고 노력한다. 이 과정에서 성공하는 이민족 왕조와 실패하는 왕조가 등장하는데 이 기간에는 왕조 간 치열한 군사적 전쟁 상태가 이루어지고 세력균형의 논리에 의해 동맹과 경쟁이 빈발한다. 한반도와 중원 왕조에도 역시 만주와 몽골 지역의 이민족 왕조가 등장해 중원을 공략하는가, 이 과정에서 성공하는가, 실패하는가가 매우 중요한 변수로 등장한다. 남송대 요, 금, 원의 등장과 치열한 전쟁 상태, 후금의 등장으로 인한 명·청 교체기가 이에 해당되며, 고려와 조선은 이 시기에 생존을 보장하면서 세력균형의 변화에 따라 기민한 대처를 추구했다. 조공 관계의 주종이 단기적으로 변화하면서 조공은 생존을 지키기 위한 충성의 정치적 상징의 모습을 강하게 띠게 된다.

이상의 유형을 단일위계와 복수위계, 그리고 지역질서의 안정성과 불안정성에 따라 나누어보고, 한중 관계를 생각해보면 〈그림 1-1〉과 같다.

조공은 이러한 각 유형의 지역질서 속에서 다른 의미를 가지게 된다. 조공은 힘의 불평등 배분 구조에서 비롯되는 역학관계를 이르기도 하고, 중원과 주변의 관계를 설정하는 외교 제도이면서, 동시에 이를 내면화하는 관념, 혹은 심상이기도 하다. 이 글의 목적상 조공이라는 실천, 관례와 관련해 묻는 주요 질문들은 다음과 같다. 첫째, 주 왕조에서 기원한 조공이 중원 내의 단위들 간에 행해질 때와, 중원과 외부 단위들 간에 행해질 때 어떠한 공통점과 차이점을 가지는가. 둘째, 조공을 제외한 다른 형태의 상호작용은 어떠한 것들이 있었는가. 예를 들어 전쟁과 직접 지배는 조공과 다른 상호작용의 형태이므로 과연 조공은 얼마나 일반적인 관계 유형이었는가. 셋째, 조공의 방향은 중원 왕조를 중심으로 일방적으로 진행되었는가, 혹은 경우에 따라 역방향, 혹은 쌍방향으로 진행되었는가. 넷째, 조공은 단일한 상위 단위에 행해졌는가, 혹은 복수의 단위에 대해 동시적 조공이 행해질 수 있었는가. 다섯째, 조공의 방향성과 내용을 결정하는 독립변수들은 무엇이었는가. 물리적 힘에 기반한 세력균형이 중요했는가, 혹은 문화적 우월성과 같은 이념적, 관념적 변수들이 작용했는가. 여섯째, 조공의 다양한 실천을 통해 동아시아 전통질서의 조직원리를 어떻게 파악할 수 있는가. 그리고 기존의 이론적 시각들의 문제는 무엇인가 등의 문제이다.

그림 1-1

한반도 왕조와 중원 왕조의 관계 유형

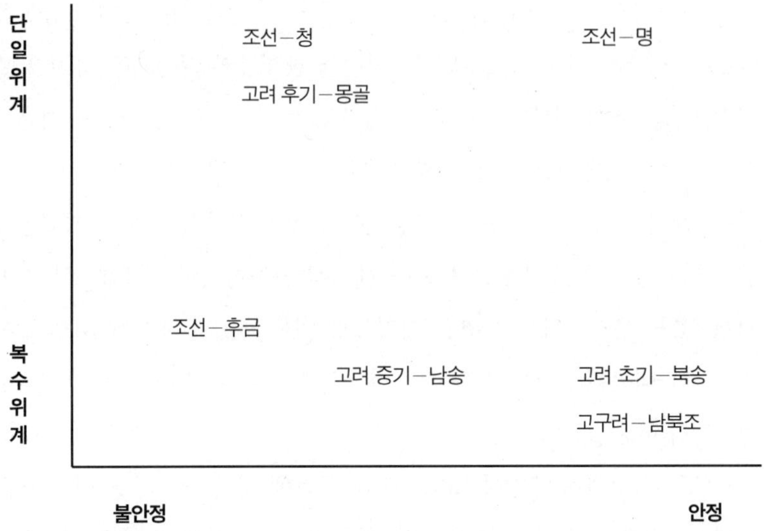

3. 조공의 기원: 중원의 제도의 확산과 전파

조공의 개념과 관례는 중원 왕조에서 기원해 점차 이민족을 포함하는 제도로 자리 잡았다. 조공은 천하를 하나의 정치지리적 단위로 보는 세계관에서 비롯되었고, 이민족은 중원의 정치 지형이 확장되면서 중원의 정치질서에 포함되게 된다. 그러나 이민족 스스로가 지역질서를 개념화하고 투사할 때 점차 중원의 개념을 차용해 사용한 것을 알 수 있다. 이로써 천하의 단일적 질서를 유지하는 조공의 관례는 이민족 중심의 위계 속에서도 나름대로 자리를 잡게 된 것이다.

조공 개념은 중국에서 기원한 것으로 상고시대부터 시작되었다고 할 수 있다. 중원의 약소부족들은 전쟁에서 강대부족에 복속되는 경우 정치적 상징으로 강대부족의 제사를 받들고, 충성을 약속하면서 공물을 바쳤다. 하 왕조와 은 왕조에서도 이러한 관례가 나타나기는 하지만 본격적으로 조공이 제도화된 것은 주 왕조로 볼 수 있다. 은 왕조는 이전의 방, 읍, 국 등 성읍국가들이 은 왕을 추대해 방국연맹을 만들어 세운 왕조이다. 반면 주 왕조는 주 왕실을 창건해 왕실의 정치적·군사적 이해관계를 극대화하기 위해 제후들을 분봉·배치했는데 이것이 분봉제도로 굳어지게 된다. 은·주 왕조는 왕을 정점으로 내복(內服)과 외복(外服)으로 구성되는데 내복은 은 왕, 주 왕의 직접통치를, 외복은 간접통치를 받는 구성이었다(이춘식, 2003: 14).

조공이 행해지려면 다스리는 정치 공간에 대한 명확한 개념이 필요한데, 주 왕조는 천자를 정점으로 9주·9복·9기·5복의 봉건제도를 정비하여 천하일국의 봉건적 세계국가를 정착시켰다. 이 제도는 『상서』, 『시경』, 『순자』, 『주례』, 『예기』 등에 기록되어 있고 『논어』와 『맹자』에도 기본적인 원칙에 대한 서술이 나온다. 조공에 대한 기사가 많이 발견되는 『상서』의 우공편은 대체로 춘추 말기, 혹은 전국 초기에 편찬된 것으로 분석되고, 『순자』는 전국 말기에 편찬된 것으로 알려져 있다. 또한 『주례』의 상당 부분은 전국시대에 편찬된 것으로, 『예기』도 전국시대에 정리된 것으로 알려져 있다.

> 우(禹)는 땅을 9주로 나누었는데, 기주, 연주, 청주, 서주, 양주, 형주, 예주, 양주, 옹주이다(『상서』, 요전, 우공편: 7).[1]

---

1 이춘식, 「유학 경전 속의 9주, 9복, 9기, 5복과 봉건적 세계국가상」, ≪중국학 논총≫,

또한 『주례』에서는 다음과 같이 기록한다.

> 9복의 방국을 나누어 사방 1000리 지역을 왕기라 하고 그 외 사방 500리 지역을 후복, 그 외 사방 500리 지역을 전복, 또 그 외 사방 500리 지역을 남복, 또 그 외 사방 500리 지역을 채복, 또 그 외 사방 500리 지역을 위복, 또 그 외 사방 500리 지역을 만복, 또 그 외 사방 500리 지역을 이복, 또 그 외 사방 500리 지역을 진복, 또 그 외 사방 500리 지역을 번복이라고 하였다(『주례』, 하관, 직방씨).[2]

결국 천하는 왕기(王畿)를 중심으로 후복, 전복, 남복, 채복, 위복, 만복, 이복, 진복, 번복의 9복으로 조직되어 있는 것이다. 또한 주공이 태명을 이루자 천하를 9기로 나누어 정하고 하 임금, 우 임금 때의 옛 제도를 회복했다.

> 이에 천하를 9기로 나누어 그 내용 기록을 가지고 각 나라에서 천자를 받드는 청사의 직무를 시행한다. 방 1000리를 국기라고 하며 그 외 방 500리를 후기라고 하며 그 외 방 500리를 전기라고 하며 그 외 방 500리를 남기라고 하며 그 외 방 500리를 채기라고 하며 그 외 방 500리를 위기라고 하며 그 외 방 500리를 만기라고 하며 그 외 방 500리를 이기라고 하며 그 외 방 500리를 진기라고 하며 그 외 방 500리를 번기라고 한다(『시경』, 국풍).[3]

16집(2003), 5쪽에서 재인용.

2 같은 글, 6쪽에서 재인용.

3 같은 글, 7쪽에서 재인용.

이후 5복에 대해서 살펴보면 『상서』에 기록되어 있는 것으로 5복을 이루어 5000리에 이르렀고 12주에 주장인 사(師) 12명을 둔 것으로 기록하고 있다. 여기서 오복은 순 임금 때에 실행한 것으로 전복, 후복, 수복, 요복, 황복으로 구성된 것으로 본다.

여기서 중요한 것은 중원 단위들 간의 관계와 중원 및 주변, 즉 중원이 야만이라고 불렀던 주변 민족과의 관계이다. 왕기를 중심으로 한 9복 중에 중앙의 후복, 전복, 남복, 채복, 위복은 황제 아래 제후국들의 지역이고, 주변의 만복, 이복, 번복은 이적과 만이의 제후국이었다. 우 임금 때의 5복 역시 중앙의 전복, 후복, 수복은 제후국이고 주변의 요복과 황복은 오랑캐의 제후국으로 구별하고 있다. 결국 9주를 제외하고 모두 황제 이하의 내부의 제후국과 오랑캐의 제후국으로 양분해 다스렸음을 알 수 있다. 실제로 황제의 군사력과 행정력이 상시적으로 오랑캐 지역에 미치고 있었는지와는 별개로 중국은 정치적 공간을 자신을 중심으로 한 동심원으로 상상하고 있었다는 점이 중요하다고 할 수 있다(이춘식, 2003: 10~14).

그러던 것이 서주가 약화되고 춘추전국시대가 되면서 정치단위가 극도로 분화된 것을 알 수 있다. 춘추시대 말기에 이르면 120개가 넘는 제후국이 출현하고 전국시대에 많은 전쟁과 병합 과정을 거치면서 7개국으로 압축된다. 이 과정에서 다양한 사회 변화가 동시에 출현하는데, 수공업의 발전, 농업생산기술의 발전, 지리적으로 광범위한 상업네트워크의 전개 등 농업사회의 변화가 초래된다. 따라서 자연스럽게 봉건제를 통한 통치가 더 어려워지고 조공의 네트워크도 복잡다단해지며, 전국시대의 투쟁 속에서 이민족이 중원의 정치에 끼어드는 사례가 늘어난다. 따라서 중원을 중심으로 진행되던 조공이 점차 이민족을 포함한 통제의 수단으로 사용되고 일반화된 의미를 지니게 된다.

이러한 전국시대의 갈등과 경쟁은 결국 진나라 건국으로 다시 단일 위계화된다. 서구의 경우 제국들 간의 세력균형이 점차 상호 존중과 주권적 평등으로 귀결되었던 것과는 별개로 전국시대의 경우 다시 정통을 찾는 단일제국으로 회귀했다는 점이 특수하다.

다음으로 조공에 대해 살펴보면, 『상서』 요전 우공편에 나와 있듯이 천하는 순·우 임금, 혹은 주나라의 9주를 제외하고는 모두 작위의 고하와 지리적 원근에 따라 조공, 즉 조근과 귀물의 의무를 진다. 9복, 9기, 5복의 모든 제후들은 차등적으로 조공을 바쳐야 하는 것이다. 『주례』는 제후가 봄에 천자에게 행하는 조근을 조(朝), 여름에 알현하는 것을 종(宗), 가을에 알현하는 것을 근(勤), 겨울에 알현하는 것을 우(遇)로 기록한다. 이는 정치적 충성 관계를 유지하는 관례라고 할 수 있다.

공(貢)의 의미를 살펴보면 갑골문에서 '貢'은 '工', '功'과 함께 헌상의 뜻이었다고 설명하고 있다. '공(貢)'은 '전(典)'과 함께 '공전(貢典)'으로 사용되었는데 이 '전(典)'의 의미는 '전책(典冊)'의 뜻으로 제사 시에 신에게 드리는 '축문(祝文)'이었다. 따라서 갑골문에 나타난 '工', '功', '貢'은 모두 같은 뜻으로 아랫사람이 윗사람에게 올리는 헌상물이었으며, 공전은 왕실의 제수품으로 헌상된 공물을 의미했다. 공물은 단순히 물물교환이 아니라 하나의 하늘에 제사를 지내는 예식에 함께 참여하는 정치적 공물의 의미가 있는 것이다. 은 왕실에 대한 헌공은 주 왕조에도 계속되어 조공의 관습으로 굳어진 것으로 볼 수 있다.

> 우(禹)는 땅을 9주로 나누어 높은 산과 큰 강으로 경계를 정하였다. 기주 부세는 1등에 2등이 섞였다. 연주는 부세가 9등이었다. 공물은 철과 생사였다. 청주는 부세가 4등이었으며 공물은 소금과 갈포였으며 여러 종류의 해산물이었다. 서주 부세는 중등이었는데 공물은 5색의 흙과 5색의 꿩 털이

었다. 양주 부세는 하의 상 등급이었고 공물은 금, 은, 동의 3가지 금속과 아름다운 옥, 돌, 대나무 등이었다. 형주 부세는 3등이었으며 공물은 새 깃, 소꼬리 털, 상아 가죽이었다. 예주 부세는 상중의 상이었다. 공물은 철, 모시, 포, 옷감 등이었다. 양주는 부세는 하중의 하였으며 공물은 옥, 철, 은, 강철 등이었다. 옹주 부세는 중하였고 공물은 옥과 돌이었다〔『상서주소급보정(尙書注疏及補正)』, 하서, 우공: 17〕.[4]

후복은 일 년에 한 번 조근하고 공물을 공납한다. 전복은 2년에 한 번 조근하고 빈물을 공납한다. 남복은 3년에 한 번 조근하고 기물(器物)을 공납한다. 채복은 4년에 한 번 조근하고 복물(服物)을 공납한다. 위복은 5년에 한 번 조근하고 임물(林物)을 공납한다. 요복은 6년에 한 번 조근하고 화물(貨物)을 공납한다(『주례』, 추관, 사구하).[5]

공(公), 후(候), 백(伯), 자(子), 남(男)의 제후들은 은 각자 5등작(五等屬) 지위의 고하에 따라 정해진 위치에서 천자에게 조근을 행하고 공물을 헌상하였다(『예기』, 명당위).[6]

여기서 복이란 "천자를 받들어 복속한다"의 뜻으로 천자에 대한 복속을 의미하고 기는 분한(分限), 한계(限界)의 뜻으로 지역, 영지를 뜻한다. 조공을 게을리 하는 것에 대한 벌칙도 명확했다. 즉, 다음과 같다.

4 같은 글, 9쪽에서 재인용.

5 같은 글, 9쪽에서 재인용.

6 같은 글, 9쪽에서 재인용.

제후들이 조근을 한 번 이행하지 않으면 작위가 강등당하고 두 번 이행하지 않으면 영토가 삭감되었으며 세 번 이행하지 않으면 마침내 천자의 무력적 응징을 받았던 사실을 말하고 있다. 그러므로 주 천자에 제후들의 조근 이행은 '조근은 작위의 고하를 바르게 하는 것이다〔『좌전주소급보정(左傳注疏及補正)』, 장공〕.[7]

또한 조근의 예는 군신의 예를 밝히는 것이다.

제나라 군주가 제후들의 군사를 거느리고 초나라를 정벌하였다. 이에 초 군주 자사가 사신을 보내어 제후들의 군사에게 말하기를 무슨 이유냐고 묻자 관중이 대답하여 말하기를 너희 나라에서 공물이 들어오지 않아 왕실의 제사에 제물을 제대로 올리지 못하고 제사 술도 제대로 올리지 못하고 있으므로 우리 군주가 이것을 요구하고 있다. 굴환이 대답하여 말하기를 공물을 바치지 않았던 것은 우리 군주의 잘못이다 어찌 감히 바치지 않겠는가(『춘추좌전』, 희공 4년).[8]

4. 중원 왕조의 단일위계하 전형적 조공 관계

중원에서 시작된 조공 관계는 점차 이민족으로까지 확장되어 중원이 단일한 위계를 성립했을 때는 동심원적이고 중원 집중적인 조공 관계가 만들어진다. 사대자소의 이념적 틀 속에서 조근과 공물을 바치고 책

7 같은 글, 16쪽에서 재인용.

8 같은 글, 18쪽에서 재인용.

봉과 봉삭이 이루어지는 관계가 성립된다. 한중 관계의 경우 조·명 관계가 가장 모범적인 사례로 여겨진다. 이 글에서는 이와 같은 유형 1에 관해서는 제한적으로만 살펴보고, 여타 유형에 집중하는데, 유형 1의 조공 개념을 보여주는 기사로 다음의 둘을 들고자 한다. 조선이 건국되고 정도전은 명나라에 황제의 덕을 칭송하는 표문을 들고 가는데 이를 보면 조·명 관계의 기본적 내용과 조공에 대한 생각이 담겨 있다.

> 배신(陪臣) 조반(趙胖)이 남경에서 돌아와 예부(禮部)의 차자(箚子)를 가지고 와서 삼가 황제의 칙지(勅旨)를 받았는데, 고유(誥諭)하심이 간절하고 지극하셨습니다. 신은 온 나라 신민과 더불어 감격함을 이길 수 없는 것은 황제의 훈계가 친절하고 황제의 은혜가 넓고 깊으시기 때문입니다. 몸을 어루만지면서 감격함을 느끼고 온 나라가 영광스럽게 여깁니다. 가만히 생각하옵건대, 천지의 사이에는 본래부터 패망하고 홍하는 이치가 있는데, 소방(小邦)은 공민왕(恭愍王)이 후사(後嗣)가 없으면서부터 왕씨가 망한 지 이미 오래되었고, 백성의 재화(災禍)는 날로 증가해갔습니다. 우(禑)가 이미 요동(遼東)을 공격하는 일에 불화(不和)의 씨를 만들었으며, 요(瑤)도 또한 중국을 침범하는 일에 모의(謀議)를 계속하고 있었는데, 다만 간사한 무리들이 내쫓김을 당한 것은 실로 황제의 덕택이 가해지고, 또한 여러 사람들이 기필하기 어렵다고 생각한 때문이오니, 이것이 어찌 신의 힘이 미친 것이겠습니까? 어찌 성감(聖鑑)께서 사정을 환하게 알아서 천한 사신의 말씀을 듣고 즉시 덕음(德音)이 갑자기 이르게 될 줄을 생각했겠습니까? 마음속에 새겨서 은혜를 잊지 않겠으며, 쇄골분신(碎骨粉身)이 되어도 보답하기가 어렵겠습니다. 이것은 삼가 황제 폐하께서 구중궁궐(九重宮闕)에서 천하를 다스리고 있으시면서도 만리 밖을 밝게 보시고, 『주역(周易)』의 먼 지방을 포용하는 도리를 본받고, 『예경(禮經)』의 먼 나라 사람을 회유(懷柔)하는 인

덕(仁德)을 미루어, 마침내 자질구레한 자질로 하여금 봉강(封疆)을 지키는데 조심하게 하시니, 신은 삼가 시종을 한결같이 하여, 더욱 성상을 섬기는 성심을 다하여 억만년(億萬年)이 되어도 항상 조공(朝貢)하고 축복하는 정성을 바치겠습니다(『조선왕조실록』 태조 2권, 1년(1392), 정도전이 명나라에 가지고 간 황제의 덕을 칭송하는 표문).

여기서 조선은 고려와 명의 관계가 순탄치 않았음을 고하고 조선의 건국에 명이 도움을 주었음을 상징적으로 논의하고 있다. 또한 향후 항상 조공하고 축복하는 정성을 바친다는 말로 양국 간의 외교적 관례를 확립하는 모습을 보인다. 이하에서 보겠지만 고려 말에 여·명 관계는 어려움으로 점철되었고 이를 매듭짓는 의미에서 태조 당시의 조공 논의는 중요하다고 하겠다.

다음으로 태종 1년에 명의 사신이 조서를 가지고 방문하는데, 태종은 쿠데타로 집권하고 이후 자신의 정권을 정당화하기 위해 명의 정치적 지원을 갈구하고 있었다. 이 과정에서 조·명 관계가 좀 더 전형적으로 자리 잡고 수직적인 조공 관계가 뿌리를 내린다고 볼 수 있다. 기사를 보면 다음과 같다.

중국의 바깥 육합(六合) 안에 무릇 땅덩이를 가진 나라는 반드시 인민(人民)이 있고, 인민이 있으면 반드시 임금이 있어 통치하는 것이다. 땅이 있는 나라는 대개 수로 헤아릴 수 없으나, 오직 시서(詩書)를 익히고 예의를 알아서, 능히 중국의 교화를 사모한 연후에야 중국에 조공(朝貢)하고, 후세에 일컫는 것이다. 그렇지 않으면, 비록 나라가 있어도 사람들이 알지 못하고, 또 혹은 대국(大國)을 섬기지 못하여 착하지 못한 것으로 사방에 알려지는 자가 또한 있다. 너희 조선은 기자(箕子)의 가르침을 익혀서, 본래 배우기를 좋아하고 의(義)를 사모하는 것으로 중국에 알려졌고, 우리 태조(太祖) 고황제(高皇帝)께서 만방(萬邦)을 무림(撫臨)하심으로부터 신(臣)이라 일컫고 조공(朝貢)을 받들어 혹시라도 게으르고 방자한 일이 없었고, 짐(朕)이 공경히 유조(遺詔)를 받아 제위(帝位)를 이음에 미쳐 곧 사신을 보내어 조상하고 하례하였는데, 그때에 짐이 양음(諒陰)에 있었으므로 살피어 회답하지 못하였다. 복(服)을 벗음에 미쳐서는 마침 북번(北藩)의 종실(宗室)이 조용하지 못하여 전쟁〔軍旅〕이 그치지 않았으므로, 회수(懷綏)의 도(道)가 결여(缺如)되었었다. 그러나 너 권지 국사(權知國事) 이(李)는 능히 사대(事大)의 예(禮)를 두터이 하여 짐의 생일을 맞아 다시 공비(貢篚)를 닦았으니, 마음에 아름답게 여기어 지금 사신(使臣)을 보내서 건문(建文) 3년의 대통력(大統曆) 한 권과 문기(文綺)·사라(紗羅) 40필을 내려 지극한 뜻에 회답한다. 너는 천도를 순(順)히 받들고 번의(藩儀)를 공손히 지키어, 간사한 것에 현혹하지 말고, 거짓에 두려워하지 말고, 더욱 충순(忠順)을 굳게 하여 아름다운 이름을 길이 보전하여, 후세로 하여금 '인현(仁賢)의 가르침이 오래도록 빛이 난다'고 말하게 하면, 또한 아름답지 아니한가? 그러므로 이에 조서(詔書)로 보이는 바이니, 마땅히 짐의 권회(眷懷)하는 바를 몸받으라(『조선왕조실록』 태종 1권, 1년(1401), 중국의 사신 육옹과 임사영이 조서를 가지고 오다).

명은 기자조선의 맥락에서 조선을 보고 있으며, 태종 정권의 정당성을 인정하면서 향후 지속적으로 조공을 바칠 것을 확인하고 있다. 이와 같이 전형적인 유형 1의 조공 관계에서 한반도 왕조는 중원의 권리를 인정하는 가운데, 정치적·경제적·문화적 복속 관계를 맺었다고 할 수 있다.

5. 복수적 천하와 위계 속의 조공제도

1) 고구려의 독자적 천하관과 조공 관념

앞에서 분류한 유형 1의 중원 왕조의 단일한 위계 속의 조공제도는 조선 초기에 다양한 용례를 찾아볼 수 있다. 중원의 왕조들은 예부를 중심으로 주변 왕조의 조근과 공물을 받아 일관된 천하질서를 유지했다. 조선의 경우 성리학이 자리를 잡으면서 정체성에 기반한 문화적 사대와 이념적 사대가 강고한 위치를 점하게 된다.

그러나 이러한 유형 1의 조공제도가 동아시아 지역질서, 그리고 한중 관계에서 압도적이 아니라는 점을 인식하는 것이 중요하다. 대표적인 경우가 고구려와 중원 왕조 간의 경우이다. 고구려의 경우 중원 왕조와는 근본적으로 구별되는 왕조의 기원에 대한 인식이 뚜렷했음을 알 수 있다(노태돈, 1999b). 대표적인 용례는 광개토왕비에서 발견할 수 있다. 우선 왕조의 기원에 관해서는 다음과 같이 기록한다.

> 옛적 시조(始祖) 추모왕(鄒牟王)이 나라를 세웠는데 (왕은) 북부여(北夫餘)에서 태어났으며, 천제(天帝)의 아들이었고 어머니는 하백(河伯; 水神)의 따님이었다. 알을 깨고 세상에 나왔는데, 태어나면서부터 성(聖)스러운 ……이 있었다. 길을 떠나 남쪽으로 내려가는데, 부여의 엄리대수(奄利大水)를 거쳐 가게 되었다. 왕이 나룻가에서 "나는 천제의 아들이며 하백의 따님을 어머니로 한 추모왕이다. 나를 위하여 갈대를 연결하고 거북이 무리를 짓게 하여라"라고 하였다. 말이 끝나자마자 곧 갈대가 연결되고 거북 떼가 물위로 떠올랐다. 그리하여 강물을 건너가서, 비류곡 홀본 산상(沸流谷 忽本山上)에 성(城)을 쌓고 도읍(都邑)을 세웠다. 왕이 왕위(王位)에 싫증을 내

> 니, (하늘님이) 황룡(黃龍)을 보내어 내려와서 왕을 맞이하였다. (이에) 왕은 홀본 동쪽 언덕에서 용의 머리를 디디고 서서 하늘로 올라갔다. 유명(遺命)을 이어받은 세자(世子) 유류왕(儒留王)은 도(道)로서 나라를 잘 다스렸고, 대주류왕(大朱留王)은 왕업(王業)을 계승하여 발전시키었다.

여기서 고구려의 기원을 북부여에서 찾고 있으며 천제(天帝)라는 표현을 사용해 고구려 왕조와 하늘과의 직접적 관계를 명시하고 있다. 독자적 천하질서를 표명하는 세계관이라고 할 수 있다. 하늘님과 자연의 보호를 받는 이미지 역시 독자적 천하관과 직결된다.

더 중요한 점은 고구려가 백제와 신라에 대한 독자적 영역을 구축하고 있다는 점을 광개토왕비가 보여주고 있는 점이다.

> 백잔(百殘)과 신라(新羅)는 옛적부터 〔고구려(高句麗)의〕 속민(屬民)으로서 조공(朝貢)을 해왔다. 그런데 왜가 신묘년(辛卯年, 391)에 건너와 백잔을 파(破)하고 신라 …… 하여 신민(臣民)으로 삼았다. 영락(永樂) 6년(396) 병신(丙申)에 왕이 친히 군을 이끌고 백잔국(百殘國)을 토벌하였다. 고구려군이 〔3자(字)불명(不明)〕하여 영팔성, 구모로성, 각모로성, 간저리성, ㅁㅁ성, 각미성, 모로성, 미사성, ㅁ사조성, 아단성, 고리성, ㅁ리성, 잡진성, 오리성, 구모성, 고모야라성, 혈ㅁㅁㅁㅁ성, ㅁ이야라성, 전성, 어리성, ㅁㅁ성, 두노성, 비ㅁㅁ리성, 미추성, 야리성, 태산한성, 소가성, 돈발성, ㅁㅁㅁ성, 루매성, 산나성, 나단성, 세성, 모루성, 우루성, 소회성, 연루성, 석지리성, 암문ㅁ성, 임성, ㅁㅁㅁㅁㅁㅁㅁ리성, 취추성, ㅁ발성, 고모루성, 윤노성, 관노성, 삼양성, 증ㅁ성, ㅁㅁ노성, 구천성 …… 등을 공취(攻取)하고, 그 수도(首都)를 …… 하였다. 백잔이 의(義)에 복종치 않고 감히 나와 싸우니 왕

이 크게 노하여 아리수를 건너 정병(精兵)을 보내어 그 수도에 육박하였다. (백잔군이 퇴각하니 ……) 곧 그 성을 포위하였다. 이에 (백)잔주(殘主)가 곤핍(困逼)해져, 남녀생구(男女生口) 1000명과 세포(細布) 1000필을 바치면서 왕에게 항복하고, 이제부터 영구히 고구려왕의 노객(奴客)이 되겠다고 맹세하였다. 태왕은 (백잔주가 저지른) 앞의 잘못을 은혜로서 용서하고 뒤에 순종해온 그 정성을 기특히 여겼다. 이에 58성 700촌을 획득하고 백잔주의 아우와 대신 10인을 데리고 수도로 개선하였다. 영락 8년(398) 무술(戊戌)에 한 부대의 군사를 파견하여 (신출자)신(愼)〔식신, 숙신(息愼, 肅愼)〕 토곡(土谷)을 관찰(觀察), (신출자) 순시(巡視)하였으며 그때에 (이 지역에 살던 저항적인) 막ㅁ라성(莫ㅁ羅城) 가태라곡(加太羅谷)의 남녀 300여 인을 잡아왔다. 이 이후로 (신출자)신(愼)은 고구려 조정에) 조공을 하고 (그 내부의 일을) 보고하며 (고구려의) 명(命)을 받았다.

광개토왕비에서 조공이라는 표현은 총 4회 발견된다. 비문에 따르면 백제, 신라, 부여는 계속 고구려에 조공해왔고, 백제, 신라, 동부여는 모두 속민으로 기술되어 있다. 특히 앞에서 보듯이 백제의 아신왕은 고구려의 노객(奴客)이 되겠다는 표현을 하고 있어, 고구려·백제의 관계를 개념화하고 있다. 따라서 중원에서 기원한 봉건질서하의 천자·제후와 구별되는 주·노(主·奴)의 새로운 관계를 암시하고 있는 것이다. 따라서 고구려와 백제의 관계는 중원의 조공 관계와 구별되는 독자적 질서를 세우고 있었음을 알 수 있다(윤성환, 2012: 102~105).

영락(永樂) 9년(399) 기해(己亥)에 백잔(百殘)이 맹서를 어기고 왜(倭)와 화통하였다. (이에) 왕이 평양으로 행차하여 내려갔다. 그때 신라왕이 사신을 보내어 아뢰기를, "왜인(倭人)이 그 국경(國境)에 가득 차 성지(城池)를 부수고 노객(奴客)으로 하여금 왜의 민(民)으로 삼으려 하니 이에 왕께 귀의(歸依)하여 구원을 요청합니다"라고 하였다. 태왕(太王)이 은혜롭고 자애로워 신라왕의 충성을 갸륵히 여겨, 신라 사신을 보내면서 (고구려 측의) 계책을 (알려주어) 돌아가서 고하게 하였다. 10년(400년) 경자(庚子)에 왕이 보병과 기병 도합 5만 명을 보내어 신라를 구원하게 하였다. (고구려군이) 남거성(男居城)을 거쳐 신라성(新羅城; 國都)에 이르니, 그곳에 왜군이 가득하였다. 관군(官軍)이 막 도착하니 왜적이 퇴각하였다. (고구려군이) 그 뒤를 급히 추격하여 임나가라(任那加羅)의 종발성(從拔城)에 이르니 성(城)이 곧 항복하였다. 안라인수병(安羅人戍兵) …… 신라성 ㅁ성(城) …… 하였고, 왜구가 크게 무너졌다. 〔이하 77자 중 거의 대부분이 불명. 대체로 고구려군의 원정에 따른 임나가라지역(任那加羅地域)에서의 전투와 정세 변동을 서술하였을 것이다〕 옛적에는 신라 매금(寐錦)이 몸소 고구려에 와서 보고를 하며 청명(聽命)을 한 일이 없었는데, 국강상광개토경호태왕대(國岡上廣開土境好太王代)에 이르러 (이번의 원정으로 신라를 도와 왜구를 격퇴하니) 신라 매금이 …… 하여 (스스로 와서) 조공하였다.

이 비문에서 알 수 있는 또 다른 점은 고구려·신라의 관계 속에서 조공국인 신라가 왜의 침략을 받아 광개토왕이 이를 방어해주었다는 내용이다. 여기서 신라 역시 고구려의 노객의 신분이며, 한반도 왕조와 중원왕조의 조공 관계와는 다른 책임·권리 관계를 보여준다. 고구려는 중원왕조들과 가장 먼저 조공 관계를 수립했지만, 중원에 군사적 피보호의 권리를 요구한 적은 없다고 보아야 한다. 그럼에도 불구하고 고구려가 신라에 대해 군사적 보호의 의무를 지는 점을 볼 때, 고구려 중심의 한반도 내 천하질서는 중원과는 다른 모습을 보였다고 추정해볼 수 있다. 또한 신라와 백제가 고구려의 책봉을 받은 기록이 부재한 것으로 보아 봉건적 책봉 관계가 한반도 왕조 간의 관계를 규정했다고 보기는 어렵다.

결국 중원의 조공 관계가 은·주 왕조의 봉건제의 국제적 투사였듯이 한반도 내 고구려, 신라 및 백제의 관계는 고구려의 고대국가적 계급 관계의 국제적 투사라고 보아야 할 듯하다. 이러한 점에서 독자적으로 하늘과 관계를 맺는 고구려의 천하관을 엿볼 수 있다.

문제는 이러한 고구려의 독자적 천하관을 중원 왕조가 어떻게 인식하고 있었는가 하는 점이다. 『삼국사기』를 보면 고구려, 신라, 백제의 조공에 관한 기사는 총 769건이 나온다. 이 중에서 고구려의 경우 가장 이른 기사는 고구려 124년 10월(음)로 "후한에 조공하다"(冬十月遣使入漢朝貢)라는 기사이다. 이후 377년 11월(음)에 "백제를 정벌하고 전진에 조공하다"(十一月南伐百濟遣使入符秦朝貢)라는 기사가 나온다. 이후에 지속적인 조공 기사가 간략하게 연도별로 나오고 있다.

> 사신을 후연에 보내 조공하다〔399년 1월(음)〕.
>
> 북위에 사신을 보내 조공하다〔425년(음)〕.
>
> 북위에 조공하니 북위가 책봉하다〔435년 6월(음)〕.

이후 북위에 조공한 기사가 수십 차례 나온다. "장수왕 때에 44년부터 남송에 조공하다"〔455년(음)〕라는 기사가 나온다. 또한 "43년(455)에 사신을 송(宋)에 들여보내 조공하였다"는 기사와 "장수왕 70년인 남제에 조공하다"〔481년(음)〕, 그리고 "69년(481)에 사신을 남제(南齊)에 들여보내 조공하였다" 등의 기사를 볼 수 있다.

이를 보면 고구려가 동시에 남과 북에 함께 조공한 사실을 알 수 있다. "양에 조공하다"〔512년 03월(음)〕라는 기사가 보인다.

이후 500년대에 이르러, 동위, 진, 북제, 수, 주, 북위, 양, 당에 조공한 내용이 652년을 마지막으로 기록되어 있다. 『삼국사기』 이외에 『중국정사조선전』에서도 고구려의 조공 내용에 관한 상세한 기사를 찾아볼 수 있다.

> 소제(少帝) 경평(景平) 2년〔424; 고구려 장수왕(高句麗 長壽王) 12〕에 〔고(高)〕연(璉)이 장사(長史) 마루(馬婁) 등을 송(宋)의 왕궁으로 보내어 방물(方物)을 바쳤다. 이에 (송의 황제는) 사신을 파견하여 그 수고를 치사(致謝)하였다. "황제는 고하오. 사지절(使持節) 산기상시(散騎常侍) 도독영(都督營)·평이주제군사(平二州諸軍事) 정동대장군(征東大將軍) 고구려왕(高句驪王) 낙랑공(樂浪公) 그대는 왕위를 동방(東方)에서 이어 선인(先人)의 공적을 계승하였소. 순종하는 마음은 이미 뚜렷하고 충성 또한 드러나 요하(遼河)를 넘고 바다를 건너 공물(貢物)을 본조(本朝)에 바쳤소. 짐(朕)이 부덕한 몸으로 분에 넘치게 대통(大統)을 이어받아 길이 선인(先人)의 자취를 생각함에 이르러서는 그 끼친 은택에 깊이 감사하는 바이오. 지금 알자(謁者) 주소백(朱邵伯)과 부알자(副謁者) 왕소자(王邵子) 등을 보내어 짐의 뜻을 전하고 수고로움을 치사하오. 그대는 어진 정치를 힘쓰고 닦아 그 공을 길이 융성케 하고 왕명(王命)을 본받아 짐의 뜻에 맞게 하오"(『중국정사조선전』, 송서).

중원 왕조는 고구려의 지위를 매우 높게 생각하는 한편, 고구려가 자신의 의지대로 말갈과 거란을 정복하고 스스로의 세력권을 강화하는 것을 못마땅하게 생각했다. 이는 역설적으로 고구려가 중원에 사대를 하여 조공을 했지만 사실상 독자적 천하를 도모하고 있었고, 조공은 이를 위한 외교적 수단이자 관례로 사용되었다는 점을 보여준다고 하겠다.

> 〔위(魏)〕오랑캐는 여러 나라의 사신 관저를 두었는데, 제(齊)나라 사신의 관

저를 제일 큰 규모로 하고 고구려는 그 다음가게 하였다(『중국정사조선전』, 남제서).

이 기사에 대응되는 기사로 『삼국사기』 장수왕 72년조에는 "동시월(冬十月) 견사입위조공(遣使入魏朝貢) 시위인위(時魏人謂) 아방강치저국사저(我方强置諸國使邸) 제사제일(齊使第一) 아사자차지(我使者次之)"라 되어 있는데, 이는 위(魏)가 남제(南齊)의 사신을 고구려의 사신과 거의 대등하게 예우함에 대해 남제의 사신이 항의하는 기사 내용과 더불어 당시 고구려와 남북조 간의 외교 관계의 성격을 단적으로 보여주는 것이라 하겠다. 즉, 비록 고구려가 남북조로부터 피봉(被封)되고 있으나, 실제로는 거의 대등한 입장에서 교섭이 이루어졌음을 보여주는 것이라 하겠다. 『삼국사기』의 경우 그 이유를 "시위인위아방강(時魏人謂我方强)"이라 했으며, 또한 북연(北燕)의 군주(君主) 풍홍(馮弘)이 내투(來投)했을 때 그에 대한 북위 및 송의 송환 요구를 거절함에서도 실질적으로 군사적 대치가 이루어지고 있었음을 볼 때, 그러한 외교적 관계는 곧 고구려의 강성함에서 연유하는 것이라고 하겠다. 또 다른 기사들에서도 이러한 모습이 보인다.

개황(開皇) 17년〔597; 고구려 영양왕(嬰陽王) 8〕에 문제(文帝)가 새서(璽書)를 내려 힐책하기를, "(고구려는) 매년 사신을 보내어 해마다 조공하면서 번부(藩附)라고 자칭하고 있지만, 진정한 예절은 다하지 않고 있소. 말갈을 못 견디게 괴롭히고 거란도 금고(禁固)시켰소. 여러해 전에는 비밀리 재물을 뿌려 (우리나라의) 소인(小人)들을 선동하여 사사로이 노수(弩手)들을 데리고 그대 나라로 도망해 가도록 하였소. 이 어찌 나쁜 짓을 하기 위하여 (노수들을) 훔쳐간 것이 아니겠는가? 〔수(隋)의〕 사신을 빈 객관(客館)에 앉혀놓고 삼엄하게 지켰으며, 또 자주 기마병(騎馬兵)을 보내어 변방 사람들을 살해하기도 하였고, 항상 의심하여 (수나라의) 사정을 비밀리 염탐하곤 하였소. 간절히 효유(曉諭)하여 개과천선(改過遷善)할 기회를 주겠소"라고 하였다. 탕(湯)은 이 글을 받고 황공(惶恐)하여 표(表)를 올려 사죄하려 하였지만, 마침 병으로 졸(卒)하였다(『북사』).

(개황) 17년(597; 고구려 영양왕)에 문제가 탕에게 새서를 내려 말하였다. "짐이 천명(天命)을 받아 온 세상을 사랑으로 다스리매, 왕에게 바다 한구석을 맡겨서 조정의 교화를 선양하여 모든 인간으로 하여금 저마다의 뜻을 이루게 하고자 하였소. 왕은 해마다 사신을 보내어 매년 조공을 바치며 번부라고 일컫기는 하지만, 성절(誠節)을 다하지 않고 있소. 왕이 남의 신하가 되었으면 모름지기 짐과 덕을 같이 베풀어야 할 터인데, 오히려 말갈을 못 견디게 괴롭히고 …… 거란을 금고(禁錮)시켰소(『북사』).

수양제 23년(612) 봄 정월 임오(壬午)에 황제가 조서를 내려 말하기를 "고구려 작은 무리들이 사리에 어둡고 공손하지 못하여, 발해(渤海) 사이에 모여 요동예맥의 경계를 거듭 잠식했다. 비록 한(漢)과 위(魏)의 거듭된 토벌로 소굴이 잠시 기울었으나, 난리로 많이 막히자 종족이 또다시 모여들어 지난 시대에 냇물과 수풀을 이루고 씨를 뿌린 것이 번창하여 지금에 이르렀다. 저 중화의 땅을 돌아보니 모두 오랑캐의 땅이 되었고, 세월이 오래되어 악이 쌓인 것이 가득하다. 하늘의 도는 음란한 자에게 화를 내리니 망할 징조가 이미 나타났다. 도리를 어지럽히고 덕을 그르침이 헤아릴 수 없고, 간사함을 가리고 품는 것이 오히려 날로 부족하다. 조칙으로 내리는 엄명을 아직 직접 받은 적이 없으며, 조정에 알현하는 예절도 몸소 하기를 즐겨하지 않았다. 도망하고 배반한 자들을 유혹하고 거두어들임이 실마리의 끝을 알 수 없고, 변방을 채우고 개척하여 경비초소를 괴롭히니, 관문의 닦다기가 이로써 조용하지 못하고, 살아 있는 사람이 이 때문에 폐업하게 되었다. ……."〔『삼국사기』, 수양제가 고구려 총공격을 명하다, 612년 1월(음)〕

이상의 경우를 보면 명분상 중원 왕조는 고구려의 조공을 받고 있었으나 고구려의 힘이 강성할 때 고구려는 물론 요동 이민족을 다스리는데 많은 어려움을 겪었음을 보여준다. 고구려는 중원 왕조, 특히 수나라를 위협할 만큼 성장하고, 그 과정에서 전략적으로 필요한 만큼 사대를 하며 조공 관계를 유지했음을 알 수 있다.

2) 고려 전기 조공의 성격

고구려와 마찬가지로 고려 역시 통일 이후 국력이 강성할 때, 중원 왕조로 하여금 복수적 천하관을 인정하게 하기 위해 노력했다. 고려는 북송에 조공을 하고 있었지만, 이는 두 제국 사이의 외교 관계의 의미였지, 엄격한 사대의 이념 틀 속에서의 조공이라고 보기는 어렵다.

고려가 스스로에 대해서 어떠한 인식을 가지고 있었는지는 충렬왕 13년(1287) 이승휴의 『제왕운기』 지리기(地理紀)에 잘 나타나 있다.

요동(遼東)에 따로 한 건곤(乾坤)이 있으니 북두와 중조(中朝)가 구분되었네. 큰 파도 넘실넘실 3면을 둘러쌌고 북쪽에 육지가 선처럼 이어졌네. 가운데 사방 1000리 여기가 조선(朝鮮)인데 강산의 형승은 하늘에 이름을 떨쳤네. 밭 갈고 우물 파는 예의 있는 국가이니 화인(華人)이 이름하여 소중화(小中華)라 지었네.

여기서 이승휴는 고려가 자신을 소중화라고 하여 스스로의 습속을 보존하고 독자성을 지켜나가야 한다고 강조하고 있다. 또한 다음과 같이 말한다.

> 중국〔화하(華夏)〕의 제도는 준수하지 않을 수 없습니다. 그러나 사방(四方)의 습속이 각기 토성(土性)을 따르므로 모두 변화시키기 어렵습니다. 그중 예악(禮樂), 시서(詩書)의 가르침과 군신, 부자의 도리는 마땅히 중국〔중화(中華)〕을 본받아 비루함을 고쳐야 할 것이나 그 나머지의 거마(車馬), 의복(衣服) 제도는 토풍(土風)에 따라 사치와 검약을 적절하게 하여 반드시 꼭 같게 할 필요는 없겠습니다.

이승휴는 고려가 중국 왕조와 구별되는 요동의 천하라고 상정하고 있다. 여기서 요동이 단순히 요하 동쪽의 지리적 범주를 의미하는 것은 아니다. 즉, 정치적 공간으로서 중원과 구별되는 독자적인 정치적 공간으로 인식하고 있으며, 중국의 풍습을 본받더라도 독자적인 문물과 예악을 지키고 있음을 표명하고 있다.

고려 초기 고려는 북송에 대해 지속적으로 조공을 했지만, 스스로 황제를 칭하고 칙자를 사용했고, 북송의 사신도 고려에 내왕해 이러한 관행을 묵인하는 태도를 보였다. 고려가 팔관회 등의 행사를 통해 독자적 천하관을 표명하는 것을 인식하면서도 복수적 천하관이 존재할 수 있음을 용인한 것이다.

결국 중국 왕조의 이익을 심하게 해치지 않는 선에서, 그리고 군사적 세력균형이 압도적으로 중원 왕조에 있지 않은 상황에서, 한반도 왕조는 스스로 독자적인 천하관을 표명하면서 중국과의 관계를 유지하고자 했고, 이때의 조공은 복수적 천하관을 운용하는 외교의 성격을 가지고 있었다.

6. 경쟁적 지역질서 속의 한중 관계와 조공

1) 고려 중·후기의 외교

한중 관계에 영향을 미치는 요소로서 북방 이민족의 발흥과 지역질서의 근본적 변화를 제시한 바 있다. 중원 왕조가 군사적으로 취약해지면 주변에 대한 문화적 지배권도 따라서 약화되고 북서·북동 지방의 유목 이민족은 빠른 속도로 군사력을 향상시켜 중원을 공략했다. 이 과정에서 한반도 왕조는 중원 공략의 전초가 되거나, 혹은 변화하는 동맹 관계 속에서 전략적 딜레마에 처했다. 또는 몽골의 침략과 같이 중원 왕조가 복속된 이후 직접 통치의 지배하에 떨어지기도 했다.

이러한 변화 속에서 조공 관계 역시 다변했는데 그 유형을 보면, 복수의 경쟁하는 왕조들이 중원과 동북 지역에 등장한 경우, 조공을 통해 유연한 전략적 입지를 확보하는 전략이 사용되었다. 요, 금, 원이 차례로 등장하면서 북송과 남송의 세력이 약화되었고 그 와중에 고려는 다변하는 조공외교를 펼쳐 생존을 모색했다. 한편 몽골이 흥기한 이후 고려는 기존의 조공 관계와는 달리 직접 지배하에 놓이게 되는데 이 역시 중원 왕조 중심의 조공 관계가 동아시아를 초시대적으로 관리했던 기제가 아님을 보여준다.

단연지맹(澶淵之盟; 1004) 이후 송은 요와 대등한 관계를 맺게 되고 이후 고려는 급변하는 지역 정세에 휘말리게 된다. 송과 요는 상대방의 황제 존호를 표기하고 대등한 사절 파견 제도를 수립하는 한편, 자신을 중심으로 하는 조공체제를 따로 수립하게 된다. 복수적 조공체제가 성립되면서 앞에서 논한 복수적 천하질서가 만들어진 것이다. 이들 상호 간의 외교적 의미의 조공과 더불어 고려와 같은 상대적 약소국의 복수적 조공 역시 불가피한 현상으로 등장한다. 송의 조공체제에는 고려, 서하, 교지(交趾), 대리(大理) 및 우전(于闐) 등 서북 지역의 여러 나라와 점성(占城) 등 남해의 여러 나라가 포함되었다. 994년 이전 고려는 송의 정삭(正朔)을 받들고 요에는 조공하지 않았다. 하지만 994년 고려는 요의 정삭을 받들기로 했고, 1014~1022년에는 다시 송의 정삭을 받들었다. 고려는 건륭 3년(962) 처음으로 사신을 송에 파견해 순화 5년(994)까지 32년 동안 18차례 조공했고, 1014~1022년에는 송에 6차례 조공을 했다. 송의 정삭을 받드는 동안 고려 국왕은 송의 책봉을 받았고 국왕이 교체될 때에는 주동적으로 송에 사신을 파견해 책봉을 청했다 1022년부터 고려는 다시 요의 연호를 사용하고 요의 책봉을 받아들였다. 이후 고려는 1116년에 요의 연호 사용을 폐지할 때까지 요의 정삭을 받들었다. 고려는 북송으로부터 요로 조공 관계를 이행하면서 다음과 같은 기록을 남기고 있다.

> 본국(本國)은 대요(大遼)와 접해 있어서 이미 오래 전부터 작명(爵命)과 정삭(正朔)을 받들어왔다. 그러므로 감히 상국(上國)의 명(命)을 따를 수가 없다. …… 책립(册立)하는 명령과 정삭의 반(頒)은 이미 일찍이 대요로부터 받았으므로 다른 것을 행하는 것은 바라는 바가 아니라고 하였다. 이러한 표현은 실정에 맞는 조치임을 밝히고 북방에 대한 근심을 덜고자 하는 뜻을 보였다(『고려사』 권13의 예종세가).

이후 1126년(천회 4년), 금이 발흥한 이후 고려는 금의 명령에 복종하고 양국 사이에는 조공제도가 성립되었다. 고려는 1126~1211년에 이르기까지 금과 조공 관계를 유지하게 되고, 양국 간 사신의 왕래도 정상적으로 이루어진다. 완(完)의 안소란(顔素蘭)은 고려를 "대대로 번국으로 있으면서 신하된 도리를 그르친 적이 없었다"고 평가하기에 이른다. 아래의 기사를 보면 고려가 급변하는 지역 정세 속에서 금과 송 사이에서 균형외교를 하고 있었음을 알 수 있다. 고려는 송이 금을 공격하기 위해 출병을 요청했을 때, 자신의 이익을 내세워 이를 완곡히 거절한다.

> 변경 사람의 말을 듣건대 금(金)이 거란을 패망시킨 다음 드디어 송(宋)의 영토를 침입하였는데 송의 황제가 방금 즉위한 때라 하여 그들을 섬멸할 생각이 없어 화친(和親)하자는 제의를 들어주었다고 하니 중국처럼 큰 나라도 이렇게 하였거든 하물며 고립되어 있는 약소(弱小)한 우리나라가 장차 누구를 믿겠는가. …… 우리나라는 본래 부강(富强)하지 못한데다가 근래에 재변(災變)을 겪어서 저축하였던 것이 다 타버렸으니 군량을 마련하고 군기를 수선해야 한다. 반드시 이 모든 것이 정비된 뒤에야 출동할 수 있을 것이요, 원래에 갑자기 도모하기 어려운 것이다. 더군다나 적의 세력이 흉악하고 강대하니 경솔하게 부딪쳐서는 안 될 것이요 적 측 지형이 준험하니 깊이 들어가긴들 어찌 용이하겠는가? 그러나 당신의 사절이 직접 왔으니 회피할 도리가 없다. 귀국(貴國) 군사(軍事)가 적을 제압하기를 기다려서 다소나마 위력을 돕겠으니 당신이 나의 간곡한 뜻을 이해하기 바랄 뿐이다(『고려사』 권15, 인종 4년, 7월, 왕이 송 사신에게 협공을 거절하는 뜻을 전하다).

이후 고려와 몽골의 관계는 이전의 관계와는 또 다른 성격을 지닌다. 기존의 조공 관계로 볼 수 없는 많은 특징을 가지게 되는데, 1219년 형제맹약의 체결로 시작되었지만, 1231년에 전쟁이라는 무력 대결을 거치면서 직접 지배에 해당하는 관계를 맺은 것이다. 충렬왕부터 공민왕에 이르는 시기까지 8명의 몽골 공주들이 고려왕에게 출가함으로써, 부마 관계가 성립되었고 고려왕은 몽골 황금씨족의 일원이 되었다. 대원제국 소멸 이후에는 기황후의 아들 아유시리다라(愛猷識里答臘) 칸(Khan)에 의해 사돈 관계로 연결되고 있다. 결국 이러한 관계는 기존의 중원 왕조와의 조공 관계와는 차별성을 보이는데, 통혼 이외에도 고려왕이 원제국의 칸에게 친조한 사례를 들 수 있다. 이는 이전의 조공과는 근본적으로 다른 것이다. 또한 조공에 대해 중원 왕조가 회사를 하는 것이 상례였지만 몽골의 경우 회사가 거의 나타나지 않고 있다. 따라서 고려와 몽골의 관계는 '전쟁 → 출륙 친조 요구 → 친조 → 출륙 → 부마국왕'으로 이어지면서 새로운 의미의 조공과 책봉 관계를 수립한다. 조공은 전체적인 지배·복속 관계의 맥락에서 보아야 하기 때문에 중국이 주장하는 바처럼 일원적인 관계였다고 볼 수 없다.

2) 고려 말 여·명 관계

명나라는 원이 멸망하고 수립되었지만 고려 말 여·명 관계는 그리 순탄하지 않았다. 명의 군사적 우위가 확립되지 않은 가운데, 여전히 고려는 북원과의 관계를 유지하고 있었고, 명은 그러한 고려를 군사적으로 위협하면서 새로운 조공 관계 수립을 추구하고 있었다. 따라서 명이 시작부터 전형적인 일원적 조공 관계를 수립하지 못한 것은 확실하며 스스로 안정적인 지배권을 확립할 때까지는 다양한 어려움에 직면했던 사실을 알 수 있다.

명은 새로운 왕조로서의 위상을 정립하기 위해 고려와 조공 책봉 관계를 맺고자 했고, 고려 역시 원의 압력과 간섭을 배제하기 위해 신흥 강국인 명과 관계를 도모했다. 공민왕 19년 7월을 전후해 여·명 간의 조공 관계가 수립되는데 그 과정은 순탄치 않았다. 고려의 사절이 명에 적절한 절차로 받아들여지지 않고 명도 책봉을 미루고 있었으며, 사절을 파견하지도 않았다. 또한 고려도 한동안 홍무 연호를 사용하지 않았다. 조공 관계 수립까지의 난관을 보인 기사를 살펴보면 다음과 같다.

> 이때의 주청사는 "수량을 삭감해 줄 것"을 주청하기 위해 파견된 사절이었다. 그런데 이들 사행이 요동에 도착하니 "고려에서 말은 5000필 다 가져왔는데, 고려의 혈물(頁物)중 금은(金銀)은 수량이 부족하다"며 "은 300량에 말 1필, 금 50량에 말 1필의 비례로 대납(代納)케 하라"는 지시만 받고 요동에서 되돌아왔다(『고려사』 권 135, 열전 48, 신우 3, 10년 5월조).

고려가 정상적인 조공 관계를 수립할 때까지, 우왕 4년 3월부터 우왕 11년 4월까지 명 측은 유명사절(遺明使節)을 억류시키고, 과도한 조혈물을 요구했다. 또한 공민왕의 시호와 우왕의 책봉을 해주지 않았다. 반대로 고려는 한편으로는 북원과 통교하면서 책봉을 받아내고 또 한편으로는 명의 과도한 공물 요구에 응해 수천 필의 군마를 명에 정탈당하면서까지 명과의 관계 재개를 위해 사활을 걸어야 했다. 결국 고려는 명으로부터 책봉을 받기 위해 과도한 경제적·군사적 손실을 입었다.

3) 명·청 교체기 조선의 조공관

조선의 사대와 조공에 대해서는 이미 많은 연구가 진행된 바 있다. 조·명 관계를 전형적인 조공 관계로 보고 조공에 임하는 조선 왕조의 시가과 관념이 명에 대한 왕조적 충성심으로 인식되는 것이 일반적이다. 그러나 조선 왕조 역시 동아시아 힘의 구조 변화에 따라 조공에 대한 전략적 인식을 매우 달리 했음에 주목할 필요가 있다. 여기서는 명·청 교체기 조선 왕조의 조공관을 예로 들어 시대에 따른 변화의 일면을 부각하고자 한다.

명·청 교체기의 조선 외교의 어려움은 광해군 및 인조 대 조선의 외교 사정으로 이미 잘 알려진 바와 같다. 후금의 등장 이후 광해군은 명과 후금 사이에서 균형외교를 펼치고자 했으나 인조반정으로 실각한다. 다음의 칙서는 명이 인조에게 보낸 것으로 후금의 침략에도 불구하고 조선이 명에 대한 조공을 유지한 것에 대한 치하라고 할 수 있다. 급변하는 정세 속에서 조선은 적절한 조공 관계의 변화를 추구하지 못한 채 결국 패전의 굴욕을 맞이한다.

> 등극사(登極使) 한여직(韓汝溭), 민성징(閔聖徵)이 중국에서 돌아왔다. 상이 모화관(慕華館)에 나아가 칙서를 맞이하였는데, 그 내용은 다음과 같다. "황제는 조선 국왕에게 칙서를 내려 유시하노라. 짐은 하늘이 내려준 아름다운 복을 공손히 받고 선조의 공렬을 힘써 계승하여, 백성을 보살피고 정무를 처리함에 있어 항상 경건하게 하였다. 이 때문에 법도가 일신되고 기강이 크게 진작되어 사해 안이 모두 광명천지가 되었다. 돌아보건대, 그대 나라는 충정(忠貞)을 독실히 바쳐 대대로 병한(屛翰)이 되었다. 이에 짐이 처음 대위(大位)에 올라 칙서를 반포하여 그대의 공로를 표창했던 것이다. 근자에 오랑캐들이 세력을 떨쳐 연거푸 그대 나라를 침략하였는데, 그대는 괴롭다 하여 절조를 저버리지 않았고, 위험하다 하여 뜻을 꺾지 않았다. 그리하여 험한 뱃길로 사신을 계속 파견하여, 조공하고 진하하는 발길이 끊이지 않았다. 그대의 변함없는 정성이 가상하고, 충순함이 한층 드러났으니, 큰 은전을 베풀어 다른 나라의 본보기로 삼고자 한다. 이에 특별히 문기(文綺)와 백금(白金)을 하사하여 짐의 각별한 관심을 표하려 하니, 왕은 끝까지 짐의 총명(寵命)을 잘 받들어 번방을 튼튼하게 지키고 힘과 마음을 합해 저 흉악한 오랑캐들을 쳐부수라. 그렇게 되면 위대한 공적이 한 시대의 으뜸이 되고 요좌(遼左)가 평정될 것이며, 큰 공훈은 천고에 빛나고 짐의 천명이 빛

나 동토(東土)도 영원히 진정될 것이다. 그대는 공경히 받들라(『조선왕조실록』 인조 19권, 6년(1628), 11월 12일, 등극사 한여직, 민성징이 중국에서 돌아와 칙서를 전하다).

이후 두 차례의 호란을 거치면서 결국 인조는 청나라에 굴복하게 된다. 이 사례에서 보면 조·청 관계는 유형 1 중에서 청의 정당성을 인정하지 않는 조선의 모습을 보여준다. 조선은 군사력에 의해 청에 굴복하지만 내심 북벌을 내세우며 전략적 관점에서 조공을 유지하게 된 것이다.

7. 맺음말

이 글은 동아시아 전통질서 속에서 조공이 어떠한 역할을 해왔는지를 지역질서의 배경 속에서 개념사적 추적을 통해 알아보고자 했다. 조공은 사대자소라는 동아시아 특유의 질서를 구체적으로 유지시킨 실천이자 관례이며 제도이다. '조'는 정치적 의례이며 '공'은 경제적·물질적 봉정 행위이다. 그러나 '공' 역시 제사물에서 파생된 것으로 상징적·정치적 의미를 가지고 있다.

조공은 동아시아 지역질서가 강력한 중원 왕조 중심의 단일위계 상태였는지, 혹은 복수의 위계/천하 간 공존의 시기였는지, 군사력에 기초한 왕조 간 경쟁과 전쟁 상태였는지에 따라 의미가 달라진다. 조공은 단일위계 속에서 정체성과 문화에 기반해 정치적·경제적 관계를 맺는 행위이기도 했고, 복수위계 속에서는 동등한 외교적 행위이기도 했으며, 경쟁과 전쟁 상태에서는 전략적으로 자신의 이익을 추구하는 기민한 대처 방법이기도 했다.

한중 관계 역시 이러한 큰 틀에서 변화되었다. 중원의 군사적 패권, 그리고 이민족과의 상대적인 세력균형에 따라 한중 관계의 환경이 달라졌고, 양자의 관계는 동아시아 구조에 의해 변형되었다. 한반도 왕조들은 때로는 안정적인 대중 관계를 맺는가 하면, 때로는 중원 왕조의 요구를 거절하거나 더 나아가 전쟁을 벌일 만큼 독립적인 외교를 추구하기도 했다. 이 과정에서 조공은 매우 전략적 의미를 가지는 정책으로 변화되었다. 따라서 조공이 사대 관계를 유지하는 일방적이고 보편적인 행위였다고 가정하기는 어렵다. 조공을 하는 한반도 왕조의 주체들 역시 조공에 대해 매우 전략적 고려와 심상을 가지고 힘의 질서로서의 조공, 제도로서의 조공을 인식하고 이에 유연하게 대처했음을 알 수 있다. 결국 구체적인 상황 속에서 조공이라는 개념이 어떻게 다른 의미를 가져왔는지를 살펴봄으로써 동아시아 전통질서의 본질을 파악하는 것이 중요한 작업이라고 할 것이다.

참고문헌

1. 1차 자료

『고려사』. 한국사데이터베이스. http://db.history.go.kr/KOREA/item/level.do?itemId=kr&types=r

『삼국사기』. 한국사데이터베이스. http://db.history.go.kr/item/level.do?itemId=sg

『제왕운기』. 한국사데이터베이스. http://db.history.go.kr/KOREA/item/level.do?itemId=mujw&types=r

『조선왕조실록』. 한국사데이터베이스. http://sillok.history.go.kr/main/main.do

『중국정사조선전』. 한국사데이터베이스. http://db.history.go.kr/item/level.do?itemId=jo

2. 연구 문헌

노태돈. 1999a. 「5~6세기 동아시아 국제정세와 고구려의 대외관계」. 『고구려사 연구』. 서울: 사계절.

_____. 1999b. 「금석문에 보이는 고구려인의 천하관」. 『고구려사 연구』. 서울: 사계절.

윤성환. 2012. 「고구려 영류왕의 對唐 조공책봉관계 수립 정책의 의미」. ≪동북아역사논총≫, 39호, 93~140쪽.

이춘식. 2003. 「유학 경전 속의 9주, 9복, 9기, 5복과 봉건적 세계국가상」. ≪중국학 논총≫, 16집, 1~28쪽.

전재성. 2012. 「사대의 개념사적 연구」. 하영선·손열 엮음. 『근대한국의 사회과학 개념 형성사 2』. 서울: 창비.

Fairbank, John K. 1942. "Tributary Trade and China's Relations with the West." *The Far Eastern Quarterly*, Vol. 1, No. 2.

_____. 1953. *Trade and Diplomacy on the China Coast: The Opening of the Treaty Ports, 1842~1854*. Cambridge, Mass.: Harvard University Press.

_____. 1968. "A Preliminary Framework." in John K. Fairbank(ed.). *The Chinese World Order: Traditional China's Foreign Relations*. Cambridge, Mass.: Harvard University Press.

Hevia, James L. 2005. *Cherishing Men from Afar: Qing Guest Ritual and the Macartney Embassy of 1793*. Durham, N.C.: Duke University Press.

_____. 2009. "Tribute, Asymmetry, and Imperial Formations: Rethinking Relations of Power in East Asia." *The Journal of American-East Asian Relations*, Vol. 16, No. 1-2(Spring-Summer).

Kang, David C. 2010. *East Asia Before the West: Five Centuries of Trade and Tribute*. New York: Columbia University Press.

Womack, Brantly. 2006. *China and Vietnam: The Politics of Asymmetry*. New York: Cambridge University Press.

_____. 2012. "Asymmetry and China's Tributary System." *The Chinese Journal of International Politics*, Vol. 5.

Zhang, Feng. 2009. "Rethinking the Tribute System': Broadening the Conceptual Horizon of Historical East Asian Politics." *Chinese Journal of International Politics*, Vol. 2.

제2장

김현철

근대 한국의 독립 개념

1. 머리말

사람들이 정치, 외교의 현장에서 사용하는 용어 중에는 시대적 상황과 역사적 변화가 잘 반영되어 상징적으로 자주 쓰이는 용어가 있다. 한국 근대사를 돌이켜볼 때, 이러한 용어의 대표적 예로 '독립'을 들 수 있다. 구한말 조선의 국권이 쇠퇴하고 일본 등 외세의 의해 주권이 침탈당해 식민지 시대를 경험한 한국인들에게 '독립'이라는 용어는 당시 한국의 시대적 과제와 당위를 잘 반영한 용어라고 할 수 있다. 이러한 '독립'이라는 용어는 정치가, 관료, 외교관 등 국제정치의 현장에 있던 전문가들뿐만 아니라, 당시 신문과 잡지, 저술에서 일반인들에게까지도 매우 빈번하게 언급되었다.

19세기 후반부터 1945년에 해방되기까지 한국인이 '독립'이라는 용어를 사용할 때에 그것은 단순한 학술적 논의나 정치적·외교적 수사에 그치지 않고, 절박하게 심정적으로 느끼고 행동과 운동으로 실행에 옮겨야 하는 도덕적·당위적 의미까지 포함하고 있었다. 이러한 '독립'이라는 용어의 의미와 사용에 대해 '개념사'의 측면에서 분석하는 것은 다음과 같은 측면에서 매우 의미가 있다.

첫째, '독립'이라는 말이 지니는 함의의 변화는 국제정치적 변환에 따른 전환 과정을 반영한 것이다. 당시 한반도의 국제정치적 상황과 동북아 국제 관계의 변화를 반영한다는 측면에서 볼 때, '독립'이라는 용어는 한국, 당시로는 조선 그리고 대한제국의 영토와 주권에 간섭하고 침탈하는 외부의 강대국 또는 주변 국가로부터 벗어나는 것을 의미한다. 구한말 이후 식민지 시기(일제강점기)를 거치면서 한국인들에게 국제정치 현실에서 주된 극복되어야 할 과제, 즉 독립해야 할 대상 국가가 바뀌면서 '독립'이라는 용어가 지니는 정치적 함의도 바뀌게 되었다. 19세기 후반 이후 한반도는 중국 중심의 중화질서로부터 새로운 국제조약질서에 편입되었으며, 이후 일본과의 관계에서는 식민지배로부터 벗어나는 것이 커다란 과제였다. 즉, 한국이 '독립'해야 할 대상 국가가 19세기 후반 중국(청)에서 20세기 초에는 일본으로 변화되어갔다. 이러한 변화는 당시 동북아 국제질서를 주도하는 국가들의 변화와 힘의 역학관계와도 밀접히 관련되어 있다. 따라서 국제정치적·외교적 측면에서 '독립'이라는 용어를 사용하는 경우, '국가와 민족의 독립'이 지상 과제로 부각되었으며 이 시기 한국의 외교 정책의 변환, 청 또는 일본과의 외교 관계의 변천 등에서 그 의미가 강조되었다.

구한말과 식민지 시기 한국이 처한 상황에서 '독립' 개념은 동북아에서 제국주의 및 외세의 식민지배로부터의 국가적 독립과 해방의 측면을 의미한다. 그리고 '독립'에 관한 논의는 한반도를 비롯한 동북아 내 침략전쟁의 발발을 예방하며, 한국 등 식민지배하에 있는 민족들 및 사람들이 국권을 회복하고 식민지배에서 벗어나기 위해 자주독립 국가를 건설하려는 일련의 구상들과 밀접한 관련을 갖는다.

중국과의 관계에서 보면, 전통시대의 조공제도와 사대질서는 중국 중심의 중원질서의 영향으로 한국의 주변적 위치를 상정하는 것이었다. 따라서 중국으로부터의 '독립' 구상은 기존의 중국과의 관계에서 탈피해 국내정치와 외교에서 일종의 '자주'의 틀을 만드는 것이라고 하겠다. 19세기 후반부터 20세기 전반까지 '독립'이라는 용어는 조선이 기존의 중국 중심적 대외 관계에서 점차 멀어지고 이탈해 일본 중심적 동북아 국제질서의 틀 속에 강제적으로 편입되는 과정을 배경으로 한다. 또한 최근 21세기 들어 중국이 동아시아 지역 내 새로운 지역 강국으로 재부상하는 추세에 대응해, 지역 내 일본과 중국 간 경쟁과 대립 구도하에서 한국의 외교적 자율성과 국가이익을 확보하는 것이 새로운 과제라 할 때, 그동안 중국과 일본 사이에서 독립을 확보하기 위해 노력해온 한국의 시각과 접근 방법은 21세기에도 시사하는 바가 크다.

둘째, 국권상실의 위기 및 일제강점기에 '독립'이라는 용어는 한국인에게 하나의 국가적 과제이자 지향해나갈 개혁의 목표였다. 그리하여 기존의 망해가는 국가와 정부를 대신해 새로운 '독립'국가와 정부를 수립하기 위한 논의가 대두되면서, '독립'의 의미와 이를 달성하기 위한 방법론이 분화되기 시작했다. 19세기 후반 조선은 국내의 커다란 정치적·사회적 변화를 거치면서 기존 군주제 중심 정부하의 규제와 지배로부터 벗어나서 사회와 개인들이 문명화되고 민권과 인권의 중요성이 점차 인식되어갔다. 이처럼 사회적·개인적 차원에서 '민(民)의 독립'이 논의되었다. 이러한 상황에서 '독립'이라는 용어는 밖으로는 외국과 매국 세력을 상대로 했으며, 안으로는 기존의 국가와 정부, 군주 및 관료를 상대로 하여, 개인과 사회 각 단체의 정치적 자유와 활동의 자율성을 보장해줄 것을 요청하는 형태로 나아갔다. 구한말에 '독립'이라는 용어를 사용할 때에는, 국가로부터 개인의 독립, 남성 지배하 사회에서 여성의 독립 등으로 그 주체가 다양화되었다. 그러나 점차 1910년 이후 일제의 식민지배하에서는 '독립'이라는 용어가 민족과 국가 차원의 용어로서, '우리 민족의 독립', '국가의 독립'이라는 측면에서 중점적으로 사용되었다. 독립이 한국 민족주의의 절대적 과제가 되면서, '독립'이라는 개념은 절대성을 띤 용어로 사용되었다. '독립' 개념이 한국인들에게 일정한 시기에 공적 지위를 차지하고 이데올로기화되어 정치적 수사로 동원·사용된 측면도 있었으며, 그 절대적 영향 때문에 '민'의 다른 부분이 제약·통제되고 국내적으로 약화되는 모습을 보여주기도 했다. 일부에서는 '독립'이라는 용어가 국가적으로 전유되거나 지나치게 정치적으로 담론화되어 사용된 결과, 사회 및 민간 영역이 위축되는 모습도 보여주었다.

그동안 '독립'이라는 용어는 정치적·사회적 운동과 한국 민족주의의 목표로, 즉 '민족운동, 주권회복 및 새로운 국가 건설'을 의미하는 것으로 이해되어왔다. 동시에 '독립'은 이 시기의 다른 시대적 유행어 또는 모토인 '동양평화, (민족)자결' 등 지역질서의 변화 및 국제정치적 변화에 따른 새로운 비전과 목표 등과 연계되어 사용되었다. 또한 그동안은 한일 관계의 측면에서 '독립'이 지니는 의미를 주로 파악해왔으나, 구한말 한중 관계의 변화 속에 '독립'의 의미 변화에도 주목할 필요가 있다.

이렇게 다양한 측면을 띠는 '독립'이라는 용어의 사용에 대해 이 글은 개념의 형성과 수용이라는 측면에서 접근을 시도해보고자 한다. 시기적으로는 구한말부터 일제강점기에 걸친 '근대' 시기를 각 시기별로 독립 개념이 역사 속에서 작동해 국내정치와 외교 및 사회문화에 커다란 변화를 가져오는 주요 요인이 된 것에 주목해 서술하고자 한다.

2. 구한말 한국의 '독립' 개념의 전개

1) '자주'와 '독립' 개념의 결합: 1880년대 청(중국)으로부터 '자주독립'의 추구

'독립(獨立)'이라는 용어가 구한말 문헌에서 언제부터 사용되었는지는 좀 더 알아보아야겠지만, 영어의 'independence'의 번역어로서 '독립'이라는 용어의 유래는 다음과 같이 추정해볼 수 있다. 구한말 조선에서는 미국에 대한 관심이 증대했고, 미국의 독립선언서와 그 속에 담긴 천부인권 사상 등이 일본, 조선 등 동아시아 국가에 소개되는 과정에서 '독립'이라는 용어의 의미에 주목해볼 수 있었을 것이다. '독립'이라는 용어와 그 안에 담긴 개념적 정의가 서양에서 유래된 것이었다고 볼 수 있겠지만, 조선 정부와 지식인 사회에서 '한 국가의 독립'이라는 측면에서의 의미는 이미 파악했던 것으로 볼 수 있다.

구한말 '독립'이라는 용어는 조선이 국제사회, 특히 중국(청) 및 일본과의 관계에서 하나의 '독립국가로서의 지위'를 인정받고자 하는 외교적 활동에 두드러지게 나타났다. 시기적으로도 1894~1895년 청일전쟁이 하나의 계기가 되어, 조선은 그 이전까지는 주로 청으로부터 '독립'을, 그 이후는 일본으로부터 '독립'을 추구했다.

한중 간의 관계를 보면, 19세기 후반 조선이 일본 및 서구 국가들과 조약을 체결하기 이전까지 조선은 대외적으로는 청의 '속방'이었다. 조선은 중국 중심의 동아시아 국제질서하에서 '사대자소(事大字小)'의 예(禮)라는 명분하에 조공국의 의례적인 절차로서 종주국인 중국에 정기적으로 조공을 바쳐왔지만, 간섭은 받지 않았으며 외교와 내정에서 자주성을 유지해왔다.[1] 이런 측면에서 오히려 1876년 일본과 조일수호조규(강화도조약으로 불림)를 체결해 대외적으로 개방한 시점에서는 '자주'라는 용어에 더 큰 의미를 두었다고 할 수 있다. '자주(自主, autonomy)'가 사대질서하에 사용되는 용어라고 한다면, '독립(獨立, independence)'은 근대 국제법(만국공법)질서하에 사용되는 용어로서, 이 두 용어가 개화기에 혼재되어 사용되었다. 그리고 만국공법질서하의 독립은 곧 '주권'을 의미하며 수평적인 근대 국제사회 구성원의 특징을 지칭하는 것으로 설명되었다.[2]

---

1 이용희·신일철 대담, 「2. 사대주의: 그 현대적 해석을 중심으로」, 이용희, 『한국민족주의』(서울: 서문당, 1997), 160쪽; 김용구, 『세계관 충돌의 국제정치학: 동양 예와 서양 공법』(서울: 나남, 1997), 70~81쪽.

2 김용구, 『외교사란 무엇인가』(인천: 원, 2002), 123쪽; 김용구, 『만국공법』(서울: 소화, 2008), 33쪽.

기존의 중국과의 관계 및 주변국에 대한 영향력을 활용한다는 측면에서 '독립'을 내세우지 않고도 조선의 자주를 보장받는 방안이 모색되었다. 그 예로서 다음과 같은 김윤식의 구상을 들 수 있다. 조선이 미국과 수교를 맺기 위해 청의 주선으로 조미수호 교섭을 추진하던 중, 1881년 12월 영선사 김윤식과 조미수호조약을 협의하던 리훙장(李鴻章)은 "조선은 청국의 속국"이라는 항목을 삽입하려 했다. 이러한 표현을 넣어도, 김윤식은 리훙장이 구상한 청국과의 주종 관계가 외교와 내정의 자주권을 지키면서 타국의 조선 경시를 막아줄 '양편(兩便)' 또는 '양득(兩得)'의 방책이라 생각했다.[3] 김윤식은 실리의 측면에서 볼 때, 현실적으로 조선이 부강해지기 전까지는 자주권이 보장되는 한 속방으로 남는 것이, 중국이 우리나라를 지켜주는 것으로 보고 서구 각국이 우리를 가볍게 침범하지 못하게 할 것이므로 이득이 된다고 보았다.[4]

그러나 '속방'이라는 표현이 조선의 의도 내지 해석과는 반대로 실질적 간섭을 상징하는 용어로 사용되는 것은 1882년 임오군란과 '조청상민수륙무역장정'의 규정부터였다. 임오군란 당시 청은 조선이 청의 속방임을 대내외적으로 공포함으로써, 청의 간섭을 기정사실화했다. 이에 반대해 1880년대 초 고종과 조선 정부는 미국, 영국 등 서구 국가들과의 수교 이후 서구 국가와의 관계에서, 즉 근대 국제법질서하에서 주권국가로서의 '독립'국의 지위와 외교상의 자주성을 확보하고자 했다.

이후 조선과 청의 관계는 1880년대 임오군란 이후 청군 주둔 시 청의 종주권을 강화하고 조선을 속국화하려 했던 청의 간섭으로부터, 조선

3 국사편찬위원회 엮음, 『종정연표·음청사 전(從政年表·陰晴史 全)』(서울: 탐구당, 1971)의 『음청사(陰晴史)』 상, 고종 18년 신사(辛巳) 12월 26일 자, 52~53쪽.

4 김성배, 「김윤식의 정치사상 연구: 19세기 조선의 유교와 근대」, 서울대학교 대학원 외교학과 박사학위논문(2001년 2월), 155~156쪽.

의 내정과 각국 교제에서의 '자주'를 확보하는 것이 과제였다. 조선에 대한 청의 정치적·외교적 간섭이 심해지면서, 조선의 정치와 외교상의 '자주'를 보장받는 기존의 수준에서 나아가 청의 속국화 정책에 저항하는 실질적 '독립'이 시대적 과제를 상징하는 용어가 되었다.

1882년 수신사(修信使) 박영효 일행은 일본 방문 시 만난 영국 등 서구 각국 외교관들에게 조·청 간의 상민수륙무역장정은 청의 강요에 의해 체결된 것이며 조선은 근대적인 의미에서 결코 청의 속국이 아니라 하나의 독립국가임을 설득하고자 했다. 이후 개화파 지도자들은 1884년의 갑신정변을 통해 청으로부터의 독립을 최초로 시도했다. 이를 잘 보여주는 것으로서 갑신정변 당시 발표된 14개조의 혁신 정강 중 첫 번째 항목은 "대원군을 빠른 시일 내로 모셔오며, 조공(朝貢), 허례(虛禮)의 의식을 폐지할 것"이었다.[5] 이러한 구상은 청에 대한 조공의 폐지, 즉 청과의 종속관계를 폐기하고 청으로부터 독립하는 것을 의미했다.[6]

나아가 개화파들은 조선이 청국의 간섭뿐만 아니라 주변 열강의 진출로부터 실질적 독립을 유지하는 것을 당면 과제로 부각시켰다. 갑신정변을 주도했던 박영효는 「1888년 상소문」에서 독립국가의 주요 권리인 '주권'을 보존하는 것이 필요하다는 점을 강조했다. 이 부분에서 '주권'이라는 용어를 언급한 것으로 보아, 당시 외국에 대해 자국의 독립과 자주성을 주장할 경우에 그 권리를 내세우는 용어로서 주권을 이해한 것으로 보인다. 갑신정변 이후 유길준도 『서유견문』의 제3편, "방국의 권리"에서 주권의 성격을 국제적 측면과 국내적 측면으로 나누어 설명한다.[7] 이

5 김옥균, 『갑신일록(甲申日錄)』, 37쪽; 한국학문헌연구소 엮음, 『김옥균 전집(金玉均全集)』(서울: 아세아문화사, 1979), 95쪽.

6 김용구, 『만국공법』, 149쪽.

7 "이 권리는 두 종류로 나누어진다. 하나는 내용(內用)하는 주권이어서, 나라 안의 일체

어서 유길준은 주권에 관해 한 나라의 국력의 강약이나 국토의 대소를 불문하고 그 내외 관계에서 다른 나라의 통제를 받지 않으면 곧 '자주독립국가'라고 설명한다.[8] 이러한 '독립'을 실현하기 위한 방편으로 상주 외교사절 활동을 시작하면서, 외교 의례에서 '독립'의 의미가 부각되었다. 1880년대 중반 이후 조선이 청의 속방이지만 서구 국가들과 수호통상조약을 체결하고 상주 외교사절을 파견하는 것이 하나의 독립국임을 입증하는 방안 중의 하나로 부각되었다.

이와 같이 19세기 후반 이후 '자주'와 '독립'의 개념적 의의와 정치적 중요성은, 전통적 중국 중심 국제질서체제로부터 근대적 주권국가체제로의 전환 과정에서 조선의 국제적 지위와 함께 변화했다. 1894~1895년 청일전쟁에서 청이 패하면서 전통적 사대질서하에서 청한 종속 관계가 사실상 종식됨에 따라, 이후부터는 '자주'보다 '독립' 개념이 더 많이 사용되었다. 명목상의 자주독립에서 실질적 자주독립 확보를 위한 개혁 추구 및 외교 노력이 경주되었다. 이후 '독립'이라는 용어의 사용이 한반도를 둘러싼 국제정치의 힘의 관계의 변화 속에 절박하게 다가온 계기는 1894년 청일전쟁 시기 일본에 대한 조선 정부의 독립 표명이었다.

1894년 동학농민봉기의 진압을 명분으로 조선에 파견된 청일 양국 군대가 대치된 상황에서 오토리 게이스케(大鳥圭介) 일본 공사가 조선 정부에 조선의 국제적 지위를 문의하면서 '청·한 종속 관계'의 단절을 요구했다. 이에 대해 고종은 조선의 내정과 외교는 독립이라는 견해를 밝혔

의 정치와 법령이 그 정부의 입헌을 스스로 받는 것이다. 둘째는 외행(外行)하는 주권이어서, 독립과 평등의 원리로, 외국과의 교섭을 보수(保守) 하는 것이다." 유길준전서편찬위원회, 『유길준전서(兪吉濬全書)—서유견문(西遊見聞)』 1권(서울: 일조각, 1971), 85쪽.

8 김용구, 『만국공법』, 154~155쪽.

고, 조선 정부는 독립국임을 선언했다.[9] 이 시기 일본은 조선의 '독립'이라는 용어의 의미를 내세우며 조선의 자주독립을 위한 국내적 개혁으로서 '내정개혁'의 후원자 역할을 자처했다. 그러나 실질적으로는 일본이 이를 명분으로 조선 정부의 내정에 간섭하고 외교 활동을 억제하는 양상을 띠었다. 이후 고종의 신변은 청·일 양국군의 전투 상황에 따라 위협받았고, 더구나 일본군의 경복궁 점령 이후 크게 위협받게 되었다. 이러한 대외적 위기에 처하면서, '자주'와 '독립'은 결합되어 하나의 시대적 과제를 상징하는 용어로 사용되었다.

이러한 조선의 자주독립 선언은 그해 12월 12일 종묘에서 고종이 직접 공포한 홍범(洪範) 14개조에 언급된 취지문을 통해 상징적으로 나타난다.[10] 그리고 홍범 14개조 첫 번째 조항으로 "청나라에 의존하는 생각을 끊어버리고 자주독립의 기초를 굳건히 한다"는 점을 공포했다.[11] 이로써 조선 정부는 조·청 간 기존의 조공 관계의 종식을 공식 선언했다. 1894년 12월 13일 고종은 중앙과 지방의 신하 및 백성들에게 자주독립을 고취하는 다음과 같은 내용의 윤음을 내리면서, 정부 차원뿐만 아니라 '민' 차원에서의 '자주·독립' 정신을 고취해나갔다.

> …… 우리나라의 독립을 공고히 하려면 그것은 사실 오랜 폐단을 바로잡고 실속 있는 정사를 잘하여 나라를 부강하게 하는 데 있다. 이에 나는 마음속

9 No. 19. Sill to Gresham, 1894.7.2, U.S. Department of State, *Papers relating to the Foreign Relations of the United States 1894*(Washington: Government Printing Office, 1895), pp. 28~29.

10 "이제부터는 다른 나라에 의거하지 말고 국운을 융성하게 하여 백성의 복리를 증진함으로써 자주독립의 터전을 튼튼히 할 것입니다." 『고종실록』, 고종 31년 12월 12일조.

11 『고종실록』, 고종 31년 12월 12일조.

으로 크게 경계하고 조정에 문의하니 오직 개혁뿐이라고 한다. …… 자주도 백성에게 달렸고 독립도 백성에게 달렸다. 임금이 아무리 자주를 하려고 해도 백성이 없으면 무엇에 의거하며 나라가 아무리 독립을 하려 하여도 백성이 없으면 누구나 더불어 하겠는가. …… [12]

1890년대 '자주독립' 이라는 용어가 국제정치적 현실을 반영한 용어로 사용된 예로, 1895년 3월 23일에 청·일 간에 체결된 강화조약문을 들 수 있다. 즉, 시모노세키 강화조약(下關講和條約)의 제1조에서는 "청나라는 조선이 완전무결한 자주독립국가(獨立自主之國)라는 것을 인정한다"라고 명기되었다. 그 결과 일본에 의해 조선의 대청 자주독립이 국제적으로 기정사실화되었다.[13]

2) 지식인 및 민 차원에서 '독립' 개념의 전개: 1890년대 독립협회의 활동과 대한제국의 선포

앞에서는 조선 정부와 외교 활동 차원에서 '독립' 개념이 논의된 사정을 살펴보았다면, 청일전쟁 이후 '독립'이라는 용어는 당시 지식인 사회 및 일반 대중에게서 시대적 상황을 상징하는 슬로건으로 사용되었다. 그 대표적인 예가 '독립협회'로서, '독립'을 일종의 브랜드로 활용했으며, 구체적 실천 및 정치적 참여로서 '독립'의 의미를 강조했다. 당시 '독립협회'라고 부른 이유에는 일본의 문명개화론자 후쿠자와 유키치(福澤諭吉)의 영향도 있었으며, 무엇보다도 미국에서 귀국한 서재필의 영향이 컸

12 『고종실록』, 고종 31년 12월 13일조.

13 『고종실록』, 고종 32년 5월 10일조.

다. 미국 등 서구의 민주주의 및 자유인권 사상 등의 영향을 받아서, 독립협회에서 언급하는 '독립' 개념에는 일본 등 주변 국가로부터의 대외적 차원의 독립뿐만 아니라, 대내적으로 국가 또는 정부로부터 일반 민간 영역의 독립을 지향한 측면도 있다. 이와 같이 1890년대 후반에 들어서서 같은 '독립'이라는 용어를 사용해도, 그것이 함축하는 내용은 다차원적으로 해석이 가능했다.

조선에서 청일전쟁 이후 자주독립을 상징하는 일련의 조치들이 시행되면서, '자주독립'이라는 용어는 단일한 시각에 의해 그 함의가 규정되는 개념으로 수렴되기 시작했다. 1896년 4월에 창간된 ≪독립신문≫은 청과의 사대 관계를 청산하는 것이야말로 조선의 자주독립에 관건이 된다는 입장이었고, ≪독립신문≫과 '독립협회'는 청으로부터의 자립을 강력하게 주장했다.[14]

≪독립신문≫은 1896년 5월 16일 자 논설에서 1890년대 조·청 관계에 대한 조선의 이해, 그리고 조선 정부의 일련의 자주독립 선언에도 불구하고 조선이 실질적으로 일본의 속국으로 있음을 지적했다.[15] 또한 같은 일자 ≪독립신문≫의 논설에서는 조선을 보호국화하려는 러시아와 일본의 논의가 있음을 소개하면서, 조선이 자주독립해야 하며 이를 위해서는 조선의 인민들이 각성하며 외국과 교제 시 조선의 국익을 먼저 생각할 것을 촉구했다.[16] 1898년 4월 7일 자 ≪독립신문≫ 논설에서는 국

14 류준필, 「19세기말 '독립'의 개념과 정치적 동원의 변화: ≪독립신문≫ 논설을 중심으로」, 이화여대 한국문화연구원, 『근대계몽기 지식개념의 수용과 그 변용』(서울: 소명, 2004), 24~25쪽.

15 ≪독립신문≫, 1896년 5월 16일 자, 송재문화재단출판부, 『독립신문 논설집』(서울: 송재문화재단출판부, 1976), 21쪽.

16 송재문화재단출판부, 『독립신문 논설집』, 21쪽.

권상실의 위기에 처해 한 나라의 자주독립을 확보하기 위한 전 국민의 단결을 촉구했다.[17] ≪독립신문≫은 "남에게 의지하고 힘입으려는 마음"을 끊어야 한다고 역설했다. 아울러 ≪독립신문≫은 외교적 우호관계를 유지하고 군사적 자위력을 갖추어 외국과 동등하게 교섭하고 자주독립을 유지할 수 있으며, 이를 위해서는 근대학문 수용과 외국 유학이 필요하다는 견해를 피력했다.[18]

서재필은 아시아에서 일본만이 문명개화를 통해 오키나와를 복속했음을 지적하면서, 자주독립한 부강한 나라가 되려면 개명과 변화가 필요하다고 강조했다.[19] 외국과 대등한 관계를 위해 국민이 합심해 문명개화를 추진해야 한다는 생각도 자주 보였다.[20] 개개인의 개화와 자강이 있어야 독립이 가능하다는 주장도 보였다.[21]

이와 같이 1890년대 후반 이후 '자주독립'이라는 용어는 당시 일본으로부터 정치·외교상 조선의 실질적인 주권을 확보하려는 의미를 시사하는 것으로 이해되었다. 이러한 현실에서 조선이 일본으로부터 '독립'하고자 한 시도로, 칭제건원과 대한제국 선포를 들 수 있다.

아관파천으로부터 고종이 환궁한 후, 관료들은 조선이 자주독립국임을 국내외에 천명하기 위해 황제 등극을 건의했다. 1898년 9월 29일 봉조하(奉朝賀) 김재현(金在顯) 등 관리 716명은 갑오개혁 시기 조선의 자주외교가 명분에 그치고 있음을 지적하면서, 조선이 자주독립국임을 국

17 ≪독립신문≫, 1898년 4월 7일 자, 송재문화재단출판부, 『독립신문 논설집』, 361쪽.

18 "지각이 있는 사람의 말", ≪독립신문≫, 1898년 1월 20일 자.

19 피제손(서재필), 「동양론」, ≪대조선독립협회회보≫, 제6호, 1897년 4월 15일.

20 "각심이 아니라 합심해야", ≪독립신문≫, 1897년 2월 23일 자; "자주독립은 전국인민의 힘으로", ≪독립신문≫, 1897년 7월 27일 자.

21 「국가와 국민의 흥망」, ≪대조선독립협회회보≫, 제11호, 1897년 4월.

내외에 보여주기 위해 고종을 황제로 높여 부를 것을 상소했다.[22] 그러나 독립협회 지식인들은 '칭제'의 형식보다 '개화'의 실질을 중시했다. ≪독립신문≫은 세계로부터 독립국가로 인정받기 위해서는 황제 즉위식이라는 외형보다는 국력을 기르는 것이 시급하다고 지적했다.[23] 이와 같이 이 시기에 이르러 청 대신에 러시아, 일본 등의 간섭과 침략적 진출로부터 국권을 수호하기 위한 국가적 목표로서 '자주독립'이 시대적 유행어로 통용되게 되었다. 이후 '독립'이라는 용어는 '국가'와 '민족'의 독립을 의미하는 것으로 사용되었다.

3. 1910년 일제의 한국 강제병합 전후 시기의 '독립': '동양평화'와의 관련성

'독립'이라는 용어의 사용은 1905년 을사늑약의 체결로 조선의 외교권이 박탈당하고 이후 1910년 일제가 한국을 강제병합하는 시기에 이르러 좀 더 절박하게 자주 사용되었다.

1) 독립을 되찾는 방법의 제시: 망국 원인의 규명과 자강

1905년 을사늑약의 체결로 국권을 상실하게 되자, 계몽운동가들은 국권 회복의 당위성과 희망을 주창하는 데 역점을 두었다. 그리하여 장지연(張志淵)은 다음과 같이 국민들에게 조선이 외국에 복속하지 않고 주

22 『고종실록』, 고종 34년 9월 29일조.

23 ≪독립신문≫, 1896년 5월 16일 자, 1897년 10월 2일 자, 1898년 4월 7일 자.

권을 회복해 독립을 이루는 것이 당연함을 주지시키시고자 했다.

> 나라를 사랑하는 이(愛國者)는 비록 외국에 신성한 대철(大哲)이 있다 하더라도 맹세코 그 사람의 주권 아래에 복종하려 하지 않고, 차라리 온 나라 사람으로 하여금 피를 흘리고 몸을 가루로 만들어 괴롭게 남아 있지 않더라도 반드시 실낱만큼의 권리(權利)라도 다른 민족에게 사양하기를 승낙하지 않는 것이다. 대체로 이것이 아니라면, 그 나라를 위하는 기구가 먼저 망하게 되는 소이인 것이다.[24]

을사조약 체결 이후 장지연은, 망국 위기에 처해 앉아서 망하는 것을 기다리는 등 좌절에 빠지지 말고 사람마다 각자 자강하는 길밖에 없음을 강조했다. 그리하여 그는 다음과 같이 스스로 강해지고자 하는 노력들이 축적될 경우 언젠가는 반드시 조선의 독립이 달성될 수 있다고 낙관했다.

> 나라를 사랑하는 데 뜻을 둔 선비라면 결코 앉아서 망하는 것을 기다리지는 않을 것이니, 이때를 당하여 비록 자강하는 능력이 없다 하더라도 사람마다 제각기 스스로 '자강'하는 길(道)에 분발하고 힘써야 하는 것은 마치 1000리를 가는 자는 반드시 한 걸음에서부터 시작하는 것과 같은 것이오. 오늘에 한 걸음이라도 전진하고 그치지 아니하여서 날짜가 오래되고 달이 깊어가며 세월이 쌓이고 해가 거듭된다면 반드시 그 목적하는 점에 도달할

24 장지연, 「자강주의(自强主義)」, ≪대한자강회월보(大韓自强會月報)≫, 제3호(1906년 9월), 단국대학교부설 동양학연구소, 『장지연전서(張志淵全書)』 제8권(서울: 단대출판부, 1987), 459~462쪽.

날이 있을 것이오.[25]

장지연, 박은식은 계몽, 근대적 국민교육과 산업진흥으로 한민족의 열등한 속성들이 극복될 수 있으며, 실력양성으로 힘을 기르는 등 점진적으로 가능한 조건이 주어졌을 때 조선의 독립이 달성될 것으로 전망했다. 이 시기에는 서구 문명의 우월성에 대한 인식을 바탕으로 생존경쟁의 시대를 맞이해 조선에서 자강의 필요성을 역설하는 논의로 이어진다. 1906년 결성된 대한자강회의 자강주의는 사회진화론적 세계관을 바탕으로 국가를 단위로 하는 생존경쟁 내지 자연도태에서 살아남기 위해서는 자강하는 길밖에 없다는 인식을 그 기반으로 하고 있다.[26] 이러한 인식하에 계몽운동가들은 국민과 민족의 계몽을 위해 다음 방안들, 즉 첫째, 애국심 함양을 위해서 국문·국사·지리 과목을 교육시키며, 둘째, 여성교육과 의무교육제도를 통해 새로운 근대적 학문을 전 국민에게 교육시킬 것을 제안했다. 그리고 박은식은 서구 국가가 독립 및 통일국가 달성 과정에서 오토 폰 비스마르크(Otto Eduard Leopold von Bismarck)의 소학교교육과 주세페 마치니(Giuseppe Mazzini)의 청년교육 등처럼 국민의 정신교육을 강화한 점을 중시했다. 따라서 장차 조선인들이 노예 신세를 면하고 자유와 독립을 회복하기 위해서는 시급히 학교를 설립해 교육을 진흥할 것이 주창되었으며, 이러한 저항적 민족주의적 의식을 고취시키는 요소로서 '대한정신(大韓精神)', '국혼(國魂)' 등이 강조되었다.[27]

---

25 장지연, 「자강회 문답(自强會 問答)」, ≪대한자강회월보≫, 제2호(1906년). 『장지연전서』 제8권, 455~459쪽.

26 박은식, 「대한정신(大韓精神)」, ≪대한자강회월보≫, 제1호(1906년), 이만열 엮음, 『박은식』(서울: 한길사, 1980), 26~27쪽.

27 박은식, 「대한정신(大韓精神)」, ≪대한자강회월보≫, 제1호(1906년), 『박은식』, 26쪽;

세계의 주요 열강들이 자국의 국가이익을 위해 식민지 진출을 동아시아로 확대하는 과정에서, 조선의 망국을 뒤집기는 힘들고 러일전쟁의 승전국 일본의 식민지가 된 상태를 직시하지 않을 수 없었다. 이에 박은식(朴殷植) 등 계몽운동가들은, '적자생존(適者生存)'과 '약육강식(弱肉强食)'의 시각에서 군사력 등 국력이 뒷받침되지 못하면 타국의 식민지를 면할 수 없는 현실을 인정하지 않을 수 없었다. 또한 사회진화론은 당시 애국계몽운동가들에게 조선이 약육강식의 생존경쟁에서 살아남을 수 있을 정도로 국력을 갖출 경우 조선의 국권 회복을 시도해볼 수 있다는 희망과 기대감을 갖게 했다. 역설적으로 사회진화론에서 강조하는 적자생존을 위해서는 기존에 취해왔던 인간관과 국가관 및 정치지도자상으로는 한계가 있으며, 실력양성을 통해 점진적으로 가능한 조건이 주어졌을 때 독립국가 수립이라는 목표가 이루어질 것으로 보았다.

2) 일본의 동양평화 구상 비판과 한국의 독립 주장

이 시기 일본의 러일전쟁 개전과 식민지적 진출과 대외 팽창을 정당화하는 논리로서, '동양평화'론이 주장되었다. 특히 이토 히로부미(伊藤博文)가 주장하는 동양평화론은 실질적으로 일본의 국가이익을 지키며, 일본이 동양의 맹주가 되기 위해 일으킨 전쟁을 정당화하는 명분으로 인식되었다.[28]

"대한정신(大韓精神)의 혈서(血書)", ≪대한매일신보(大韓每日申報)≫, 622~623호, 융희(隆熙) 원년(1907) 9월 25~26일, 『박은식』, 28~31쪽; "무망홍학(務望興學)", ≪황성신문(皇城新聞)≫, 광무(光武) 10년(1906) 1월 16~17일, 『박은식』, 85~88쪽.

28 石田雄, 『日本の政治と言葉 下: '平和'と'國家'』(東京大學出版社, 1989) 중 전편, 서장~제2장.

이에 대해 한국의 독립운동가들은 다음과 같이 일본의 동양평화론을 비판하면서 한국의 독립 필요성을 강조했다. 먼저 안중근(安重根)은 1909년 하얼빈 의거 이후, 1904년에 일본이 러일전쟁 개전의 명분으로서 한국의 독립을 굳건히 하기 위함이라고 언급했던 점을 상기시키면서, 조선에 대한 이토 히로부미의 시정 방침이 개선되지 않는 한 한국의 독립은 요원하며 전쟁은 계속될 것이라고 보았다. 그럼에도 그는 한국에 대한 일본의 방침이 개선되어, 동양평화가 한일 양국 간에 유지되기를 희망한다고 밝혔다.[29]

또한 안창호(安昌浩)도 1907년 조선 통감으로 와 있던 이토 히로부미를 만났을 때 그의 동양평화론을 다음과 같이 비판했다. 당시 이토 히로부미는 일본만으로 도저히 서양 세력이 아시아에 침입하는 것을 막을 도리가 없으며, 한국과 청국이 일본만한 역량을 가진 국가가 되도록 해서 선린(善隣)이 되어야 한다고 보았다. 그리고 이토 히로부미는 안창호에게 한·청·일 삼국의 정치가가 힘을 합해 동양의 영원한 평화를 확립하자고 제의했다.[30] 이러한 이토 히로부미의 제안에 대해, 안창호는 삼국의 정립 친선이 동양평화의 기초라는 점에 동감을 표시하면서도, 이토 히로부미의 제의를 거절했다. 이어서 안창호는 한국의 독립을 보장하고 청일·러

---

29 「안중근 공판기록, 제5회 공판: 변론 및 최후진술」(1910년 2월 12일 자). 신용하 엮음, 『안중근 유고집』(서울: 역민사, 1995), 287~291쪽. 안중근의 동양평화론은 신용하 엮음, 『안중근 유고집』, 169~180쪽에 실렸다. 안중근이 동양평화론을 쓰게 된 배경과 좀 더 자세한 내용에 대해서는 김현철, 「20세기 초 한국인의 대외관과 안중근의 '東洋平和論'」, 안중근의사기념사업회 엮음, 『안중근과 그 시대: 안중근의거 100주년 기념연구논문집 1』(서울: 경인문화사, 2009)을 참조하기 바란다.

30 이상 안창호와 이토 히로부미의 회견 내용은 나중에 안창호의 기억을 이광수(李光洙)가 정리한 것으로서 이광수, 「도산 안창호」, 『이광수전집』 제13권(서울: 삼중당, 1962), 26~27쪽에 실렸다.

일 양 전쟁 후에도 한국의 독립을 위하는 것이라고 주장해온 일본이 한국의 독립을 없애면 한국인들은 일본을 원수로 볼 것이라는 점을 상기시켰다. 안창호는 이토 히로부미에게 일본이 청국을 부축하며 도울 것을 말하지만, 그것은 한국의 독립을 회복한 후에 하라고 요구했다.[31] 이와 같이 안창호가 이토 히로부미와 나눈 회견 내용을 통해 볼 때, 안창호는 일본이 추구하는 소위 동양평화는 일본을 망하게 하는 길이고, 한국, 중국, 일본이 독립국으로 발전할 수 있는 상호공존적 동양평화가 일본도 살리는 길이라고 보았다.

'동양평화'라는 표현이 사용되었지만, 당시 일본의 이토 히로부미 등 '동양평화'를 주창한 세력이 한국과 중국에 대해 실제 행동한 것을 보면, 일본의 아시아주의와 그 연장선상에서 '동양평화' 구상은 기득권을 가진 세력의 지배를 정당화하는 슬로건이었다. 이에 대해 한국의 독립운동가들과 지식인들은 일본의 한국 병합에 대한 부당성을 지적했으며, 한중일 등 동북아 지역 국가 간 신뢰에 기반한 교류와 협력의 중요성을 거론하면서 조선이 독립하는 것이 '동양평화와 세계평화'에 기여한다는 점을 강조했다.

1910년 일제의 강제병합 이후 조선의 국권이 상실된 상황에서 신채호는 일본이 주장하는 동양평화론의 위선을 지적해 비판하면서, 동양평화를 위한 방법이 조선의 독립임을 다음과 같이 강조했다.

> 따라서 금일 동양의 평화를 말하려면 가장 좋은 방법은 조선의 독립만한 것이 없다. 조선이 독립하면 일본은 방자하게 탐욕스러운 데 이르지 않게 되고 사방을 경영하여 그 힘을 모아 바다와 섬을 보호하게 된다. 러시아의

31 이광수, 「도산 안창호」, 『이광수전집』 제13권, 27~28쪽.

과격과 또한 약소민족을 돕는다는 핑계를 대지 않고 날개를 접어 어지러운 국면을 정돈할 수 있을 것이다. 이것은 진실로 동양평화의 요의이다.[32]

당시 일본의 동양평화론의 영향을 받은 동양주의는 일본의 동양평화론을 방패삼아 우선 교육과 산업을 통해 새로운 문명표준을 획득하기 위해 노력하면 다시 무대에 설 수 있으리라는 소박한 낙관론을 전개했다. 반면 국가주의론은 구미의 약육강식적 제국주의 위험에서 벗어나려고 뒤늦게 치열한 제국주의 경쟁에 뛰어든 일본의 도움을 기대할 수는 없다고 보았다.[33] 당시 일제의 한국 강점이라는 현실에 비추어볼 때, 박은식은 동양의 진정한 평화가 일본에 의한 한일 양국의 병합에 의해 이루어지는 것이 아니고, 공존주의(共存主義)에 입각해 한반도의 독립이 보장될 때만 가능하다고 보았다. 박은식은 일본의 한국 병합이 중국 등 주변 국가들에 불신과 두려움을 주었으며, 결국 동양평화·공존의 원칙을 깨뜨리게 된다고 다음과 같이 비판했다.

양국 병합은 그 주요 목적이 동양평화에 있다고 일러 말하는데, 이른바 '동양평화'란 어떤 것인가? 과연 한국인의 국가적 희생과 민족적 불행이 필요한가? 한국인의 국가적 생명을 끊음이 과연 동양평화의 영구적인 밑거름이 된단 말인가? 진정한 동양평화란 으레 공존주의의 터전에 입각하여 확고하게 공의(公議)로써 이뤄지며, 결코 한 나라의 욕망이나 한때의 세력으로 함

32 신채호, 「조선독립급동양평화(朝鮮獨立及東洋平和)」, ≪천고(天鼓)≫, 창간호(1921년 1월). 원문의 한글 번역은 독립기념관 한국독립운동정보시스템(https://search.i815.or.kr/)에 실린 번역문 내용을 참조했다.

33 하영선, 「근대한국의 평화 개념 도입사」, 하영선 외, 『근대한국의 사회과학 개념 형성사』(서울: 창비, 2009), 244~245쪽.

부로 남의 나라를 병탄해서 성립되지 아니한다.[34]

이상 살펴본 바와 같이 러일전쟁과 1910년 일제의 강제병합을 거치면서 한국의 지식인들과 독립운동가들은 소위 일본의 동양평화론이 그 주장과 다르게 일본의 한국 및 중국 병합으로 귀결되었음을 사실로 확인하면서 비판했다. 그리고 당시 한국의 독립운동가들은 한국의 독립 없이는 동양평화가 사실상 없다는 점을 부각시켰으며, 한국의 독립이 동양평화와 세계평화를 이룩하기 위한 전제조건임을 강조했다.[35]

4. 일제강점기 '독립'의 선언: 식민지배로부터 주권회복과 민족자결의 주창

1910년 8월 일제의 강제병합 이전까지 조선(대한제국 포함)에 실질적이건 명목상이건 주권이 있었을 때에는 '독립'이라는 용어는 청 또는 일본, 서구로부터 조선이 자주독립을 지키는 것을 의미했다. 그러나 1910년 8월 국권을 빼앗긴 이후의 '독립'은 빼앗긴 국권(주권)과 권리를 다시 회복하는 것, 당시 용어로는 '복국(復國)'을 의미했다. 이는 대외적으로는 우리 한민족이 국가를 다시 이룰 권리와 능력이 있음을 입증하는, 즉 '민족자결'을 주창하는 의미로 사용되었다.

1910년대 이후 한국의 많은 독립운동가가 일본, 미국, 서구 및 러시

34 박은식, 「통고 일본서(通告 日本書)」, 남만성 옮김, 『한국독립운동지혈사(韓國獨立運動之血史)』 상(서울: 서문당, 1979), 174~176쪽.

35 이호재, 『한국인의 국제정치관: 개항 후 100년의 외교논쟁과 반성』(서울: 법문사, 1994), 184쪽.

아 등 세계 각 지역으로 이전해 활동하면서 독립을 주장하는 많은 글 또는 선언문을 발표했다.

이 시기 해외에서 작성된 독립선언서의 내용을 보면, 독립이란 일제의 강제병합 조약이 무효임을 선포하며 원래대로 우리의 권리를 회복하고 일본은 섬으로 돌아갈 것을 요구하는, 일종의 원상회복을 의미하는 것으로 보인다. 이러한 구상을 보여주는 예로서, 1919년 3월 중국의 길림에서 한국의 독립운동가들이 작성한 선언문인 「대한독립선언서」를 들 수 있다.[36] 이 선언서는 1919년 3·1운동 이전에 이미 해외에서 만들어졌다는 점에서 역사적 의미가 크며, 다음과 같이 합방의 부당성을 지적하고 진정한 도의를 행할 것을 권고했다.

> 그러므로 하늘의 뜻과 사람의 도리와 정의 법리에 미쳐서 만국의 입증으로 합방 무효를 선포하며 그의 죄악을 응징하며 우리의 권리를 회복하노라. 슬퍼라! 일본의 무력이여. 소징대계(小懲大戒)가 너희의 복이니, 섬은 섬으로 돌아가고, 반도는 반도로 돌아오고, 대륙은 대륙으로 회복할지어다. 각기 원상대로 회복함은 아시아의 행(幸)인 동시에 너희도 행이려니와 만일 미련하게도 깨닫지 못하면 전부 화근이 너희에 있으니 복구자신(復舊自新)의 이익을 반복 효유하리라. …… 무력 겸병을 근절하야 평등한 천하의 공도를 진행하는 것은 곧 우리 독립의 본령이다. 밀맹사전(密約私戰)을 엄금

36 이 「대한독립선언서」는 1919년 3월 11일 대한독립의군부의 주도하에 김교헌, 김규식, 김동삼, 김약연, 김좌진, 이승만, 박은식, 안창호 등 한국의 독립운동가 39인의 명의로 발표되었다. 이 「대한독립선언서」는 무오년인 1918년에 발표된 것으로 알려져 「무오독립선언서」로도 불렸다. 이상의 내용은 이윤상, 『3·1운동의 배경과 독립선언』, 한국독립운동의 역사 18(천안: 한국독립운동사편찬위원회 독립기념관 한국독립운동사연구소, 2009), 184쪽 각주 5에서 재인용했다.

하고 대동평화를 선전할 것이다. 이것이 우리 복국(復國)의 사명이다.[37]

「3·1독립선언서」 직전에 발표된 「2·8독립선언서」에서는 역사상 동양평화의 위협자였던 러시아나 중국은 군국주의적 야심을 포기했고, 오히려 일본이 최대의 동양평화를 어지럽힐 환란의 근원이 될 것임을 지적하면서, 한민족에게 민족자결을 부여할 것을 주장했다.[38]

> …… 이미 우리 민족은 일본이나 혹은 세계 각국이 우리 민족에게 민족 자결의 기회를 부여하기를 요구하며, 만일 불연이면 우리 민족은 생존을 위하여 자유의 행동을 취하여 이로써 독립을 기성할 것을 선언하노라.
>
> 결의 1. 본단은 한일합병이 오족(五族)의 자유의사에 출(出)치 아니하고 오족의 생존 발전을 위협하고 동양의 평화를 교란케 하는 원인이 된다는 이유로 독립을 주장함. ……[39]

---

37 본문에서 인용한 현대 문체로 된 내용은 독립기념관 한국독립운동정보시스템에서 재인용했다. 「대한독립선언서」의 전체 내용은 이윤상, 『3·1운동의 배경과 독립선언』, 184~188쪽의 "5. 대한독립선언서"를 참조하기 바란다.

38 2·8독립선언을 전후한 시기에 일본 내 한국 유학생들과 교류가 있었던 일본의 지식인 중의 한 사람으로 요시노 사쿠조(吉野作造)를 들 수 있다. 그는 이 시기 일본의 평화주의를 대표하는 사람으로서, 1918년 ≪주오코론(中央公論)≫이라는 잡지에 일본 다이쇼(大正) 시기 민주주의화(민본화)와 평화주의의 상관관계를 논했다. 그는 군국화 추세로부터 민본화로 나아가는 것이 역사적 진화라고 보면서, 군국주의와 상호 대립하는 것은 평화주의라고 주장했으며 민본주의와 군국주의의 양립 가능성을 인정하면서 경고했다. 요시노 사쿠조는 일본 특유의 반평화사상의 전통이 군부라는 정당화된 폭력을 독점하는 국가기관에 의해 장악되어 평화주의에 직접적 도전이 된다고 경고했다. 요시노 사쿠조의 평화주의에 대해서는 石田雄, 『日本の政治と言葉 下: '平和'と '國家'』(東京大學出版社, 1989)중 전편, 서장~제2장을 참조하기 바란다.

39 1919년 2월 8일. 재일본동경조선청년독립단대표. 최팔용(崔八鏞)·백관수(白寬洙)·윤창석(尹昌奭)·송계백(宋繼伯)·이광수(李光洙)·김철수(金喆壽)·김도연(金度演)·이근

이어서 「3·1독립선언서」에서는 우리 민족의 자주독립의 정당성을 첫째, 민족의 자유권과 평등권, 생존권 차원, 둘째, 동양평화의 차원, 셋째, 세계평화의 차원에서 제기하고 있다. 이것은 근대 국제질서의 주권평등 원리를 내면화했을 뿐만 아니라 진정한 동양평화, 세계평화의 방법을 체득한 결과를 표현한 것이라고 할 수 있다. 「3·1독립선언서」의 또 다른 특징은 세계 대세는 '힘의 시대'가 가고 '도의의 시대'가 도래할 것임을 천명하면서 인륜과 도덕을 중심으로 한 문화주의를 제창한 것이다. 「3·1독립선언서」에는 동양평화가 중요한 일부가 되는 세계평화, 인류행복에서 조선의 독립이 필요한 계단이 된다는 것을 다음과 같이 밝혔다.

> 우리는 여기에 우리 한국이 독립된 나라임과 한국 사람이 자주 국민임을 선언하노라. …… 용감하게 옛 잘못을 고쳐 잡고, 참된 이해와 동정에 바탕한 우호적인 새 시대를 마련하는 것이, 서로 화를 멀리하고 복을 불러들이는 가까운 길인 것을 밝히 알아야 할 것이 아니냐! …… 오늘 우리의 한국 독립은 한국 사람으로 하여금 정당한 삶과 번영을 이루게 하는 동시에, 일본으로 하여금 잘못된 길에서 벗어나, 동양을 버티고 나갈 이로서의 무거

우(李謹愚)·이근(李根)·김상덕(金尙德)·서춘(徐椿). 「2·8독립선언서」의 전체 내용은 이윤상, 『3·1운동의 배경과 독립선언』, 173~179쪽의 "2·8독립선언서"를 참조하기 바란다. 본문에서 인용한 현대 문체로 된 내용은 독립기념관 한국독립운동정보시스템에서 재인용했다. 2·8독립선언서 작성 당시 식민지배 국가 일본 도쿄에서 유학 중인 학생들의 모임인 조선유학생학우회 등이 1919년 1월 6일 도쿄의 조선기독교회관에서 웅변대회를 열고 한민족 자주 독립을 위해서 청년학생이 앞장서서 싸워야 한다는 것을 결의했다. 최팔용, 김도연, 백관수 등 10명의 임시실행위원을 선출했으며, 최팔용은 운동자금을 모집하고, 이광수는 독립선언서를 기초하고, 송계백은 국내에 밀파되어 최린, 송진우 등과 만나 경위를 보고하고 국내운동을 일으킬 것을 요청하였다. 이상의 설명은 독립기념관 한국독립운동정보시스템에서 참조했다.

운 책임을 다하는 것이며, 중국으로 하여금 꿈에도 피하지 못할 불안과 공포로부터 떠나게 하는 것이며, 또 동양의 평화가 중요한 일부가 되는 세계평화와 인류복지에 꼭 있어야 할 단계가 되는 것이라.[40]

이 「3·1독립선언서」에 참여한 한용운도 「조선독립(朝鮮獨立)의 서(序)」(1919~1920)에서 "조선민족의 독립자결은 세계평화를 위함이며 동양평화에 대해서는 실로 중요한 관건이 된다"고 역설했다. 이 글에서 한용운은 조선 독립선언의 동기로서, 첫째, 조선 민족의 실력, 둘째, 세계 대세의 변천, 셋째, 민족자결 조건을 언급했다. 그리고 조선 독립선언의 이유로서, 첫째, 민족자존성, 둘째, 조국 사상, 셋째, 자유주의, 넷째, 세계에 대한 의무라는 네 가지를 언급했다. 그중 '세계에 대한 의무' 부분을 좀 더 상세히 인용하면 다음과 같다.

…… 그러므로 조선 민족의 독립 자결은 세계의 평화를 위한 것이요, 또한 동양평화에 대해서도 중요한 열쇠가 되는 것이다. ……

5. 조선 독립의 자신

이번의 조선 독립은 국가를 창설함이 아니라 한때 치욕을 겪었던 고유의 독립국이 다시 복구되는 독립이다. 그러므로 독립의 요소, 즉 토지, 국민, 정치와 조선 자체에 대해서는 만사가 구비되어 있어 다시 말할 필요가 없겠다. 그리고 각국의 승인에 대해서는 원래 조선과 각국의 국제적 교류는 친선을 유지하여 서로 좋은 감정을 가지고 있었던 바다. 더욱이 개론에서

---

40 「3·1독립선언서」의 전체 내용과 서명한 33인의 명단은 이윤상, 『3·1운동의 배경과 독립선언』, 179~183쪽의 "3·1독립선언서"를 참조하기 바란다. 본문에서 인용한 현대 문체로 된 내용은 독립기념관 한국독립운동정보시스템에서 재인용했다.

> 말한 것과 같이 지금은 정의·평화·민족자결의 시대인즉 조선 독립을 그들이 즐겨 바랄 뿐 아니라 원조조차 아끼지 않을 것이다. 다만 문제는 일본의 승인 여부뿐이다.[41]

이와 같이 한용운도 조선 독립이 세계평화와 동양평화를 위한 것임을 강조하면서, 조선의 독립은 새로운 국가를 창설하는 것이 아니라 기존의 상태로 복구하는 것이라는 생각을 보여준다.

「3·1독립선언서」 등의 작성에 큰 영향을 끼친 것으로 알려진 미국의 토머스 우드로 윌슨(Thomas Woodrow Wilson) 대통령의 민족자결주의는 당시 신문에 자세히 소개될 정도로 크게 주목받았다. 이와 관련해 ≪신한민보≫ 1919년 6월 2일 자 "대통령의 십사조목과 우리 독립의 관계"라는 제목의 사설에서는 윌슨의 14개 조항을 소개했다. 민족자결주의를 뜻한다고 해석되어왔던 5조의 내용은 "모든 식민지에 대한 개정은 그 식민지 백성의 원하는 대로 처결할 일"이라고 번역되어 소개되었다. 이러한 민족자결주의를 기회로 한국의 독립을 미국 및 국제연맹에 적극 호소하자는 논의가 대두되었다.

> 우리 민족에게도 오는 기회가 목전에 있도다. …… 그런즉 우리 한인은 장차 오는 10월에 워싱턴에 집회하는 국제연맹에 호소하기 위하여 윌슨 대통령의 14조목 가운데 제3조와 제5조와 제14조를 들어 우리 한국과 일본의

---

41 한용운의 「조선독립의 서」는 1919년 7월 10일 서대문 감옥에서 일본 검사의 심문에 대한 답변으로 「조선독립(朝鮮獨立)에 대(對)한 감상(感想)의 개요(槪要)」를 기초해 제출했으며, ≪독립신문≫ 1919년 11월 4일 자(52호)에 전문이 게재되었다. 「조선독립에 대한 감상의 개요」의 현대문 번역본은 만해기념관 홈페이지(http://www.manhae.or.kr/idd.html?html=idd1_m15. html)를 참조하기 바란다.

모든 관계를 미국 사람들에게 알리어 주어야 될 터인데 이를 하자면 우리가 말로나 글로나 부지런히 힘써야 될 것이고

즉, 한국 독립의 근거로서 윌슨 대통령의 민족자결주의 14개 조항 중 제3·5·14조는 당시 '독립'이 어떤 상태에 도달해 있을 때 가능한 것인지를 보여주는 예라고 하겠다.[42]

당시 조선 독립의 이유와 일본의 동양평화론에 대한 비판을 잘 보여주는 글로서, ≪동아일보≫ 1920년 6월 25일 자 논설에서는 동양평화를 구실로 제국주의적·군국주의적 대륙 정책을 펼쳐온 일본이 한·중·일 세 민족이 평등한 지위에서 상호 제휴하고(내부적 동양평화), 외세에 대해 실력을 양성할 수 있는(외부적 동양평화), 진정한 동양주의를 지향할 것을 촉구하고 있다.[43] 이와 같이 1910~1920년대 한국의 독립선언서나 신문 사설을 보면, 한국의 독립 없이는 동양평화와 세계평화가 불가하다는 입장을 강조했다

42 이와 관련, ≪신한민보≫ 1919년 6월 2일 자에서 역사적 14조목의 주요 내용으로 소개한 것을 들면 다음과 같다. "제1조 평화조목을 드러내어놓고 의결하여 공중에 드러내어 좋을 일. 제2조 평화시대나 전쟁시대나 해상 자유를 인증할 일. 제3조 상업상 동등권을 유지할 일. 제4조 군사상 모든 세력을 체감할 일. 제5조 모든 식민지에 대한 개정은 그 식민지 백성의 원하는 대로 처결할 일. …… 제13조 폴란드의 독립을 건설케 하되 해상에 자유 교통할 만한 근거지를 허락할 일. 제14조 국제연맹회를 설립하여 큰 나라이나 적은 나라를 물론하고 한결같이 그 독립과 영토보전을 담보할 일".

43 "동양평화(東洋平和)의 요체(要諦)", ≪동아일보(東亞日報)≫, 1920년 6월 25일 자.

5. 해외 임시정부 및 독립운동가들의 '독립'론: 한국 독립의 국제적 인정과 신탁통치의 부정

해외 한인 독립운동가들은 윌슨의 민족자결주의를 배경으로 파리강화회의에서 한국의 독립을 주장해 국제사회의 호응을 얻고자 노력했다. 당시 이를 위해 작성된 문서에는 한국 독립의 의미와 이를 달성하기 위한 방법 등에 대한 자세한 구상이 나타나 있다. 그 예로서 1919년 상해 임시정부가 수립된 직후, '세계열강의 외교적 지원 획득'을 목표로 초대 외무총장 김규식은 파리강화회의 및 국제연맹에 대한 독립청원 외교를 추진했다. 파리 한국대표부 위원, 신한청년당 대표 겸 대한민국 임시정부 대표 김규식이 서명해 제출한 「청원서」에서는 "한국의 독립은 인정됐다"와 "국제적 교리(doctrine)로서의 한국의 독립"이라는 제목하에 다음과 같이 1876년 조일수호조규, 1898년 러일의정서, 1904년 한일의정서 등 일본과 체결한 조약을 비롯한 역사적 사례와 국제 관계, 국제법 등을 거론해 일본의 침략 행위를 비판하고 한국 독립의 당위성을 설명했다.[44]

…… 한국과 일본 및 기타 열강 간에, 그리고 일본이 중국·러시아 및 영국과 더불어 맺은 한국에 관한 여러 조약에서 한국의 독립된 주권국가로서의

44 이연복, 『대한민국임시정부의 외교활동』(국학자료원, 1999), 153~154쪽. 1919년 5월 10일 김규식이 클레망소(Georges Clémenseau) 파리강화회의의장에게 제출한 「청원서」의 정식 명칭은 「파리강화회의에 제출된 청원서」이다[Korean Delegation, "The Claim of the Korean People and Nation: For Liberation From Japan and For the Reconstitution of Korea as an Independent State", Petition(Paris, The Peace Conference, April, 1919). 한글로 번역하면 "일본으로부터 해방과 독립국가로서의 한국의 재편성(주권회복)을 위한 한국 국민과 민족의 주장"이다].

존재가 이 조약들 모두에 긍(肯)하여 확고히 인정되었으며, 이 나라의 정치적 독립과 영토 보전이 그 조약들 가운데 어떤 것에서 또한 확실히 보증된 바, 그것은 현재의 평화회의와 같은 한 국제의회에 집결된 열강들에 의해서 그들의 행동이 궁극적인 규제를 받는 일 없이 그것을 유린할 수 있는 나라는, 특히 일본 같은 나라는, 한 나라도 있을 수 없다는 열국 공통의 법칙의 기반 위에 똑같이 확립되는 한계에서 보장된 것이다. ……[45]

김규식이 제출한 「청원서」에서는 윌슨 대통령이 주창한 민족자결주의 14개 조항을 내세워, 파리강화회의에 참여하는 일본이 이를 수용해야 하며, 이에 따라 1910년 한일 강제병합을 무효화할 것을 다음과 같이 강조했다.

…… (파리)평화회의는 회원국들의 문제를 윌슨 대통령의 14개 조항의 요점에서 표현된 원칙에 따라 해결을 얻기 위하여 모인 것이다. 이 견해의 설명에 기반이 되는 원칙은 1918년 1월 8일에 대통령이 의회에 보낸 그의 교서에서 모든 인민과 모든 국민들에, 그리고 그들의 강하거나 또는 약하거나 간에 관계없이 서로가 공평한 자유와 안전의 한계 위에서 살 권리에 대한 정의의 제 원칙이라 한 데서 정의되고 있다.

---

45 국가보훈처, 『해외의 한국독립운동사료(I): 국제연맹편』(국가보훈처, 1991), 52~58쪽. 그중 55쪽의 "Japan's Continental Policy, The Policy in Operation"을 참조하기 바란다. 장인성·김태진·이경미 엮음, 『근대한국 국제정치관 자료집 제2권 제국-식민지기』(서울: 서울대학교출판문화원, 2014), 47~48쪽에서 재인용. 김규식이 제출한 「청원서」의 전체 내용은 국가보훈처, 『해외의 한국독립운동사료(I): 국제연맹편』, 52~58쪽에 실려 있다. 이 「청원서」의 한글 번역은 장인성·김태진·이경미 엮음, 『근대한국 국제정치관 자료집 제2권 제국-식민지기』, 「10. 김규식, 파리강화회의 의장에 제출한 청원서」, 45~48쪽에 실려 있다.

(제1차 세계)대전 중 연합되고 맹약된 나라의 일원으로서 일본은 그 14개 항의 요점을 그것의 근본이 되는 정의의 원칙과 더불어 명백히 받아들였다. 한국 인민과 나라의 여망에 반하여 그리고 승낙이 없이 계속된 천황의 전 한국에 긍하여 온 주권상의 여러 권리의 행사에 의해서 이 정의의 원칙이 명백히 유린되었으므로, 전기한 합병 조약에 대한 무효를 선포하거나 또는 그렇지 않으면 취소 명령을 선언하는 것이 (파리)평화회의의 권리이며 의무가 되고 있다. …… [46]

이상의 내용을 담아 제출한 김규식의 「청원서」 이전에, 1919년 김규식은 「파리강화회의에 제출한 각서 초안(Suggested Draft of Memorandum)」에서도 한국 독립의 당위성을 역설하였다. 이 「파리강화회의에 제출한 각서 초안」에서는 다음과 같이 아시아에서 한국의 지정학적 위치의 중요성을 강조하고, 독일이 유럽을 지배했던 것과 같이 일본이 아시아를 지배하는 것을 막기 위해서는 벨기에처럼 국제적으로 독립을 보장해주어야 극동에서 항구평화가 가능하다는 점을 강조했다.[47]

…… 첫째로 한국은 실질적으로나 정당하게 무력에 의해 일본으로부터 정복받은 적이 없다. …… 두 번째로 역사적으로 지리적으로나 전략적으로 고려하면 한국은 당연히 독립국가로 남아야 한다. …… 세 번째로 세계 곳곳에서 균등한 기회와 자유롭고 공개적인 우위를 위한 범세계 경제 정책에 관해 많이 언급되고 저술되어왔다. …… 네 번째로 그러나 가장 중요한 문제는 인본주의적인 점, 곧 인간 정의의 문제이다. …… 우리는 일본으로부터

---

46 장인성·김태진·이경미 엮음, 『근대한국 국제정치관 자료집 제2권 제국-식민지기』, 48쪽에서 재인용.

47 장인성·김태진·이경미 엮음, 『근대한국 국제정치관 자료집 제2권 제국-식민지기』, 42쪽.

독특한 언어, 문화, 도덕성, 종교, 그리고 사회관념을 가진 방해와 억제받지 않고 우리 자신들은 개발할 수 있는 기회를 단연코 부여받을 수 있는 별개 국민의 민족의 권리를 또한 요구한다. 우리는 일본의 한국어 말살 정책과 한국 민족의 점차적인 말살 목표에 대항하여 항의한다. …… 다섯 번째이면서 마지막으로 …… 우리는 압박받고 죽어가는 수백만의 한국인을 위해 현재의 회의가 이 문제를 가장 신중하게 검토하고 심의하여 우리가 그 웅대한 회의에서 높여지는 소리를 들을 수 있게 함으로써 한국이 해방되어 자신의 자존과 자신의 발달로 복귀될 수 있도록 진정으로 청원한다. ……[48]

앞의 김규식이 1919년에 제출한 청원서에 첨부된 비망록인 「파리강화회의에 제출된 별첨 메머랜덤」도 "일본이 한국을 병합하기 위해 서울에서 1910년 8월 22일 강제로 체결한 조약이 무효임을 선언함으로써 한국이 독립국가로 복원되길 바라며, 또 일본의 굴레로부터 해방되기를 바라는 한국과 한국민의 요구를 들어줄 것"을 파리강화회의에 요청하는 내용이었다. 이 별첨 비망록(메머랜덤)의 내용을 보면, 한국의 역사, 한반도 주변 정세, 일본의 탄압 등 23개 항목으로 나누어 설명했다.[49]

48 김규식의 「파리강화회의에 제출한 각서 초안」의 전체 내용은 국가보훈처, 『해외의 한국독립운동사료(I): 국제연맹편』, 293~301쪽에 실려 있다. 이 「파리강화회의에 제출한 각서 초안」의 한글 번역은 장인성·김태진·이경미 엮음, 『근대한국 국제정치관 자료집 제2권 제국-식민지기』, 「10. 김규식, 파리강화회의에 제출한 각서초안」, 42~45쪽에서 재인용했다.

49 장인성·김태진·이경미 엮음, 『근대한국 국제정치관 자료집 제2권 제국-식민지기』, 49쪽. 「파리강화회의에 제출된 별첨 메머랜덤」〔Korean Delegation, "The Claim of the Korean People and Nation: For Liberation From Japan and For the Reconstitution of Korea as an Independent State", Memorandum(Paris, The Peace Conference, April, 1919)〕은 국가보훈처, 『해외의 한국독립운동사료(I): 국제연맹편』(국가보훈처, 1991), 59~72쪽에 실려 있다. 이 「파리강화회의에 제출된 별첨 메머랜덤」의 한글 번역

그러나 3·1독립선언에 의한 평화적 독립 주창이 일제의 무력에 의해 진압되었으며, 파리강화회의에서 조선의 독립은 승인받지 못했다. 그리고 한국인의 독립운동이 고립되어 외국의 지원을 받지 못한 현실에 대해 당시 임시정부는 다음과 같이 분석했다.

> 그때의 독립전쟁은 국제적으로 고립 상태에 빠지어 어느 한 나라도 우리에게 현저한 협조를 주지 않았다(소련의 금전 원조와 유럽, 미국, 아시아 우방의 정신적 원조 외에). 그 이유는 국제연맹이라는 기구와 연합국 승리라는 명의 하에서 전승자의 식민지 분할이 일종 공리(公理)며 원칙이라는 강도적 공동 양해와 중국 및 소련이 일본에 대해 타협적 정책을 취했던 고로, 적 일본은 국제적 엄호를 받아 동아의 총아(寵兒)가 되었던 때문이다.[50]

이후 해외의 임시정부와 독립운동가들은 평화적 방법에 의한 독립 주장이 현실적으로 가능하지 않다고 보고, 무력에 의해, 연합국의 도움을 얻어 일본과 전쟁을 통해 독립을 쟁취할 필요가 있다고 보았다. 그 대표적 예로서 백범 김구 선생이 이끄는 임시정부는 중일전쟁을 계기로 일본과의 독립전쟁을 시작할 것임을 선포했다.[51]

그리하여 해외 항일 독립운동가들은 미국, 중국 등 연합국과 협력해 대일 독립 투쟁을 전개했다. 그러나 연합국들이 전후 한국 문제에 대한

은 장인성·김태진·이경미 엮음, 『근대한국 국제정치관 자료집 제2권 제국-식민지기』, 49~57쪽에 실렸다.

50 "(임정의) 선포문", 1939년 12월 31일 자. 김구, 『백범김구선생 언론집(상)』, 백범학술원총서(나남, 2004), 76~79쪽.

51 "(임정의) 선포문", 1939년 12월 31일 자. 김구, 『백범김구선생 언론집(상)』, 백범학술원총서(나남, 2004), 76~79쪽.

처리 과정에서 완전한 독립보다 국제사회의 보호 기간을 거친다는 소식이 전해지면서, 한국의 독립은 국제사회의 위임통치를 받지 않고 바로 일본의 식민지에서 완전 해방되는 것을 의미하는 것을 목표로 삼게 되었다. 이에 중국 내 독립운동단체들도 연합해서 한국독립당, 조선민족혁명당 등 중국 내 혁명단체연합의 주최로 1943년 5월 10일에 열린 '재중국 자유한인대회'의 선언에서 한국의 완전한 독립의 필요성과 당위성을 강조했다. 이 선언문에서는 다음과 같이 한국 민족이 전후에 독립국가 생활의 권리와 능력, 면모를 회복해야 함을 설명하면서, 중·소·영·미 등이 '대서양헌장'의 민족자결원칙을 한국에 적용해 독립운동을 원조해야 함을 주장했다.[52]

> …… 제1, 한국 민족의 일치되고도 단호한 요구는 곧 절대적으로 완전한 독립과 자유이다. 어떠한 국가의 또는 어떠한 국제적인 간섭과 보호, 공동관리라도 단호한 반대에 직면할 것이다. …… 마지막으로, …… 더욱이 중국, 소련, 영국, 미국 등 주요 동맹국의 정치 지도자들은 반드시 대서양헌장 중의 민족자결(民族自決)의 원칙을 한국에 적용해야 하며, 전시(戰時)와 전후(戰後)에 반드시 한국 민족의 독립과 자주의 운동을 원조해야 한다. 동시에 우리의 간절한 희망은 관련된 동맹국 정부가 위에서 기술한 이른바 국제보

52 장인성·김태진·이경미 엮음, 『근대한국 국제정치관 자료집 제2권 제국-식민지기』, 348~349쪽. 이 「재중국 자유한인대회 선언」에 참가한 단체들은 한국독립당, 조선민족혁명당, 조선민족해방동맹, 조선무정부주의자총연맹, 한국애국부인회, 한국청년회 들이다. 「재중국 자유한인대회 선언」의 전체 내용은 독립기념관 한국독립운동정보시스템(https://search.i815.or.kr/)에 실려 있으며, 현대 한글 문장으로 윤문한 내용은 장인성·김태진·이경미 엮음, 『근대한국 국제정치관 자료집 제2권 제국-식민지기』, 348~351쪽에 실렸다.

> 호라는 문제에 대해 가급적 빠른 시기에 부인(否認) 성명을 하고, 아울러 전후 한국의 완전한 독립을 선포해야 한다는 것이다.[53]

미국이 카이로선언 중 한국 독립에 관한 약속을 '적당한 시기로' 표현한 한국신탁통치안을 구성하고 영미 간에 합의를 이루고자 하는 것에 대해서, 임시정부는 중국 언론기관에 논문을 게재하는 등 영국, 미국의 신탁통치 합의에 대해 반대 활동을 전개했다. 그 일환으로서 임시정부 외교부장 조소앙이 작성한 「전후 문제 중 한국에 관한 풍설을 반박함」이라는 글을 들 수 있다.[54] ≪신한민보(新韓民報)≫ 1943년 7월 1일 자에 번역된 것의 내용을 보면, 앞의 「재중국 자유한인대회 선언」의 내용과 유사하게 한국이 완전 독립해야만 이 지역의 평화가 보전될 수 있음을 다음과 같이 강조하고 있다.

> 넷째, 종래 원동의 평화가 파괴된 까닭이 실상 왜적이 한국을 파괴함으로부터 비롯했으니 만일 전후 원동 평화를 확실히 보전하려면 먼저 한국의 독립을 확실히 보존해야 하고, 그 정책은 한국을 국제 공관하에 두는 데 있지 않고 한인에게 완전 독립을 주어 그들로 하여금 소유 정신을 발휘해야 동아의 병장을 굳게 지키게 할 것이다.[55]

---

53 장인성·김태진·이경미 엮음, 『근대한국 국제정치관 자료집 제2권 제국-식민지기』, 350~351쪽에서 재인용.

54 장인성·김태진·이경미 엮음, 『근대한국 국제정치관 자료집 제2권 제국-식민지기』, 351쪽. 조소앙의 「전후 문제 중 한국에 관한 풍설을 반박함」이라는 글의 현대 한글로의 윤문 내용은 장인성·김태진·이경미 엮음, 『근대한국 국제정치관 자료집 제2권 제국-식민지기』, 351~352쪽에 실렸다.

55 장석홍, 「대한민국 임시정부와 국내독립운동」, 한국근현대사학회 엮음, 『대한민국임시정부 수립 80주년 기념논문집(상)』(국가보훈처, 1999), 328쪽에서 재인용.

6. 맺음말

이상 앞에서 살펴본 바와 같이, 근대 이후 한국에서 '독립'이라는 용어는 국가적·민족적 차원의 과제로서, 주권회복운동의 슬로건으로서, 그리고 국가에 대한 민의 자유와 권리를 보호한다는 측면 등 다양한 함축적 의미를 지니면서 사용되었다. '독립'은 처음에는 중국(청)과의 관계에서 외교적·정치적 자주성을 확보하는 것에서 출발해, 이후 일본 등 주변 각국과의 관계에서 국권을 회복하는 의미로 확대되었다.

20세기 초 한국 지식인들은 '독립'이라는 용어를 사용하면서, 동시대의 '동양평화'를 주창하는 일본으로부터 지역 평화의 명분을 위해 한국이라는 개별 국가의 독립이 희생되어서는 안 된다는 점을 강조했다. 1910년 일제의 한국 병합 이후 한국의 독립운동가들이나 지식인들은 당시 일본의 동양평화론을 비판하면서, 일본 주도하의 한중일 3국 간 관계를 대체하는 새로운 지역질서가 수립되기를 희망했다. 즉, 일본이 주장하는 동양평화론이 사실상 한국 독립을 근본적으로 부정하는 것을 비판하면서, 신채호, 박은식 등은 한국 독립의 보장만이 동양평화를 얻는 유일한 길임을 논증하는 방향으로 동양평화론을 전개하였다.

그리하여 3·1운동 이후 「독립선언서」나 임시정부가 파리강화회의와 국제연맹에 제출한 「청원서」 등에서는 국제정치적으로 왜 한국의 독립이 필요한지가 강조되었다. 많은 한국인과 단체들이 주권 수호와 항일독립운동을 전개하면서 일제강점 초기에 '독립'은 1910년 국권상실 이전으로의 원상회복, 즉 주권을 회복한 상태로 되돌아가는 것으로 파악되었다. 이후 임시정부와 항일독립운동가들은 제2차 세계대전에 참전한 미, 영 등 연합국의 신탁통치 구상에 반대하여 한국의'독립'이란 국제사회의 위임통치를 거치지 않고, 완전한 형태로 새로운 독립국가를 건설하는 것을 목표로 삼게 되었다.

이 글에서는 개념사적 접근으로서 '독립'이라는 단어에 반영된 시대적 배경과 의미의 변천 과정, 그리고 '독립'이라는 용어 사용을 통해 달성하고자 했던 정치적·외교적 이상과 실제 현실 간의 간극에 대해 살펴보고자 시도했으나, 충분히 밝히지 못하고 있다. 그 이유의 하나는 '독립'이라는 용어가 당시 한국의 정치와 외교를 분석하는 사회과학적 개념 내지 분석 틀의 차원을 넘어, 오랜 기간 한국인에게 민족적·국가적 목표로 크게 쓰인 상징적인 단어로서 함축하는 측면이 많았기 때문이다. 이와 관련해, 필자의 능력 및 지면의 제약으로 일제강점기 국내외의 지식인 및 임시정부 요인 등 수많은 독립운동가들의 구상과 관련한 논의 중 '독립'이 들어간 극히 일부분의 자료와 몇 건의 문서만을 분석함으로써 '독립'이 지니는 절박성과 긴박함 및 당시 지식인들의 사유를 제대로 밝히지 못한 한계를 지니고 있다.

무엇보다도 '독립'이라는 용어의 사전적 의미는 당시 한국인들에게 잘 알려져 있었으나, 이것을 달성하기 위해 주권 상실의 위기상황과 식민지배에서 벗어나려면 어떠한 방향으로 독립국가를 건설해야 하는가라는 그 구체적 방법론에 대해서는 국내외 독립운동가들과 지식인들이 다양한 입장과 방법을 제시했다. 그리고 그 논의 과정에서 '독립국가'에 포함될 구체적 내용과 이념은 차이가 나거나 분화되는 양상을 보여주었다. 이러한 측면들과 함께 구한말부터 일제강점기의 대표적인 정치가, 지식인 및 단체들의 독립 개념에 대한 이해와 독립국가 건설에 관련된 다양한 논의들을 밝히는 것은 기존 역사학계의 독립운동사의 측면에서 접근하는 것과 함께 개념사적 측면에서도 좀 더 복합적인 분석을 통해 정리해야 하는 향후 연구 과제라 하겠다.

참고문헌

1. 1차 자료

『고종실록』.
국사편찬위원회 엮음. 1971.『종정연표·음청사 전(從政年表·陰晴史 全)』. 서울: 탐구당
김옥균.『갑신일록(甲申日錄)』. 한국학문헌연구소 엮음. 1979.『김옥균 전집(金玉均全集)』. 서울: 아세아문화사.
유길준전서편찬위원회. 1971.『유길준전서(兪吉濬全書)－서유견문(西遊見聞)』1권. 서울: 일조각.
단국대학교부설 동양학연구소. 1987.『장지연전서(張志淵全書)』8. 서울: 단국대출판부.
박은식. 1979.『한국독립운동지혈사(韓國獨立運動之血史)』상. 남만성 옮김. 서울: 서문당.
이만열 엮음. 1980.『박은식(朴殷植)』. 서울: 한길사.
신용하 엮음. 1995.『안중근 유고집』. 서울: 역민사.
신채호. 1921.1.「조선독립급동양평화(朝鮮獨立及東洋平和)」. ≪천고≫, 창간호.
이광수. 1962.「도산 안창호」.『이광수전집』제13권. 서울: 삼중당.
김구. 2004.『백범김구선생 언론집(상)』. 백범 학술원총서. 나남.

≪독립신문≫.
≪대조선독립협회회보≫.
≪대한자강회월보≫.
≪서북학회월보≫.
≪황성신문≫.
≪대한매일신보≫.
≪신한민보(新韓民報)≫.
송재문화재단출판부. 1976.『독립신문 논설집』. 서울: 송재문화재단출판부.

국가보훈처. 1991.『해외의 한국독립운동사료(I): 국제연맹편』. 국가보훈처.
독립기념관 한국독립운동정보시스템(https://search.i815.or.kr).

장인성·김태진·이경미 엮음. 2014.『근대한국 국제정치관 자료집 제2권 제국-식민지기』. 서울: 서울대학교출판문화원.

2. 연구문헌

김성배. 2001. 「김윤식의 정치사상 연구: 19세기 조선의 유교와 근대」. 서울대학교 대학원 외교학과 박사학위논문.

김용구. 1997. 『세계관 충돌의 국제정치학: 동양 예와 서양 공법』. 서울: 나남.

_____. 2002. 『외교사란 무엇인가』. 인천: 원.

_____. 2008. 『만국공법』. 서울: 소화.

류준필. 2004. 「19세기말 '독립'의 개념과 정치적 동원의 변화: ≪독립신문≫ 논설을 중심으로」. 이화여대 한국문화연구원. 『근대계몽기 지식개념의 수용과 그 변용』. 서울: 소명.

이연복. 1999. 『대한민국임시정부의 외교활동』. 국학자료원.

이용희·신일철. 1997. 「2. 사대주의: 그 현대적 해석을 중심으로」. 이용희. 『한국민족주의』. 서울: 서문당.

이윤상. 2009. 『3·1운동의 배경과 독립선언』. 한국독립운동의 역사 18. 천안: 한국독립운동사편찬위원회 독립기념관 한국독립운동사연구소.

이호재. 1994. 『한국인의 국제정치관: 개항 후 100년의 외교논쟁과 반성』. 서울: 법문사.

장석흥. 1999. 「대한민국 임시정부와 국내독립운동」. 한국근현대사학회 엮음. 『대한민국임시정부 수립 80주년 기념논문집(상)』. 국가보훈처.

하영선. 2009. 「근대한국의 평화 개념 도입사」. 하영선 외. 『근대한국의 사회과학 개념 형성사』. 서울: 창비.

石田雄. 1989. 『日本の政治と言葉 下: '平和'と'國家'』. 東京大學出版社.

Korean Delegation. 1919. "The Claim of the Korean People and Nation: For Liberation From Japan and For the Reconstitution of Korea as an Independent State." Petition. Paris: The Peace Conference. April, 1919.

Korean Delegation. 1919. "The Claim of the Korean People and Nation: For Liberation From Japan and For the Reconstitution of Korea as an Independent State." Memorandum. Paris: The Peace Conference. April, 1919.

U.S. Department of State. 1895. *Papers relating to the Foreign Relations of the United States 1894*. Washington: Government Printing Office.

제3장

손열

지역질서로서 공동체 개념의 등장

동아협동체론의 성립, 전파와 식민지 유통

1. 왜 공동체인가

공동체란 상징과 열망을 담는 단어이다. 인간관계의 친숙함, 안정감, 안전감, 상호 염려 등을 담는 개념이어서 정치적으로도 유용해 국내정치 담론에 흔히 등장할 뿐만 아니라, 국제정치적으로도 유럽공동체, 아세안공동체, 동아시아공동체 등 국제적 연대를 상징하는 개념으로 유통되고 있다. 공동체는 단순히 정치단위의 집합, 혹은 공통의 이익을 가지고 상호작용하는 집단이라기보다는 '우리의식(we-feeling)'을 갖는 집합체를 상징한다. 이 단어는 일본이 게마인샤프트(Gemeinschaft)의 번역어로 만들어 혈연, 지연처럼 정서적 유대에 근거한 집단을 의미하는 것이어서, 국제정치 개념으로 회자되는 '동아시아공동체'도 단순한 이익 공유 행위자의 집합이라는 관념 이상의 의미를 담고 있다. 이런 점에 비추어 볼 때 오늘날 동아시아 국제정치 현실에서 이 개념이 일정하게 소비되는 이유는 갈등을 넘어 협력적 신질서 건축의 열망을 표현하는 데 있다고 할 수 있다(하영선 엮음, 2008).

동아시아공동체의 기원이라 할 수 있는 1938년 '동아협동체' 역시 그러한 열망을 담는 개념이었다. 미키 기요시(三木清)를 대표로 쇼와켄큐카이(昭和研究會, 이하 쇼와연구회)가 고안한 이 개념은 아시아 사회가 공유하는 게마인샤프트적 요소를 공통분모로 삼아 지역을 하나로 엮는 개념으로 창조되었다(三木清, 1968). 그 배경에는 영미 중심 세계질서에 대한 반기(反旗), 혹은 서양 근대 문명에 대한 저항의 의미가 자리하고 있었다(Najita and Harootunian, 1989). 그것은 개인의 이기심에 근거한 자본주의적 경쟁과 무절제한 자유주의를 타파하고, 대안으로서 동아시아에 내재한 공동체적 가치를 중심으로 새로운 보편적 세계를 건설하려는 야심찬 지적 프로젝트였다. 그러나 좀 더 직접적인 현실 과제는 중일 관계, 즉 중국과의 갈등과 전쟁이 예기치 못하게 장기화됨에 따라 발생한 새로운 정치적 목표와 관련이 있다. 1937년 중일전쟁이 발발한 이래 1938년 우한(武漢) 점령을 분기점으로 전선이 교착상태에 빠지고 장기화의 조짐이 역력한 속에서 일본 정부는 11월에 동아신질서 건설을 골자로 하는 성명(제2차 고노에 성명)을 발표하고, 이어 12월에는 중국 국민당 정부와 '선린우호(善隣友好), 공동방공(共同防共), 경제제휴(經濟提携)'를 제안(제3차 고노에 성명)하게 된다. 결국 중국 민족의 협력을 얻고 중국 민족주의와 함께 가지 않으면 안 되는 고난도의 과제에 봉착한 것이다. 중국 민족주의와 일본 민족주의를 동시에 품는 일정한 보편성을 담지하는 비전이 요청되는 시대적 상황 속에서 미키는 협동주의와 동양적 휴머니즘을 공동체의 콘텐츠로 삼아 동아협동체론을 제시했다. 중일전쟁의 장기화 사태를 해결하기 위한 방책이라는 현실정책적 요청과, 서구 자본주의의 억압으로부터 자유롭고 제국주의 질서로부터 해방된 새로운 문화공간 창조라는 지적 요청이 겹쳐지는 역사적 국면에서 탄생한 동아협동체는, 아시아의 해방을 위해서 일본 국내 정치·경제체제의 혁명적 변환을 요구했고, 따라서 식민지 지식인들에게 적지 않은 반향을 일으켰다. 조선의 지식인들은 조선의 민족 문제를 해결할 방법으로 공동체론의 보편적 성격을 적극적으로 해석해 수용했다.

이 글은 1930년대 동아시아 공간에서 공동체 혹은 협동체라는 개념이 담지하는 국제정치적 의미를 분석하고자 한다. 우리의식을 담는 사회적 개념이 국제적 단위체를 구성하는 국제정치적 개념으로 전환되는 과정을 파악하기 위해서 첫째, 1938년에 일본에서 공식화된 동아협동체론의 등장 배경을 추적한다. 기존의 연구 성과를 바탕으로 하고(함동주, 1996, 1999; 임성모, 2005), 쇼와연구회 기록집인 『쇼와사회경제사료집성 쇼와연구회자료(昭和社會經濟史料集成 昭和研究會資料)』(이하 『昭和社會經濟史料

集成』)를 자세히 검토해, 당시 일본 정계와 지성계를 풍미한 동아협동체론이 어떠한 정치적 배경에서 등장했는지, 왜 공동체 개념이 국제정치적 개념으로 확장되었는지, 이 개념이 어떤 정치적·외교정책적 결과를 가져왔는지에 대한 답을 제시하고자 한다. 둘째는 조선에서 동아협동체 유통 과정을 분석한다. 동아협동체란 1930년 일본의 전향자의 작품으로서 역설적이게도 1938년 전후로 전향한 조선의 지식인들을 중심으로 적극적으로 수용되었다. 이들에게 동아협동체의 수용 문제는 세 가지 고려 속에서 제기되는 것이었다. 중일전쟁의 추이 및 파시즘 국가들과 동맹 등 국제 정세에 대한 전망, 민족주의와 자본주의, 자유주의를 넘는 협동체론의 상당한 혁신성을 일본이 실천할 수 있을 것인지에 대한 판단, 그리고 동아협동체와 식민지 조선의 민족 문제는 어떻게 관련되는지에 대한 판단 등이 핵심적인 쟁점 사안이었다. 과연 조선의 지식인들은 국제 정세와 일본 정세에 대한 판단을 바탕으로 얼마만큼 치열한 고민을 거쳐 동아협동체론을 수용했는지 검토해보고자 한다.

2. 개념의 배경: 쇼와연구회와 중일전쟁

쇼와연구회는 1930년대 중·후반에 활동한 고노에 후미마로(近衛文麿)의 사설 자문기관이다. 당시 고노에는 촉망받는 정치가였고 가까운 장래에 수상이 될 것이라는 전망이 지배적이었기 때문에 정책에 관심이 있는 일류 지식인들이 모여들었다. 로야마 마사미치(蠟山政道), 류 신타로(笠信太郎), 미키 기요시 등 당대의 대표 지식인뿐만 아니라 요시다 시게루(吉田茂) 내각조사국장관, 요시노 신지(吉野信次) 상공차관, 아리타 하치로(有田八郎) 외상 등 정관계 및 군의 최고 엘리트들도 초청되면서 당대

최고의 싱크 탱크로 자리매김했다.

1930년대는 5·15 사건이나 2·26 사건과 같이, 청년 장교와 우익 조직에 의한 정권 전복 쿠데타 시도와 암살이 반복된 것에서 보이듯, 기존의 정치질서, 정당질서, 관료주의에 대한 뿌리 깊은 의심과 강렬한 반감이 조직적으로 표출되었다. 이러한 국내적 변화는 만주사변과 일본의 국제연맹 탈퇴에 따른 국제적 고립, 세계경제 불황과 보호주의 고양 및 경제의 블록화 현상, 중국의 반일민족주의 고양 등 대외적 이슈와 밀접히 연계되어 현상 타파와 신체제 건설을 요구하는 다양한 목소리들을 분출시켰고, 농본주의와 군국주의 파시즘 등 극단주의적 사고가 횡행하는 사상적 혼란을 야기했다. 이런 시대적 맥락에서 고노에는 "러일전쟁 직전 일본은 국내적으로 많은 갈등이 있었지만 적어도 영국과의 동맹과 러시아와의 대결에 대한 기본적인 합의가 존재했던 반면 1936년 현재 국내 여론은 깊이 분열되어 있고 도시와 농촌, 육군과 해군, 군인과 외교관 간 심각한 불신과 대립이 존재하여 깊이 고뇌하지 않을 수 없다"고 술회하며 지적 리더십을 통한 정확한 국내외 형세 판단과 이에 근거한 전략을 마련하고자 했다(Crowley, 1971: 323).

1936년 가을부터 매주 모임을 가진 쇼와연구회는 "현재 일본의 여러 불안 요인은 대외 문제에 기인한다"는 인식에 기초해 국제 문제 토론에 역점을 기울였다. 그 본격적인 출발점은 1937년 3월 다카하시 가메키치(高橋龜吉)가 쓴 것으로 알려진 「국책 수립의 근본 문제와 관점」과 「일본은 어디로 가고 있는가?」라는 두 발제문과 세계의 대세에 대한 토론이었다(『昭和社會經濟史料集成』 第31卷, 2004: 187). 만주국 건설, 일본의 국제연맹 탈퇴, 만주사변 이래 중국 정부, 소련, 영미와의 외교적 갈등 관계 등은 기존 국제평화체제의 근본적인 약점의 결과라 평가하고, 당대 일본은 안정된 세계질서를 만들어가는 고통스러운 과정에 직면해 국내 개혁과 독자적 외교정책을 통해 새로운 활로를 모색해야 한다는 주장이다. 경제적 자유주의가 풍미하고 베르사유 조약체제가 파탄의 길을 걷고 대공황 이후 과격한 경제적 민족주의가 횡행하는 세 가지 시대의 조류를 강조하면서, 당대 정치지도자들은 현상 유지의 구습에 젖어 신세계 상황을 인지하지 못하고 있다고 비판하고 대내적으로는 계획경제와 정치체제 개혁을, 대외적으로는 대(對)중국 온건정책 추구를 제안한다. 일본은 아시아의 식민지질서를 벗어나서 동남아와 필리핀, 난징(南京) 정부의 민족주의 운동을 지원하고 중국에서 군사력에 의존하는 정책을 피해야 비로소 아시아에서 지도적 위치를 확보할 수 있다는 것이다. 사회주의 경제학자로서 다카하시다운 진보적 제안이었다.

이후 정책 논의의 초점은 중국 문제로 모아졌다. 쇼와연구회의 취의서(就意書)가 "지나(支那; 중국) 문제를 중심으로 하는 내외 제 문제에 관해서 긴급대책의 수립 및 근본방책의 토구(討究)에 노력하여 적의(適宜) 정부 기타 관계 방면에 건언(建言)"한다고 명확히 기술한 데 따라 '지나문제연구회'가 설치되어 난상 토론의 장이 마련되었다(『昭和社會經濟史料集成』 第31卷, 2004: 48). 4월 6일 제1차 회의에서 다나카 가나에(田中香苗)는 중국의 통일에 대한 전망을 제시하면서 장제스(蔣介石)의 난징 정부의 부상은 중국 민족주의의 결과이며, 만주사변 이래 유럽 열강들이 과거 중국에 대한 분열 정책을 버리고 난징 정부에 재정적 지원을 함으로써 통일을 지지하는 쪽으로 선회하고 있음을 지적했다. 다만 난징 정부의 군사적·경제적 능력에 한계가 있으므로 중국의 통일은 이상에 불과하지만, 중국 민족주의는 일본을 겨냥하고 있고 특히 영국과 소련이 이런 방향으로 개입하고 있기 때문에 일본에 불리한 상황이 전개되고 있음을 우려했다. 요컨대 중국은 반식민지 상태이고, 난징 정부는 열강의 후원하에 반일 통일전선을 구축해 통일을 추구할 것이며, 그 사상적 기반은 중국 민족주의라는 것이다(『昭和社會經濟史料集成』 第31卷, 2004: 189).

4월 22일 제2차 회의에서 호리에 무라이치(堀江邑一)는 중국 문제에 대한 구조적 분석을 내놓는다. 당대 중국 문제는 제국주의, 특히 제1차 세계대전 이후 세계자본주의가 야기한 현상이라고 보았다. 전후 세계자본주의의 여러 모순, 즉 발전의 불균형이 제국주의의 식민지 요구를 강화해 열강의 중국 진출을 촉진했고, 이에 대해 일본이 만주사변을 일으키며 기존의 세력균형을 무너뜨렸으나 만주 경영의 한계와 일본 내 정치적 혼란을 노정하며 열강이 반격해오고 있다는 것이다. 결과적으로 일본의 중국 진출에 대한 내부 역량의 한계와 열강 세력 간의 균형점 사이에서 중국의 민족주의 발흥과 근대국가화가 진전되었기 때문에 이 문제를 해결하는 데 필수불가결한 요소는 열강의 중국 개입과 지원을 차단하는 한편 식민지자본주의의 한계를 넘는 내부 역량을 키우는 일이라 주장한다(『昭和社會經濟史料集成』 第31卷, 2004: 208~209).

이렇듯 중국 문제를 거시구조적으로 인식하고 그 해법을 고민하던 쇼와연구회는 7월에 노구교 사건을 계기로 중일전쟁이 발발한 이래, 8월에 중국공산당이 항일구국 10대 강령을 발표하고, 9월에는 항일민족통일전선이 결성되며, 일본군이 항저우에 상륙해 전선을 확대, 12월에는 난징을 점령하는 등 일련의 급박한 사태가 이어지자 난처한 상황을 맞게 된다. 일본 정부가 중일전쟁의 목표를 명확히 정의하지 않은 가운데 일련의 사태가 발생함에 따라 제기되는 질문들, 예컨대 일본은 공산주의를 배격하고 서양의 영향력을 축소하고자 하나 과연 이러한 목표를 중국의 반일정서가 고취되고 적대적 상태가 지속되는 속에서 어떻게 성취할 수 있을 것인지, 어떻게 중국을 설득해 서양 제국주의 및 공산주의와 싸우게 할 것인지, 만일 중국과 장기전의 늪에 빠져들어 오히려 서양에 대한 군사적 준비에 막대한 차질을 빚게 된다면 중일전쟁의 의미는 과연 무엇인지, 전쟁은 어디서 멈추고 전후질서를 위한 어떤 타결이 필요한 것인지에 대한 대답이 정리되어야 했다.

쇼와연구회는 중일전쟁이 지역질서가 갖는 구조적 문제들을 증폭하는 것으로 인식하고 있었다. 쇼와연구회 내 중국 문제의 대표 전문가인 오자키 호쓰미(尾崎秀実)는 열강, 특히 영국의 개입에 주목하면서 영국의 대목표는 중국의 통일과 안정된 시장에 있기 때문에 중국 내 공산주의의 위협보다 일본의 경제적 침투를 더 우려하고 있음을 지적했다(『昭和社會經濟史料集成』 第31卷, 2004: 247~262). 중일전쟁이 발발하고 전선이 확대되는 배후에서 영국은 중국에서 권익을 지키려는 움직임을 본격화했고 일본 내에서는 반서양 제국주의로서 배영(排英)운동이 고취되었다. 또한 소련의 개입 역시 즉각적이었다. 장제스 정부가 소련의 지원을 요청하자 소련은 인민전선 수립 차원에서 군사 지원을 하게 된다. 이렇듯 영국과 소련이 중국과 협조하려는 움직임 자체는 일본에 심각한 전략적 딜레마를 가져다줄 수밖에 없었다. 일본으로서는 다행스럽게도 구미 열강들은 일본에 구두 비난 이상의 조치를 취하지 않았고 소련 역시 중국이 요청한 군수물자의 반 정도만 제공하는 등, 열강은 중일 관계에 본격적으로 개입해 일본과 대결 상황에 놓이기를 원치 않았다. 그럼에도 불구하고 중국의 장제스 정부는 1931년 만주사변 당시와 달리 정치적, 군사적, 경제적으로 더 나은 여건에 있었고 일본은 좀 더 고립된 상태였다(Iriye, 1989: 42~43). 따라서 장제스 정부의 결연한 의지와 반발로 소련이 지원하고 독일이 중재역을 맡게 되면서 열강의 간섭을 배제하고 전쟁을 국지적 이슈로 한정하려는 일본의 정책은 여의치 않게 된 것이다.

1938년 1월 16일 고노에 내각은 국민당 정부와 상대하지 않겠다는 선언(이른바 제1차 고노에 선언)을 함으로써 전쟁의 조기 해결 가능성이 낮아졌다. 사실 고노에 자신은 내각 수상에 오르면서 국내 문제를 최우선

과제로 설정했고 중국과의 전쟁을 원하지 않았으나 노구교 사건으로 전쟁에 말려들면서 강경한 자세를 견지해왔다. 따라서 쇼와연구회는 전쟁으로 인해 고립되어 가는 일본의 지위를 변경하기 위한 구체적 방침을 마련하기 위해 지나문제연구회 산하에 소위원회를 구성해 일본의 대륙 정책의 여러 문제에 대한 실천적 정책 개발에 나섰다. 1938년 5월에 「지나사변에 대처하는 근본방책에 대하여」라는 보고서는 "현재 지나사변(즉, 중일전쟁)의 해결은 일본의 전 국력을 경주하지 않으면 안 되는 중대 문제. …… 우선적으로 급속히 해결하지 않으면 국가 백년의 후회를 남기는 위험한 지점"이며, 이는 모든 대륙 정책의 선결문제이기 때문에 철저한 해결을 위해 모든 국책을 집중할 필요가 있음을 강조한다(『昭和社會經濟史料集成』 第31卷, 2004: 452). 이 진단에 따르면 중일전쟁이 장기화하는 원인은 소련이 중국적화정책을 펴고 중국의 항일국민운동을 지원하는 데 있기 때문에 결국 일본의 대륙 정책의 최종 목표는 소련과의 전쟁이 된다(『昭和社會經濟史料集成』 第31卷, 2004: 458). 역으로 일본의 중국 정책의 성공은 소련과의 전쟁에 대한 선결 조건이므로, 이런 맥락에서 일본은 난징 정부에 대한 군사적 압력을 강화하는 한편 북중국에 새로운 정치체제를 수립하는 정치 전략을 추진해야 한다고 제안한다. 일본과 만주국, 북중국 간 정치·경제 블록을 구축하여 하나의 통일된 중국을 건설해 소련에 대항한다는 것이다. 이런 점에서 대(對)영국 정책은 중국의 화남과 화중에서 영국의 권익을 보장하는 대신 화북에서 손을 떼게 하고, 반공산주의 연합을 회채해 영국과 소련 간 관계 개선을 방지하는 외교책이었다. 강력한 군사적 행동으로 중부와 남부를 장악하고 한커우(漢口) 산업단지를 획득하면 열강이 중국 지원을 포기하게 되고 따라서 국민당 정부의 항복을 받아낼 수 있다는 것이다.

「지나사변 수습의 일반적 방침 및 목표(1938년 6월)」 보고서는 일본

외교의 당면 목표를 "지나사변이 세계 전쟁으로 전화할 위험을 극력 방지"하는 데 두고, 두 가지 안을 제시한다. 제1안은 국민당 정부를 중국 유일의 중앙정권으로 인정하고, 북중국 임시정부와 중중국 유신정부를 설립해, 국민당 정부에 북중국의 완충지대화, 만주국 승인, 방공협정 참가, 배상금 제공 등을 제시하는 것이고, 제2안은 국민당 정부를 상대로 사변 수습이 불가능한 경우, 국민당 정부 타도에 매진하며 일본군의 점령지역에 임시유신정부 발전 조성에 노력하는 것이다(『昭和社會經濟史料集成』 第32卷, 2005: 479~482). 쇼와연구회는 국민당 정부를 수용하는 제1안을 지지했다.

문제는 중국에서 국민당 정부를 포용하는 신질서를 수립하기 위한 정책을 짜는 일이었다. 국민당 정부와의 우호 관계 수립은 현실적으로 어렵고, 중국 민족주의와 서구 제국주의의 도전에 직면해 있으며, 일본 국내적으로는 독점 자본가와 시대착오적 군국주의자들이 장악한 질서 속에서, 확대일로의 전쟁에 필요한 군사력을 지탱할 경제계획 프로그램이 부재한 현실에서 오는 불안을 불식하고 초기에 품었던 희망을 되살려야 하는 과제에 직면했다. 연구회는 새로운 활로를 모색하게 된다. '신사상'의 필요성이 그것이었다. "중화민족 개개의 문화, 특히 중국과 일본에 공통된 문화를 존중하고 동양 문명 및 동양 정신을 부흥시켜 일·중 협조를 촉진"하며 "신정권의 정책을 추진할 일·중 협조 실현의 기초가 되는 사상을 확립"해야 한다는 것이다(『昭和社會經濟史料集成』 第33卷, 2006: 58).

3. 개념의 창조: 미키 기요시와 동아협동체

이러한 배경에서 등장한 이가 미키 기요시이다. 미키는 제1고등학교

시절부터 "공전(空前)의 수재(秀才)"로 이름을 떨쳤고 당시 지성계를 풍미한 니시다 기타로(西田幾多郎)를 흠모해 도쿄대학교가 아닌 교토대학교 문학부에 진학해 철학 공부에 매진했다. 독지가의 도움으로 하이델베르크대학교, 마르부르크대학교에서 수학해 마르틴 하이데거(Martin Heidegger)를 만났고 이후 호세이대학교 교수가 되었다. 신칸트주의로 시작했으나 마르크스주의에 심취해 문필 활동을 진행하다 1930년에 투옥, 이후 전향해 ≪요미우리신문≫ 칼럼니스트로 활약하며 필명을 떨치다 1938년에 쇼와연구회 가입 요청을 받게 된다. 미키는 문화연구회의 좌장이 되어 문화 차원에서 중국 문제의 해법을 제시하는 역할을 담당해 곧바로 두각을 나타내게 된다.

그는 "중국에 대한 일본의 군사행동은 동양의 화평과 양국의 우호관계를 확립하기 위한 것"이라는 정부의 공식 견해에 동조하면서 "일본이 중국에 영향을 끼치기 위해서는 사상이라는 수단에 의존하지 않으면 안 되며 …… 정신은 양국 관계의 사상의 기초가 된다. …… 영향권을 아시아 대륙으로 확대하는 이 시점에서 일본 문화가 웅전하지 않으면 안 되는 과제이다"라고 하여 문화적 차원에서의 대응을 주문한다. 단기간에 중국을 무력으로 굴복시킬 전망이 희박한 가운데 중국의 민족적 통일을 방해하지 않으면서 일본 중심의 체제하에서 중국 민족주의와 일본 민족주의를 융화하는 방법을 찾아야 하는 과제인 것이다. 미키의 전략은 양국 간 전쟁의 의미를 새롭게 규정하는 것으로 시작된다. 그는 전쟁을 통해 동아의 통일을 실현함으로써 신성한 세계의 통일을 주구할 수 있다는 주장을 펼치기 위해 유럽 문명, 유럽 중심주의에 대한 비판으로 시작한다. "유럽이 세계이며 유럽 문화가 문화이고 유럽사가 곧 세계사 그 자체"라는 종래 인식을 강하게 비판하고, 근대적 원리로서 자유주의가 민족주의나 파시즘의 도전에 직면해 한계를 노정하고 있음을 지적한 후,

세계사의 새로운 이념으로 등장한 공산주의 역시 "만일 독일에서 공산당이 성공했다면 세계의 통일적 이념이 되었을 것이나 자유주의 및 파시즘과 대립·투쟁하는 상태이므로 세 이념을 넘어 세계를 적극적으로 통일하는 사상을 만드는 과제"가 주어진다는 것이다(『昭和社會經濟史料集成』 第33卷, 2006: 60). 그동안 유럽(서양) 중심주의 속에서 동양은 "서양과 달리 공통의 종교도, 공통의 정치형태도, 공통의 문화도 갖지 않은 거의 내면적 통일이 없는 세계"로 규정되어왔다(『昭和社會經濟史料集成』 第33卷, 2006: 61). 그러나 동양의 통일은 "일본이 수행할 것인가, 지나가 수행할 것인가 알 수 없지만 이제 세계사적 단계"에 와 있으며 이런 점에서 중일전쟁이 새롭게 해석되어야 한다고 주장한다.

미키에 따르면 중일전쟁은 중국 침략이라는 현실인 동시에 서양 제국주의의 구속으로부터 중국을 해방시켜 동양의 통일을 이루는 세계사적 의미를 갖는 사건이다. 즉, 전쟁은 무력을 통한 침략으로 시작했지만 그 현실 속에서 새로운 문화적 통일의 가능성을 추구하는 기회가 되는 것이다. 그는 기왕의 세계사는 유럽사에 불과해 그 보편성은 부분적일 수밖에 없다고 전제한 후, 진정한 세계사는 동양과 서양 양자의 변증법적 초월을 통해 가능하다고 주장한다. 이를 위해서는 동서양 구분의 이분법 체계, 즉 서양과 대비되는 동양 독자의 이념적·문화적 특질을 찾아 동양 통일의 근거를 찾는 작업이 필요했다(함동주, 1996: 176).

미키는 여기서 공동체 개념을 동원한다. 서양 사회의 특성은 게젤샤프트(Gesellschaft)인 데 반해 동양 사회는 게마인샤프트라는 것이다. 그는 이를 각각의 휴머니즘, 즉 서양의 휴머니즘은 개인주의에 기반한 이익사회적인 성격의 것이고, 동양적 휴머니즘이란 공동사회의 인륜적 기반이 강조되는 것으로 구분한다(『昭和社會經濟史料集成』 第33卷, 2006: 112). 서양이 그리스 문화, 기독교 문화, 근대 과학 등을 공통 기반으로 하여 통일적으로 발달해온 반면, 동양은 이에 상응하는 통일성을 찾기는 어렵지만 사상적 공통성이 아닌 생활양식의 공통성, 즉 지연으로 연결되고 황색인종이면서 관개농업, 도작(쌀농사) 위주의 생활에서 나오는 공동체적 특질을 발견할 수 있다고 보았다. 이런 점에서 미키는 당시 일본 지성계를 풍미한 문화주의의 영향을 받고 있었다(Najita and Harootunian, 1989). 문명개화를 충실히 추구하는 속에서, 상실의 위기에 처한 일본의 문화에 주목해 일본적 정체성을 확보하려는 지적 노력이 그것이다. 곤도 세이쿄(権藤成卿), 다치바나 고자부로(橘孝三郎) 등은 문명이라는 개념을 단지 구미의 물질적 진보와 인간적 저급화를 의미하는 것으로 정의하는 반면, 문화는 창조적 자기실현의 의미로 받아들인다. 이 변화는 일본이 서양 제국주의의 간섭을 제거하고 역내 패권적 지위를 확보하는 정치적 과제를 추구해야 하는 정치적·경제적 조건과 함께, 급속한 문명화·산업화 과정에서 이른바 "일본적 정신"의 소멸에 대한 위기감이라는 문화적 조건을 반영하는 것이었다. 소위 농본주의는 오래전 과거의 공동체적 기원으로 전회해 연대와 협동의 가치에 기반한 사회를 이상향으로 꿈꾸는 담론체계를 만들어냈다.

미키의 공헌은 공동체를 일본이라는 국가 수준으로부터 동아라는 지역 수준으로 확장하면서 보편성을 부여하고자 한 데 있다. 동아의 구성원들이 서로 이익과 감정을 공유하는 공동체를 만들기 위해서는 서로가 동의하는 문화적 요소가 발견되어야 하며, 이런 점에서 그는 일본의 특수성만을 강조하는 종래의 일본문화론에 중대한 한계가 있음을 지적하면서 중국 정신과 결합해 양자를 초월하는 새로운 문화가 창조되어야 한다고 주장한다.

중국과 관계없이 향후 일본의 성립은 불가능하다. 일본 고유의 것을 중국

> 인에게 강요하는 것은 완전히 무의미하며 불가능하다. 중국과 일본의 진정한 결합 없이는 동양이란 성립되지 않는다. 따라서 세계사적 의미에서 중일 제휴 혹은 일만지(일본·만주·중국) 일체라는 것은 이제까지 실현되지 못했던 동양의 통일을 지나사변을 통해 실현하는 것이 된다(『昭和社會經濟史料集成』 第33卷, 2006: 64).

그는 일본 문화 속에 새로운 보편을 창조할 만한 요소가 담겨 있음을 지적한다. 그에 따르면 일본 문화의 우수성은 외국 문화의 영향을 흡수·결합하는 능력, 즉 "형(形)이 없는 주체적 문화"로서 구미의 기술을 흡수하고 고도화해 급속한 성장을 이루고 군사력을 갖추게 된 데서 증명된다. "일본 문화가 외부에 진출하려면 여타 민족의 승인을 얻기 위해서는 일본 문화가 형(形)이 없는 것을 넘어서 형이 있는 객관적이고 새로운 문화로 발전해야 한다." 이러한 귀결로서 제시한 구상이 동아의 게마인샤프트론 혹은 동아협동체론이다.

> 게젤샤프트와 대조되는 게마인샤프트적 성격을 갖는 조직으로서 이는 민족적 전체가 아니라 민족을 초월한 전체이다. 따라서 동아협동체의 결합의 원리는 민족주의적 전체주의자가 말하는 단순히 비합리적인 것이 아니다. 또한 단순한 게젤샤프트적 합리성에 의해 고려되는 것도 아니다. 동아협동체는 민족을 초월한 전체로서 그 결합의 기초는 피와 같은 비합리적 요소가 아니라 동양 문화의 전통과 같은 것이다. …… 민족은 생물학적 개념이 아니라 본질적으로 역사적 개념이다. 민족은 역사적으로 생성되고 역사적으로 발전한다. 전체주의가 민족적 전체로부터 동아협동체라는 민족을 초월한 전체로 발전하는 경우, 합리성의 요구는 점차 확대되고 따라서 전체가 단순히 폐쇄적이지 않고 개방적으로 변해가게 된다. 동아협동체란 전체

는 개방적으로 여러 민족들을 포함해야 하며 여러 민족이 각각의 개성과 독자성을 잃지 않고 자기의 발달을 성취해야 한다. 요컨대 협동체란 게젤샤프트보다는 게마인샤프트이고 따라서 근대적 자유주의의 원리가 아닌 전체주의의 원리를 따르는 것이다(『昭和社會經濟史料集成』 第33卷, 2006: 65).

미키는 동아에서 게마인샤프트의 사상 원리로 협동주의를 내놓았다. 중국의 민족주의로서 삼민주의와 일본의 민족주의로서 일본 문화의 독자성과 우수성을 강조하는 일본주의를 동시에 비판하면서 이를 넘어서는 협동주의를 주장한다. 협동주의는 중일 양국 민족주의의 변증법적 종합인 동시에 서양과 동양의 종합을 지도하는 이념인 것이다(미키, 1997). 미키는 협동주의를 통해 자본주의와 봉건제를 초월하는 새로운 게마인샤프트 창조를 주장한다. 이는 구미의 기술과 동양적 휴머니즘을 융합한, 개인에게 자기의 이익보다 전체의 복지가 우선하는 아시아적 사회편성 양식이라 할 수 있다.

동시에 협동체는 국내 개혁의 지도 개념이기도 하다. 미키는 "일본의 지도하에 성립되는 동아협동체 속에 일본 자신도 포함되므로 일본도 협동체의 원리에 따라야 하며 그 민족주의적 제한도 인정되어야 한다"고 설명하는 것처럼 동아협동체를 통해 일본의 국내 개혁을 정조준한다. 자유주의와 사회주의를 대체하는, 즉 자본주의의 폐해와 계급투쟁을 넘어 일본인의 생활에 광범위하게 침투해 있는 관료주의에 저항하는 개념으로서, 개인의 자발성과 창조력은 인정하되 전체 입장에서의 계획성을 강조한다. 자유주의를 넘어서 "공동체적 중민정(衆民政)"을 주장함으로써 유럽 파시즘국가에서 보이는 협동체국가를 수용하고 있다.

동아협동체는 당시 국제질서의 대세인 지역경제 블록화를 전제로 한다. 미국, 영국, 독일, 소련 등이 자급자족적 지역을 만들어가는 속에서 열강 제국주의로부터 해방되어 동양이 스스로 운명을 결정할 수 있는 지역공간을 건설하려는 시도였다. 그러나 이는 경제를 넘어 정치적·문화적 공동체이기도 했다. 쇼와연구회 핵심 인물인 로야마 마사미치(蠟山政道)는 "일본적인 것", "중국적인 것", 그리고 "동양적인 것"을 좀 더 고차원적으로 통일하는 문화 개념으로서, 즉 문화공동체로서 동아협동체를 규정한 바 있다.

한편 이러한 시도는 직접적으로는 중국 문제, 즉 단기간에 중국을 무력으로 굴복시킬 전망이 희박한 상황을 탈피해서 중국을 일본 중심의 공간에 편입시키려는, 다시 말해 중국의 민족적 통일을 방해하지 않으면서 일본 중심의 신체제에 편입하도록 일본 민족주의와 중국 민족주의를 융화하는 방법을 찾으려는 노력이라 할 수 있다. 따라서 미키는 중일전쟁의 세계사적 의미를 구미 자본주의(영리주의)와 근대주의(자유주의, 개인주의, 합리주의)로부터 일본과 아시아를 구출하는 것으로 제시하고, 전쟁을 통해 아시아의 단합과 통일을 기하며 일본은 중국의 근대화를 돕는 동시에 근대 자본주의의 폐해로부터 새로운 문화로 나아가도록 공진하자고 제안한다.

쇼와연구회는 미키의 협동체론을 내걸고 '동양의 부흥'을 향한 일중의 협동, 신질서 건설에 대한 열국의 협력을 강조하면서 일본의 대중국 정책의 쇄신을 요구했다. 연구회의 이러한 입장은 1938년 11월 3일 유명한 고노에 수상의 연설(제2차 고노에 성명 혹은 이른바 '동아신질서' 성명)로 이어진다. 보편성을 가진 도의적 목적이 전쟁에 필요하다며 중일전쟁의 목적을 "동아의 영원한 안정을 확보할 신질서의 건설에 있다"고 정의하고 신질서를 통해 세계사의 신단계를 창조할 것을 선언했다. 이 성명은 중국 측에 대해 "동아신질서 건설의 임무를 분담하자"고 제안한다. 국민당 정부가 근본적 개혁을 실현한다면 일본은 중국 재건에 국민당 정부가 참여하는 것을 거부하지 않겠다는 약속이다. 이는 고노에 내각이 1938년 1월 16일 발표한 "국민당 정부를 상대하지 않겠다"는 성명(제1차 고노에 성명)을 완전히 뒤집은 것으로, 고노에는 중일전쟁의 의미와 해결책에 대해 미키와 인식을 같이한 것이다. 이 연설문의 작성자인 나카야마 유(中山優)는 1개월 전 쇼와연구회 지나사변대책위원회가 제시한 지침을 참고한 것으로 알려져 있다. 고노에 제안(즉, 제2차 고노에 성명)의 핵심은 미키가 주장하듯이 국민당 정부를 지역공동체에 통합하는 정책으로 중국 민족주의를 다루어가겠다는 점이다(Fletcher, 1982: 123).

동아협동체론은 중일전쟁기 일본이 시도한 유일한 사상적 창조 노력이라 할 수 있다. 국가가 직면한 여러 모순을 해결하기 위해 미키를 비롯한 일본의 최고 지식인과 관료가 모여 내놓은 성과이자, 전통적 요소와 근대적 요소를 통합해 국제적으로 호소하는 보편적 메시지였다. 결국 그 성패는 일본이 발신하고자 하는 대상에 대한 메시지의 호소력에 달려 있었다. 쇼와연구회의 핵심 멤버 오자키 호쓰미는 "동아협동체론을 발생시킨 가장 깊은 원인은 중국 문제를 재인식하게 된 점"이며 동아협동체의 성패는 중국의 자발적인 참여에 달려 있는 것이라 보았다. 중국이 끈질기게 저항하는 근저에는 항일통일전선에서 보듯이 강렬한 민족주의가 자리하고 있는데 동아협동체가 이를 정면에서 풀어가지 못하면 결국 신비주의적 결정론으로 끝날 것이라 단언했다(오자키, 1997). 오자키 등 쇼와연구회 주요 인물들은 중일전쟁의 근본적 해결을 위해서는 일본 자신의 내부 혁신, 즉 동아협동체를 주도하는 일본의 협동체국가 건설에 있다는 결론을 내렸다. 오자키 호쓰미는 중국 내에서 동아협동체를 진정으로 고려하는 이들은 일본의 '국민 재편성' 문제의 진척에 특별한 주의를 기울이고 있음을 상기하면서 일본 국내의 개혁이 실행되어 협동체론에 대한 이해와 지지가 중국 국민으로부터 나와야 한다고 주장한 바 있다.

4. 개념의 전파: 식민지 조선에서 동아협동체의 수용

1938년 11월, 동아협동체가 일본 정부의 공식 담론으로 등장하자마자 식민지 조선에서는 불과 한 달 남짓해서 동아협동체의 수용에 대해 엇갈리는 목소리가 쏟아져 나왔다. 윤치호 등 열렬한 반공주의나 민족주의 그룹은 자본주의체제와 민족주의 극복이라는 혁신적 내용을 담은 일본 내 좌파 세력의 주장이라는 점에서 사상적으로 의심을 품었다. 비근한 예로서 ≪삼천리≫ 1939년 1월 특집호의 특별좌담회에서 다수의 논자들이 동아협동체론의 혁신성에 대해 유보적 입장을 취한 까닭은 여기에 있다고 할 수 있다. 또한 이광수와 현영섭 등 황도(皇道)를 생활 원리로 한 이체동심(異體同心) 혹은 철저일체(徹底一體)론을 주장하는 당시 주류 지식인들은 양 민족의 자립과 협동을 추구하는 정책에 비판적이었다. 반면 이 특집호에서 동아협동체론을 전면적으로 지지한 김명식, 인정식, 차재정 등 당대 필명이 높았던 지식인들은 흥미롭게도 1930년 전향한 미키의 이론을 주도적으로 수용한 전향자들이었다. 홍종욱(洪宗郁, 2011)에 따르면 조선에서의 전향은 단순히 일제 공권력의 탄압과 사회주의자의 굴복이라기보다는 중일전쟁을 전후한 국제 정세의 변화에 대한 인식이라는 정치적·사회적 맥락에서 이해될 수 있다. 그것은 일본의 국제적 지위 상승, 자본주의에 대한 비판, 소련식 사회주의에 대한 회의라는 세계사적 흐름 속에서 등장했다는 것이다.

1930년대 초 만주사변을 겪으면서 일본에서 대량 전향이 이루어졌음에도 불구하고 조선에서는 유사한 현상이 일어나지 않았던 이유는 '민족'이라는 장벽에 있었다. 이 시기 일본의 사회주의자들이 계급에서 (일본) 민족으로 전향했다면 조선의 사회주의자들은 '민족' 때문에(즉, 민족을 버려야 하기 때문에) 전향하지 못했다(洪宗郁, 2011). 그러나 1930년대 중반을 넘어 중일전쟁이 발발하면서 상황이 미묘하게 바뀌었다. 사회주의자들은 1930년대 식민지 조선을 둘러싼 기본적 대립을 국제적으로 세력을 확대하는 파시즘과, 소련을 중심으로 한 사회주의의 양자 대결로 보고, 조선 민중의 장래는 일본과 소련 간 세력균형의 변화 여하에 따라 새로운 기회를 얻을 수 있다고 보았다. 특히 1935년, 코민테른이 반파시즘 인민전선을 들고 나서는 가운데, 이탈리아의 에티오피아 침공을 둘러싼 영국과 이탈리아 사이의 대립 전선, 독일의 오스트리아 합병을 둘러싼 영불과 독일 사이의 대립 전선 등이 형성되면서, 일본이 독일, 이탈리아 편에 서서 도발할 경우 국제 반파시스트 전쟁이 전개되고 따라서 일본이 파멸의 길을 걸을 것이라는 희망 섞인 전망이 가능했다(홍종욱, 2009).

사회주의자들은 일·소 개전을 기대하면서 소련의 지원하에 조선혁명을 일으켜 일본을 몰아낸다는 희망을 품었지만, 막상 중일전쟁이 발발한 이후 일본이 승승장구하며 대부분의 해안 지역을 장악하게 되고 소련이 일본에 대해 평화외교를 전개하자 절망하게 된다. 소련은 중국과 반파시즘 인민전선(popular front)을 형성해 중국 정부를 지원했지만, 당시 일국사회주의론하에서 경제개발계획을 완수하는 데 국력을 경주하는 한편, 유럽에서 독일의 위협에 직면하고 있어서, 일본과 전면전을 회피해야 하는 입장이었다. 이오시프 스탈린(Iosif Vissarionovich Stalin)은 장제스의 수차례에 걸친 참전 요청을 일관되게 거절했다(李玉貞, 2006). 영국도 국민당 정부를 지원했으나 그렇다고 적극적으로 일본의 침략을 저지하는 행보를 취하지는 않았다. 1939년 독·소 불가침 조약 체결은 그나마 남아 있던 반파시스트 인민전선 전술에 대한 기대를 완전히 접게 하는 사건이었다. 카프(KAPF: Korea Artista Proleta Federatio), 즉 '조선프롤레타리아 예술가동맹' 출신 백철은 "시대적 우연의 수리(受理)"라는 표현을 쓰며 "지금 동양의 현실은 우연(중일전쟁)에 의해 만들어진 거대한 사실"이므로 선악을 떠나 이를 현실로 받아들일 수밖에 없다는 "사실의 수리(受理)"를 피력한 바 있다(洪宗郁, 2011: 64). 중일전쟁이라는 세계사적 사실, 즉 이제 일본의 성장을 막을 세력이 없으며 결국 일제가 제시하는 정책과 구상 속에서 최소한의 희망과 활로를 모색하는 것이 유일한 현실적 대안임을 인정하자는 것이다.

1938년 10월 일본군이 우한(武漢)과 광둥(廣東)을 점령함에 따라 국민당 정부가 대륙의 주요부를 잃고 서남부·서북부 내륙으로 쫓겨 가는 신세가 되자 전향자들은 사실의 수리 속에서 동아협동체를 일제히 내걸게 된다. 제국의 중심부 지식인들이 전선의 교착과 전쟁의 장기화에 따른 위기의식의 발로로서 동아협동체론을 내놓으며 신질서를 건설하려는 때, 조선의 사회주의자들은 전쟁이 결정적 분수령을 넘은 것으로 해석하며 신질서 건설에 나서고자 했다. 전쟁의 전개에 대한 결정적 인식의 오류가 발생한 것이다. 앞서 언급한 ≪삼천리≫의 1939년 1월 "동아협동체와 조선"이라는 제하의 특집호에서 전향자인 필자들은 중일전쟁의 정세가 결정적으로 전환된 것으로 보았다. 그 첫 주자인 김명식은 일본의 승리를 낙관했다.

> (일본은) 이미 군사적으로 승리하고 또 정치적으로 지나(支那)의 면목을 일변(一變)케 하야 경제적 기초공작(基礎工作)이 전개됨과 함께 문화적으로 신생활의 협동이 실현되고 있으니 이것은 어느 상대방에서 질겨하지 아니하야도 또는 어느 제3국에서 음으로 양으로 저지하야도 제국의 기정방침(既定方針)과 같이 실현될 것은 부언할 필요가 없다(김명식, 1939a: 48).

김명식은 식민지 초기 조선 사회주의운동에 적지 않은 발자취를 남긴 좌파 지식인으로서 1938년 전향해 역사에서 잊혀진 인물이다. 1892년생으로 한성고보를 졸업하고 와세다대학교 정경학부에서 수학 중 신아동맹단의 핵심 단원으로 활동했으며, 귀국 후 ≪동아일보≫ 논설반원으로서 ≪신생활(新生活)≫을 발간, 사회혁명당 창립 멤버 등으로 활동하다 1922년에 필화 사건으로 조선 최초로 사회주의 재판을 받고 복역하던 중 가혹한 고문에 따른 형 집행 정지로 출옥했다. 그는 1920년대에 블라디미르 레닌(Vladimir Lenin) 등의 사회주의 이론을 소개하면서 식민지 사회경제적 성격 논쟁을 주도했고, 석방된 이후 오사카로 건너가 병을 치료하면서 노동운동 지도 활동을 한 이유로 재차 검거된 후 잔여 형기를 복역하고 석방되었다. 1930년대 초반에는 민족의 전통에 대한 관심으로 단군 연구를 통해 조선 연구의 국수주의적 성격을 비판한 바 있고, 1934년 이후에는 국제 정세 논평을 썼으며, 1936년 말 오사카에서 귀국해 1년여의 잠적과 모색기를 거친 뒤, 1938년 말 동아협동체와 함께 전향해 논단에 재등장하게 된다.

김명식이 동아협동체론을 적극적으로 설파한 이유는 일차적으로 '연방'에 대한 기대 때문이었다. 일본이 식민지가 아닌 협동체를 건설한다는 성명으로부터 그는 연방제 도입이 유력하다고 전망했다. 중국과 일본의 관계를 협동체 개념으로 설정한다면 이를 내선(일본·조선) 간에도 적용할 수 있으며, 타자성을 존중하는 공동체의 건설이란 구체적으로 연방의 형태가 될 것이라 본 것이다. 따라서 조선은 협동체에 적극적으로 참여함으로써 주체성을 회복할 수 있다고 믿었다. 그는 "신동아의 연방 문제는 인류사에 있어서 신기원"이므로 "이제 우리는 신동아협동체의 건설에 대하야 특별한 관심과 열의를 가지고 그에 적극적으로 참여하여 신운명의 제1보를 개척"하자고 주장한다. 이를 위해서는 "건설의식(建設意識)"이 요구되는데, 그는 중일 사이에 끼어 있는 조선의 중개 역할을 제안한다. 조선이 "일·지(日支) 양 민족 간에서 조화역(調和役)"을 수행하고, "이 임무를 다함에 있어서 양 민족의 오해를 사는 일이 …… 해소되지 않으면 신동아건설에 기여함이 있지 못할 것이니 그리되면 다음 신동아연방 문제가 생긴다 하여도 우리의 처지는 호전되지 아니할 것이다"라고 역설한다(김명식, 1939a: 49~50).

김명식은 또한 미키가 주창한 민족 개념, 즉 민족이란 혈연으로 주어지는 것이 아니라 구성되는 것이라는 의식, 다시 말해 민족적 배타의식과 같은 "근대국가적 민족사상"으로부터 탈피하는 새로운 민족 개념에 기대를 걸면서 조선이 제시할 구체적 방향으로 "정치적으로 데모구라시(democracy), 경제적으로 고렉띄브(collective), 사회적으로 휴매니즘(humanism)"으로 구성되는 "이상주의"를 제안하고, 세계성을 갖는 신건설을 내걸면서 동서양 구분보다는 초지역적 시대의식의 수립을 내세운다(김명식, 1939a: 51). 또한 자본주의와 공산주의를 모두 반대하고 그 대안으로서 통제경제 확립을 지지하면서, 이를 통해 '공정가격'을 '과학'적이고 '윤리'적인 것으로 평가해 실시하고, 토지의 국가관리 등을 통해 "일·만·지(日滿支) 블록" 전체의 통제경제 강화라는 틀 속에서 경제 이득을 기하고 독립성을 확보하는 노력을 경주해야 한다고 주장한다.

두 번째 기고자인 인정식 역시 사회주의자로서 검거와 투옥을 반복하다 1938년 10월, 우한과 광둥의 함락 시점에서 출옥한 직후 전향을 공식적으로 선언한다. 그 역시 국제 정세가 일본에 유리하게 돌아가고 있다는 인식에 기초해 동아협동체를 수용한다.

> 일본제국을 경제상, 정치상 유일절대(唯一絶對)의 맹주(盟主)로 하는 동아의 재편성 과정이 실로 놀랄 만한 공전(空前)의 대규모와 미증유의 속도로

진행되어 …… 새로운 대세를 역전하는 것은 절대 불가능(하며) 우한의 함락은 항일운동에 대한 최후의 결정적 타격이어서 (전쟁은) 확실히 새로운 단계에 진입하고 있다. …… 종래의 장기 전쟁에서 금후의 장기 건설에로의 이행하고 있다(인정식, 1939: 54).

여기서 그는 일본의 혁신 세력으로서, 즉 쇼와연구회의 작업을 높이 평가하며, "동아협동체의 원리가 민족 문제·식민지 문제 해결에 대해 새로운 광명을 던지고 있다"고 평가한 후, 세 가지 건설 과제, 첫째, 경제적으로 "동아 각 민족의 공존공영(共存共榮)을 기조로 하는 일·만·지 '뿌럭' 경제의 확립", 둘째 정치적으로는 "동아협동체 혹은 동아연방체의 결성", 셋째, 문화적으로 유럽문명과 차별적인 "동아민족 공통의 문화 확보"를 제시하면서 이를 "공전의 위대한 사명을 수행"하는 "역사적인 성전(聖戰)"이라 미화하였다(인정식, 1939: 55).

인정식은 동아협동체 실현과 당시 총독부가 추진해온 내선일체(內鮮一體)를 양립해야 하는 현실에 주목했다. 그는 "일본제국의 신민(臣民)으로서의 충실한 임무를 다할 때만 조선 민중에게 생존과 번영과 행복을 약속"하는 것이며 "여기에 조선인의 운명에 관한 문제에 있어서의 넘을 수 없는 한계가 있는 것"이라 하여 결국 "내선일체 이외의 일체의 노선이 한갓 미망에 불과"함을 강조한다(인정식, 1939: 56). 그는 동아협동체가 조선의 자주를 확보해주는 방안이 아님을 분명히 하는 한편, 일본제국 혹은 동아협동체 속에서 조선이 차지하고 있는 대륙병참기지로서의 위치를 활용하는 데 주안점을 둔다. 일본제국이 중일전쟁을 통해 전선을 확대하면 병참의 역할이 내지(즉, 일본)뿐만 아니라 조선으로 확대될 것이므로 이 기회를 잘 살리면 제국 내에서 조선의 위상이 높아질 것이라는 논리를 편 것이다. 일본이 대륙으로 나아가는 요충지로서 조선에서 중공업, 특히 군수공업을 발전시킬 수 있다면 조선 사회의 내부적 모순을 완화하고 농촌의 과잉인구 문제를 해소하는 동시에 대륙으로 진출하는 기회를 얻을 것으로 전망한다. 따라서 조선은 첫째, 근대적으로 잘 조직된 산업예비군을 준비하고 "농공병진(農工竝進)" 정책을 추진해야 하며, 정신적으로는 "내지인(內地人)과 동등(同等)한 국민적 의무(國民的 義務)를 다하게 한 후 내지인과 동등한 정치적 자격(政治的資格)을 부여(賦與)"하게 된다는 사실을 명심하면서 내선일체를 확고히 해야 한다는 것이다(인정식, 1939: 60). 예컨대, 그는 국민적 의무로 만주국에서 지원병 제도를 도입하는 것을 환영하면서 조선이 징병제를 획득할 수 있기를 고대하고, 나아가 징병제의 전제인 의무교육 실시도 내지연장주의와 내선일체의 구현 차원에서 주장한다(인정식, 1939: 63).

당시 사회주의자들이 전향을 하는 데 반드시 통과해야 할 관문이 바로 내선일체였다. 특히 중일전쟁이 발발한 이후 조선인을 일본의 전쟁에 직접 동원해야 할 필요성이 증대하면서 내선일체의 요구도 점차 강화되었고 따라서 전향자들은 내선일체를 수용하는 명분을 만들어야 했다. 앞서 언급했듯이 국제 정세의 예기치 않은 변화는 이들로 하여금 새로운 명분을 가져다주었다. 중일전쟁을 통해 동아시아질서가 재편되어 일본이 주장하는 지역공동체가 형성된다면 일본제국의 중심적 위치가 강화되는 한편 조선의 지위도 그 병참기지로서의 역할을 수행하면서 격상될 수 있다는 희망이 자리하고 있었다. 이런 맥락에서 내선일체 정책도 받아들일 수 있는 것이었다. 특히 김명식은 조선의 경제적 독자성을 강조하면서 "일·만·지 블록경제"가 구체화되는 속에서 조선의 존재가 무시되지 않도록 블록 속에서 독자적·특수적 지위를 확보해 지역블록 건설의 일원으로 참가 자격을 획득해야 한다고 주장한 바 있다(김명식, 1940). 인정식, 차재정, 서인석 등은 내선일체라는 국민적 의무를 충실히 이행하는 것이 신질서 속에서 조선의 가능성을 기약하는 길이라 보았다. 이들 전향자의 내선일체론은 당시 조선총독부가 조선인을 일본의 전쟁에 직접 동원하는 논리로서, 양 민족의 "동화(同化)"론이라기보다는 동아협동체 틀 속에서 양 민족이 공존공영하는 새로운 관계를 의미하는 이른바 "협화적(協和的) 내선일체론"으로 지칭된다(洪宗郁, 2011). 내선일체를 일본 민족과의 병립과 협동으로 이해한 것이다.

조선에서 동아협동체론의 유통은 제한적이고 또 짧았다. 전향 사회주의자를 중심으로 수용되었으나 1939년을 넘기면서 쇠퇴의 길을 걸었는데 이는 본토인 일본에서의 수명과 비례하는 것이었다. 제국 일본이 동남아와 남태평양으로 전선을 확대하면서 '대동아' 개념에 의한 대동아공영권이 등장하게 되자 동아협동체는 사라질 운명이 되었다. 물론 대동아공영권이 동아협동체가 내포하고 있던 논리를 확장하는 측면이 있지만 일본열도를 중심으로 동북아와 동남아의 동심원적 계열구조를 갖는 이 구상은 당시 독일에서 유행하던 지정학 논리(지정학적 운명공동체론)에 근거한 것이었다. 동아(일·만·지)가 공유하는 문화적 가치를 근거로 공동체를 구성하겠다는 기존 협동체 논리는 구미의 제국주의적 압제로부터 해방을 위한 권역을 건설하는, 따라서 일·만·지 3국의 물적 구조만으로는 부족한 현실을 극복하는 대동아 논리로 전환되었다(임성모, 2005).

전향 사회주의자의 결정적인 실패는 국제 정세에 대한 오판에 있었다. 앞서 지적했듯이 동아협동체론은 중일전쟁의 전선이 교착상태에 빠지면서 일본의 승리가 불투명한 시점에서 중국을 품으면서 수렁에서 빠져나오기 위한 전략의 성격을 띠고 있었음에도 불구하고 조선의 지식인들은 일본의 승리가 임박한 것으로 크게 오판하고 있었다. 이는 전향 사회주의자뿐만 아니라 민족 진영도 마찬가지이었다. 예컨대 제2차 고노에 성명에 대해 최린은 장제스 정권이 완전히 지방정권으로 전락한 것으로 단언하고, 최현배나 이광수는 고노에 3원칙을 승전국으로서 일본이 패전국 중국에 요구한 것으로 받아들이는 등 일본 제국주의가 감당하기 어려운 대전쟁의 길로 말려들어 가는 상황을 오인했다(이준식, 2005: 109).

동아협동체론은 중일전쟁의 근거를 제공하고 중국 국민당 정부의 회유를 기하는 수단이었기 때문에 중일교섭이 여의치 않을 때 폐기의 길을 걸을 수 있는 것이었다. 오자키는 동아협동체론이 갖는 두 가지 현실적 약점을 지적한다. 첫째는 중국 문제를 파악하는 데 관념적이며, 구체성을 결여한 점, 둘째는 자본주의체제 혁신을 추진할 세력의 결성이 용이하지 않을 것이라는 점이다(임성모, 2005: 187~188). 실제로 당시 정치 세력의 중심에 서게 된 육군은 중국과의 '화평공작'의 실효성에 의문을 표시하고 독일, 이탈리아와의 삼국 군사동맹 문제에 집중하며 군사외교의 방향으로 선회했고, 개혁의 주체 세력 조직화 역시 기성 정당과 구(舊)재벌을 중심으로 한 현상유지파의 반발과 고노에 내각의 퇴진으로 급격한 퇴조를 보였다. 조선의 지식인들은 중국과 일본의 사정에 대해 한치 앞을 내다보지 못한 셈이 된다.

좀 더 중대한 오판은 이들이 아선인수 격으로 동아협동체를 수용한 데 있다. 이들은 동아협동체론이 민족 간 협동 가능성을 모색하는 계기가 될 수 있다는 점에 주목했다. 협동체 논리를 조선 민족에 적용해 민족적 협동의 단위가 됨으로써 일본과 새로운 관계를 수립할 수 있다는 희망이 그것이다. 전향자들이 내선일체론을 수용할 수 있었던 것은 이런 맥락이었다.

동아협동체는 더 이상 일본 제국주의가 아니며 자주적 이익과 문화를 갖는 동아 여러 민족 간 공존공영을 주창하나, 문제는 과연 조선을 단위/주체로 인정해줄 것인가이다. 미키는 조선을 협동체 내부의 주체로 상정하지는 않았다. 이 점은 쇼와연구회 내에서 동아협동체 개념이 중국

민족주의의 거센 저항과 마주한 과정에서 탄생한 것임을 상기하면 명확해진다. 일본과 싸우지 않는 조선에 대해 동아협동체론이 갖는 한계가 명백할 수밖에 없다.

5. 결론에 대신하여

지역질서 건축 비전으로서 동아협동체론은 분명 쇼와연구회가 이룩한 최대의 지적 성과라 할 수 있다. 미키를 위시한 쇼와연구회는 게마인샤프트의 번역어로 협동체를 사용, 새로운 지역질서를 구상했고 이를 정책에 반영할 수 있었다. 이는 일본이 무력에 의한 일방적 방식으로 지역질서를 조직할 수 없다는 사실이 명확해진 시점에서 나온 작품이다. 중국 민족주의의 강렬한 저항 속에서 중일전쟁이 장기화되는 가운데 장차 소련과 총력전을 벌여야 하는 엄중한 상황 인식하에 등장했다는 점에서 이 정책의 성패는 결국 중국의 수용에 달려 있었다. 과연 동아협동체론은 중국 민족주의와 화해할 수 있었을까.

관건은 일본의 국내 체제개혁이었다. 중일전쟁의 근본적 해결을 위해서는 일본의 혁신, 즉 동아협동체를 주도하는 일본이 협동체국가를 건설해야 한다는 것이 쇼와연구회의 결론이었다. 오자키 호쓰미는 중국 내에서 동아협동체를 진정으로 고려하는 이들은 일본의 '국민 재편성' 문제의 진척에 특별한 주의를 기울이고 있음을 상기하면서 일본 국내의 개혁이 실행되어 협동체론에 대한 이해와 지지가 중국 국민으로부터 나와야 한다고 주장한 바 있다. 그러나 개혁 추진의 핵심 지도자인 고노에 후미마로는 1938년 1월 퇴진했고 따라서 개혁 추진의 핵심인 쇼와연구회의 정치적 동력도 약화되었다. 자본주의의 근본적 개혁, 민족주의를 초극하는 새로운 보편 이념의 창조 노력 대신, 황도(皇道)와 일본주의라는 특수주의에 기반하는 군부와 재벌의 결탁에 의한 팽창주의 노선이 주류를 형성했다.

이에 대해 국민당 정부의 입장은 분명했다.

> 이번 대중국 작전의 목적은 중일 양국 간 정치·경제·문화의 합작을 기초로 하여 동아의 신질서를 창조하는 데 있다고 일본은 말하지만 이것은 한갓 기만에 지나지 않는다. 평등한 조건에 기초해 일본과 합작하는 것은 반대하지 않았지만 이번에 일본 정부가 제기한 정치합작은 전적으로 중국의 자유독립국가로서의 신성한 권리를 희생시키려는 것이기 때문에 중국 국민은 끝까지 반대하지 않으면 안 된다(Flectcher, 1982: 144).

중국의 입장은 변하지 않았다.

일본 정부는 동아협동체론을 띄우며 외교적 노력을 함께 경주했다. 국민당 정부를 지원하는 영국과 외교 관계 회복을 위해 노력하는 한편, 미국과도 관계 개선 시도를 펼쳤다. 1937년 10월 5일에 루스벨트(Franklin Delano Roosevelt) 대통령이 시카고에서 이른바 "격리" 연설, 즉 "인간 사회에서 전염병이 발생해 유행하는 경우 그 만연을 막기 위해 병자를 격리하는 것이 일반적이다. 중일전쟁을 일으킨 무법국가(일본)는 타국과 일시 격리시킬 필요가 있다"라고 고립주의적 외교노선의 변화를 시사한 데 대해, 고노에 내각의 뒤를 이어 등장한 히라누마(平沼) 내각이 미국과의 관계 개선으로 전쟁을 수습하고자 외교적 노력을 경주했으나 성과를 거두지 못했음은 주지의 사실이다.

이러한 국제 정세의 변화 속에서 김명식 등 당시 전향파를 중심으로 한 지식인들의 국제 정세 판단은 여러 오류가 있었다. 이들이 만주사변 이후 일본의 패권 확대에 따라 조선 독립의 희망을 잃어가는 속에서 중일전쟁 초기 전세를 일본의 압도적 우세로 판단한 점, 그리고 이후 1년여에 걸친 전선 교착과 총력전 지속에 따른 일본의 내부적 부담을 거의 읽지 못한 점을 들 수 있다. 1938년 10월 우한과 광둥의 함락 이후 악화일로의 중일 관계에 대한 쇼와연구회의 깊은 우려와 달리 전향파는 이를 일본의 결정적 승세로 오판하고 동아협동체를 바로 수용했다. 더욱이, 1939년 1월 ≪삼천리≫의 동아협동체 특집호와 협동체 수용론이 이어지는 바로 그 순간, 정작 일본에서는 고노에 내각이 총사퇴하고 동아협동체가 쇠퇴하는 사태가 진전되고 있었다. 이들은 동아협동체 구상 이면에 깔려 있는 일본의 깊은 고민을 파악하지 못하고, 일본의 국내정치가 변화해 동아협동체 전파의 관건인 국내 혁신을 추진할 주역이 퇴장하는 사태의 의미를 충분히 분석하지 못한 채, 조선에 가져다줄 이해득실을 좁게 판단했다.

요컨대, 조선의 지식인들은 중국이 끈질기게 버티고 영국이 지원하는 상황, 소련이 동진하면서 구조적 압력이 점증해가는 상황, 더 나아가 미국과의 최종전 가능성이 부상하는 상황 속에서 전향의 길로 들어섰다. 그리고 동아협동체는 이들에게 전향의 명분이 되었다. 돌이켜보면 1938년은 김명식과 같은 사회주의자들이 버티어나갈 희망을 발견하는 시간이었다. 그러나 김명식(1938)은 「일미국교의 타진」에서 보듯이 소련의 불개입, 영·불·미 공조의 불발에 비추어 영미 협조의 가능성과 미일 간 충돌의 가능성을 낮게 보는 등, 국제정치적 상황을 오판해 스스로 파멸의 길을 걷고 말았다.

참고문헌

김명식. 1938.「일미국교의 타진」. ≪비판≫, 4월호.

_____. 1939a.「건설의식과 대륙진출」. ≪삼천리≫, 1월호.

_____. 1939b.「조선경제의 통제문제」. ≪조광≫, 10월호.

_____. 1940.「조선경제의 독자성」. ≪조광≫, 1월호.

미키 키요시. 1997.「신일본의 사상 원리」. 최원식·백영서 엮음.『동아시아인의 '동양' 인식』. 서울: 문학과지성사. 52~70쪽.

오자키 호츠미(尾崎秀実). 1997.「동아 협동체의 이념과 그 성립의 객관적 기초」. 최원식·백영서 엮음.『동아시아인의 '동양' 인식』. 서울: 문학과지성사. 36~51쪽.

이준식. 2005.「파시즘기 국제 정세의 변화와 전쟁 인식: 중일전쟁기 내선일체론자들을 중심으로」. 방기중 엮음.『일제하 지식인의 파시즘체제 인식과 대응』. 서울: 혜안. 93~133쪽.

인정식. 1939.「동아의 재편성과 조선인」. ≪삼천리≫, 1월호.

임성모. 2005.「동아협동체론과 '신질서'의 임계」. 백영서 엮음.『동아시아의 지역질서』. 서울: 창비.

하영선 엮음. 2008.『동아시아공동체: 신화와 현실』. 서울: 동아시아연구원.

함동주. 1996.「중일전쟁과 미키 키요시의 동아협동체론」. ≪동양사학연구≫, 56집, 157~188쪽.

_____. 1999.「미키철학과 동아협동체론」. ≪이화사학연구≫, 25·26권, 107~126쪽.

홍종욱. 2009.「1930년대 동아일보의 국제정세 인식」. ≪한국민족운동사연구≫, 58권, 73~116쪽.

李玉貞. 2006.「抗日戦争期の蒋介石とスターリン」. 西村成雄·石島紀之·田嶋信雄 編.『国際関係のなかの日中戦争』. 東京: 慶應義塾大學出版會.

大久保達正·永田元也·兵頭徹 編. 2004~2006.『昭和社會經濟史料集成 昭和硏究會資料』第31~33卷. 東京: 大東文化大学 東洋研究所.

洪宗郁. 2011.『戰時期朝鮮の轉向者たち』. 東京: 有志舍.

三木清. 1968.「新日本の思想原理續編—協同主義の哲學的基礎」,『三木清全集』17卷. 岩波書店.

Crowley, James. 1971. "Intellectuals as Visionaries of the New Asian Order." in James Morley(ed.). *Dilemmas of Growth in Prewar Japan*. Princeton: Princeton University Press. pp. 319~373.

Fletcher, William Miles. 1982. *The Search for a New Order*. Chapel Hill: The University of North Carolina Press.

Iriye, Akira. 1989. *The Origins of the Second War in Asia and the Pacific*. London: Routledge.

Najita, Tetsuo and H. D. Harootunian. 1989. "Japanese Revolt against the West." in Peter Duss(ed.). *The Cambridge History of Japan*, Vol. 6. Cambridge: Cambridge University Press. pp. 711~774.

제4장

구갑우

북한의 평화 개념, 1949년

한설야의 수필과 소설을 중심으로

1. 문제 설정

1949년 4월 9일, 북한의 소설가 '한설야(韓雪野)'는, 식민 시대 노동운동가로 소련의 동방노력자공산대학 출신이며 북조선민주녀성동맹 위원장을 역임한 '박정애(朴正愛)', 3·1운동의 33인 가운데 한 명으로 기독교 사회주의자이며 미국의 신학교에서 유학을 하고 남한에서 좌파 성향의 기독교민주동맹을 결성했던 '김창준(金昌俊)'과 함께, 프랑스 파리로 출발했다. 약 이틀에 걸쳐 북·소 국경 지역까지 차로 이동한 한설야 일행은 소련의 연해주에서 비행기를 타고 모스크바로 이동해 사증 발급과 기타 준비 관계로 며칠을 체류했다. 4월 19일 모스크바를 떠난 지 여섯 시간 정도 지나 체코의 수도 프라하에 도착했다. 프라하에서 프랑스 대사관에 들러 프랑스 입국을 문의했고, 두 국가가 외교 관계가 없는 상태라 입국 승인에 수일이 걸릴 수도 있다는 대답을 들었다. 한설야 일행은 4월 22일 프랑스 정부로부터 입국 허가를 받았고, 그날 오후 비행기로 파리에 도착했다. 14일이 걸린 여정이었다.[1]

한설야 일행이 파리로 간 까닭은, 1949년 4월 20일 개최 예정인 "평화 옹호 세계 대회(World Congress of Advocates of Peace)"[2]에 참석하기 위해

※ 이 글은 ≪현대북한연구≫, 제18권 3호에 실렸다.

1 이 여정은, 한설야, 「파리 기행: 제 1차 세계 평화 대회를 중심으로」, 『한설야 선집: 수필』 (평양: 조선 작가 동맹 출판사, 1960)에서 확인할 수 있다.

2 한설야의 「파리 기행」에서는 "평화 옹호 세계 대회"와 같이 단어마다 띄어 쓰고 있다. 1954년에 간행된 『조선어 철자법』(평양: 조선민주주의인민공화국과학원)이 그 띄어쓰기의 이론적 기초다. 그러나 2005년에 출간된 『조선문화어건설리론』(평양: 사회과학출판사)은 "조선민주주의인민공화국"으로 붙여 쓰고 있다. 대중용 띄어쓰기 지침은 북한의 대중잡지인 ≪천리마≫에 게재된다. 예를 들어, ≪천리마≫ 2000년 6-7, 8호에 게재된 「새로 규정한 우리 글의 띄어쓰기」를 참조하기 바란다. 이 글에서는 북한 문헌을 직

서였다. 제2차 세계대전 종료 이후 전쟁을 승리로 이끈 반(反)파시즘연합이 해체되면서, 미국의 핵독점과 새로운 전쟁 가능성에 저항하는 반핵(反核)·반전(反戰) 평화운동이 조직되기 시작했고, '세계평화대회(World Peace Congress)'는 그 운동 가운데 하나였다. 이 평화대회 형태의 평화운동은 두 흐름의 결합이었다. 하나는, 소련공산당이 주도한 공산주의적 국제주의(communist internationalism) 조직인 코민포름(Cominform: Communist Information Bureau; Informbiro)을 매개로 전개된 평화운동이었다. 다른 하나는, 반파시즘 성향의 지식인들이 핵전쟁 예방을 위해 조직한 비정부적 평화운동이었다. 1948년 8월, 폴란드의 브로츠와프(Wroclaw)에서 '평화를 위한 세계지식인대회(World Congress of Intellectuals for Peace)'가 열렸고,[3] 1949년 4월, 프랑스 파리와 체코의 프라하에서 '평화옹호세계대회'가 개

접 인용할 때, 가능한 한 출간 당시의 띄어쓰기를 사용한다. 따라서 같은 표현이 다른 띄어쓰기를 가질 수 있다.

3 공산주의자가 주도한 평화 캠페인이었지만 다수의 비공산주의자도 이 대회에 참여했다. 영국의 생물학자이자 유네스코(UNESCO) 사무총장이었던 줄리안 헉슬리(Julian Huxley)가 의장직을 수행했다. 이 헉슬리는 『멋진 신세계』의 작가 올더스 헉슬리(Aldous Huxley)의 형이다. 의장이었던 헉슬리는 이 대회를 회고하면서, "단어의 일상적인 의미에서 토론은 없었다"고 썼다. 소비에트작가동맹(Union of Soviet Writers)의 의장이었던 알렉산드르 파데예프(Alexander Fadeyev)가 미국에 대한 독설을 쏟아냈다고 한다. 마치 전쟁을 선포하는 것 같았다는 기록도 있다. 유진 오닐(Eugene O'Neill), 앙드레 말로(Malraux, André), 장 폴 사르트르(Jean-Paul Sartre)와 같은 유명 작가들에 대해, 파데예프는 "만약 하이에나가 타자를 칠 수 있고 승냥이가 쓸 수 있다면, 그들이 그러한 작품을 쓸 것"이라고 비아냥했다고 한다. 비공산주의 계열의 참가자들을 당혹스럽게 한 발언이었다. 1948년 9월 코민포름은 ≪항구적 평화를 위하여, 인민의 민주주의를 위하여(For Lasting Peace, for People's Democracy)≫라는 제목의 잡지에서 브로츠와프 대회를 평화와 문화의 수호를 위해 지식인들이 함께한 것으로 평가했다. L. Wittner, *One World or None: A History of the World Nuclear Disarmament Movement Through 1953*(Stanford: Stanford University Press, 1995), pp. 175~177.

최되었다.[4] 평화옹호세계대회는 '여성국제민주연합(Women's International Democratic Federation)'과 브로츠와프 대회에서 결성된 '국제지식인연락위원회(International Liaison Committee of Intellectuals)'가 공동으로 조직한 운동이었다.[5] 72개국의 대표가 참가한 세계평화대회가 두 도시에서 열린 이유는, 프랑스 정부가 북한을 비롯해 중국, 폴란드, 소련, 불가리아, 루마니아 등 사회주의국가 대표단의 입국을 거부했기 때문이다. 그러나 파리 세계평화대회 이틀 후인 1949년 4월 22일 프랑스 정부는 특이하게도 북한과 몽골 대표단의 프랑스 입국을 허용했다.

이 글은, 1949년의 시점에서 지구적 수준의 반핵·반전 평화운동에 북한 대표로 참여했던 북한의 소설가 한설야의 '평화의 마음'을 추적한다. 즉, 한설야 '개인'이 1949년에 가지고 있던 평화의 개념을 찾는 작업이다. 1949년 파리대회를 전후로 한설야의 수필과 소설이라는 형태로 고정되어 있는 텍스트(text)가 한설야의 평화의 마음을 읽기 위한 주요 대상들이다. 문학작품을 텍스트로 설정한 이유는, "삶을 위한 장비"로서 그 존재 이유가 있는 문학이 대중의 정서를 재현하고 구성하는 매체이고, 특정 정세 속에서 서로 다른 태도와 선택을 만들게끔 한다는 의미에서

---

4 파리세계평화대회 직전인 1949년 3월, 미국의 뉴욕에서 '세계평화를 위한 문화·과학회의(Cultural and Scientific Conference for World Peace)'가 개최되었다.

5 1945년 11월 파리에서 창립된 여성국제민주연합(WIDF)은 진보적, 좌파·페미니스트 국제조직이었다. 공산주의와 강한 연관을 가지고 있었지만, 독립적인 여성조직 등도 회원으로 참여했다. 냉전이 전개되자 WIDF는 소련을 지지했다. 그러나 WIDF는 국제공산주의운동에 의해 만들어진 것도, 소련의 전선조직도 아니었다. WIDF가 평화운동에 개입한 이유는, 평화가 조직의 목적인 여성 및 아동의 권리를 보호하기 위한 필요조건이라고 생각했기 때문이다. F. de Haan, "The Women's International Democratic Federation(WIDF): History, Main Agenda, and Contributions, 1945~1991," in F. de Haan, *The Women's International Democratic Federation(WIDF): History, Main Agenda, and Contributions, 1945~1991*(Alexandria, VA: Alexander Street, 2012).

전략의 성격을 가지고 있다고 생각하기 때문이다.[6] 즉, 문학이 비정치적일 때조차 사회적 기능을 가진다고 한다면, 문학이라는 언어적 실천은 역사적 관계를 현현하는 정치 행위를 수행하고 있다는 의미다.[7] 달리 표현한다면, 문학이 인간의 희로애락을 위한 전략을 담고 있고, 또한 정치와 분리될 수 없다면, 문학적 실천은 미적 대상을 매개로 적과 친구를 선택하는 전략일 수 있다.

기행문과 같은 역사적 텍스트가 있음에도 소설이라는 허구의 텍스트를 함께 보는 이유는, 소설가가 처한 역사적 맥락(context)에서 그 맥락을 어떻게 '이해'했는가를 보기 위해서다. 1949년의 시점에 한설야의 이름으로 출간된 소설과 수필이 그 대상이다. 그 이해는 허구의 소설 쓰기, 즉 미적 형상화의 원천이다. 따라서 소설이라는 텍스트에서 현실의 이해에 기초한 반영으로서 왜곡은 불가피하다. 역사적 사실을 반복한다면, 문학이라 할 수 없다. 현실을 작가가 미적으로 전유할 때, 주체의 상대적 자율성은 제고된다. 현실의 과잉과 부재는 작가의 이해의 산물이다. 문학이 과잉정치/과소정치를 보이는 이유다. 그러나 그 정치성이 문학의 미적 성취를 담보하는 것은 아니다.[8] 무목적의 미로서의 문학과 목적의

---

6 K. Burke, 1938, "Literature as Equipment for Living," *Direction 1*, Reprinted in D. Richter(ed.), *Classic Texts and Contemporary Trends*(Boston: Bedford Books, 1998).

7 자크 랑시에르, 『문학의 정치』, 유재홍 옮김(고양: 인간사랑, 2009); 리디아 리우, 『언어횡단적 실천』, 민정기 옮김(서울: 소명, 2005).

8 예를 들어 다음과 같은 언명은 그 지점에 대한 통찰이다. "이주노동자와 비정규직 노동자들의 투쟁을 지지하며 성명서에 이름을 올리거나 지지 방문을 하고 정치적 이슈를 다루는 논문을 쓸 수도 있지만, 이상하게도 그것을 시로 표현하는 것은 쉽지가 않다. 사회참여와 참여시 사이에서의 분열, 이것은 창작 과정에서 늘 나를 괴롭히던 문제이다." 진은영, 『문학의 아토포스』(서울: 그린비, 2014), 16쪽.

도구로서의 문학이 길항하는 지점이다.

'1949년'에 주목하는 이유는, 지구적 수준에서 전쟁도 평화도 없는 상태인 냉전(冷戰)이 구조로 정착되는 시점이면서 동시에 반핵·반전 평화운동이 전개된 연도이기 때문이다. 소련판 냉전적 인식이 북한으로 수입되어 국제 정치경제에 관한 북한적 '마음체계(system of mind)'가 굳어지는 과정에서 북한은 열전(熱戰)을 준비하며 평화운동에 참여했다. 특정한 마음체계는 특정한 정치경제적 국면에서, 이성과 감성 그리고 의지와 상상력이 결합되어 있는 복합체로, 주체의 행동을 가능하게 하는 '의도성(intentionality)'을 담지하고 있는 총체적 심리의 체계다.[9] 정치권력이 생산하는 북한판 평화의 마음체계가 한설야의 텍스트를 호명하거나 또는 한설야의 '체현된 마음(embodied mind)'을 주조했다고 할 수 있겠지만,[10] 반대로 그 텍스트는 대중에게 그 마음체계를 전달하는 역할을 했다고 가정할 수 있다.

이 글의 또 다른 가설은, 북한적 마음체계와 한설야 개인의 텍스트가 충돌하면서 균열할 수 있는 가능성이다. 즉, 한설야가 구조의 담지자

---

9 마음의 레짐과 마음체계는 비슷한 개념이지만, 마음이 한 개체가 자신의 의도성은 물론 다른 개체의 의도성을 인식할 때 성립하는 개념이라는 점에서 이 글에서는 마음체계라는 용어를 사용한다. 마음의 레짐은, 김홍중, 『마음의 사회학』(파주: 문학동네, 2009), 22~24쪽을, 의도성을 마음의 핵으로 정의하는 글은, 대니얼 데닛, 『마음의 진화』, 이희재 옮김(서울: 사이언스북스, 2006)을 참조하기 바란다.

10 비데카르트적 마음 이론은, 뇌 과정과 더불어 몸의 구조와 과정을 포함하는 체현된 마음, 유기체의 마음 과정 일부가 세계에 대한 행동에 의해 구성된다는 연장된(extended) 마음, 인지 과정이 환경 속에 내재해 있다는 내재된(embedded) 마음, 어떤 사물을 본다는 것이 그것을 만지는 것과 비슷하다는 작동적(enacted) 마음을 상정한다. 결국 이 마음들은 체현된 마음과 연장된 마음으로 환원되고 이 두 마음의 결합된(amalgamated) 마음으로 정리된다. M. Rowlands, *The New Science of the Mind: From Extended Mind to Embodied Phenomenology*(Cambridge: The MIT Press, 2010).

(agent)이지만 개별적 마음을 가진 자율적 행위자로서, 집합적 내지는 평균적 마음인 북한적 마음체계에서 이탈할 수 있는 문학작품을 생산할 수 있었는가에 대한 질문이다.[11] 한설야라는 개별 인간의 마음의 한 구성 요소인 의식적 자아는 집합적 마음체계를 복사하려 하겠지만, 문학이라는 텍스트의 쓰기는 그 의식적 자아로부터 분리된 독립적인 감성의 발현을 가능하게 할 수 있기 때문이다. 비유하자면 북한적 마음체계의 '대변인'으로서의 한설야와 소설가로서의 한설야의 균열이다.[12] 특히 북한의 작가들이 소련으로부터 수입한 '사회주의 리얼리즘(socialist realism)'을 창작의 방법으로 선택할 때,[13] 새로운 사회주의적 삶을 형상화하기 위해 부정

---

11 국제관계학에서 정보의 부족과 우연의 문제를 다루기 위해 소설 또는 허구(fiction)가 분석을 위한 매개로 사용되곤 한다. 더 나아가 문학텍스트의 읽기와 사용을 넘어 국제관계학에서 소설 쓰기와 같은 방법도 제안되고 있다. 즉, 소설에 관해 쓰는 것이 아니라 '소설 쓰기'를 하는 소설적 또는 허구적 국제관계학의 발견이다. S. Park-Kang, "Fictional IR and Imagination: Advancing Narrative Approaches," *Review of International Studies*, Vol. 41(2015). 이 글의 '부분적' 목적도 한설야의 수필과 소설을 매개로 국제관계학의 '소설'을 쓰는 것이다. 평균과 개별의 충돌은 소설 또는 이야기를 통해 밝혀질 수밖에 없다.

12 어떤 텍스트가 의식적 자아와 감성의 충돌을 수반할 때만, 문학으로 읽힐 수 있다. 한 진화심리학자는, "인간의 마음이 대기업이나 공공기관의 관료조직을 닮았다고 말한다". "마음은 이사회, 홍보부, 대변인 등을 포함하는 대규모 조직"이고, 이 조직에서 이사회가 비합리적 선택을 했을지라도 홍보부와 대변인은 마치 합리적 결정인 것처럼 포장하게 된다. 이 논리는, "대변인, 즉 의식적인 자아는 우리 마음의 주인이 아니"라는 주장으로 전개된다. 전중환, "내 속에 '나'는 없다", ≪경향신문≫, 2015년 11월 18일 자. 이 글의 일부는 한설야가 정치권력의 '대변인'이 아닐 수 있는 가능성의 탐색이다. 그가 '소설가'이기 때문이다.

13 1920년대 중반 소련에서는 프롤레타리아 문화라는 이름으로 다양한 미적 실험이 이루어졌지만, 1929년경부터 문화예술에 대한 당적 통제가 강조되었고 1934년 소련작가대회에서는 19세기의 문화예술 사조인 리얼리즘에 사회주의적이란 수식어를 붙인 '사회주의적 리얼리즘'이 문화예술의 창작 방법으로 선택되었다. 그 중심에는 코민포름의 이

적 현실을 서술할 수밖에 없고 그 순간 정치권력이 주조하고자 하는 마음체계와 충돌하는 마음의 일단이 드러날 수 있다. 이 질문은 한설야의 텍스트를 읽는 독자도 텍스트의 지시로부터 이탈하는 읽기, 즉 다른 텍스트와 접속해 다른 해석을 할 수 있다는 의미로 연장될 수 있다.[14]

론가였던 안드레이 알렉산드로비치 즈다노프(Andrey Aleksandrovich Zhdanov)가 있었다. 『어머니』라는 소설의 작가 막심 고리키(Maksim Gor'kii)도 주요 인물 가운데 하나였다. R. Daniels(ed.), "Soviet Cultural Policy—The Liberal Period," *A Documentary History of Communism Vol. I*(New York: Random House, 1960), pp. 26~271; R. Daniels(ed.), "Socialist Realism: Gorky, *Soviet Literature*," *A Documentary History of Communism Vol. II*(New York: Random House, 1960), pp. 41~45. 북한에서 사회주의적 사실주의가 번역된 냉전에 기초해 "미학적 절대 이념"으로 채택된 시점은 1947년 2월 북조선인민위원회 출범 즈음이었다. 유임하, 「북한 초기문학과 '소련'이라는 참조점」, ≪한국어문학연구≫, 57집(2011); 이민영, 「1947년 남북 문단과 이념적 지형도의 형성」, ≪한국현대문학≫, 39집(2013)을 참조하기 바란다. 북한의 평론가 안함광은 1956년 6월 초판이 발간된 『조선문학사』에서 사회주의적 사실주의(realism)의 기본원칙으로, "문학의 당성 원칙", "애국주의적 인도주의적 빠뽀스의 표현", "긍정적 주인공의 지배적 창조", "혁명적 랑만주의" 등을 언급했다. 인용은, 안함광, 『조선문학사』(연길: 연변교육출판사, 1957)를 1999년 한국문화사가 영인한 판본에서다.

14 하나의 문학텍스트로 고정되는 순간, 그 텍스트에서는 독자와 저자 둘 다 사라지게 된다. "독자는 글쓰기의 행위에 부재하고, 작가는 글읽기의 행위에 부재"하기 때문에 둘 사이에 의사소통이 없게 된다. 따라서 읽는다는 것은 해석하는 것과 같은 의미다. 폴 리쾨르, 『텍스트에서 행동으로』, 박병수·남기영 편역(서울: 아카넷, 2002), 159~192쪽. 이 글도 1949년에 생산된 다른 텍스트들과의 접속을 통해 한설야의 텍스트에서 보이는 마음과 보이지 않는 마음을 해석하는 작업이다.

2. 사회주의 진영의 냉전적 마음체계와 평화의 개념

미국은 1945년 8월 제2차 세계대전이 종료되기 직전, 일본의 히로시마와 나가사키에 대한 핵폭탄 투하를 통해 핵무기의 파괴력과 핵무기 사용 의지를 시현했다. 미국의 핵독점은 냉전체제의 형성과 관련해 "미묘하지만 중요한" 사건이었다.[15] 사건들의 연쇄와 그 사건들의 우연성과 경로의존성이 구조를 (재)생산하는 과정에 주목하는 다사건적(多事件的, eventful) 접근에 따르면,[16] 제2차 세계대전 이후 냉전체제의 형성에 결정적인 영향을 미친 사건은, '1947년 6월' 미국의 국무장관 조지 마셜(George Marshall)의 하버드대학교 연설이다.[17] 미국이 서유럽에 대한 경제 지원을 담은 유럽경제부흥계획안(European Recovery Program)인 '마셜 플랜(Marshall Plan)'을 추진하자, 소련이 '두 진영론'으로 맞섰고, 결국 냉전체제가 형성되었다는 논리다.[18]

---

15 D. Holloway, "Nuclear Weapons and the Escalation of the Cold War, 1945~1962," in M. Leffeler and O. Westad(eds.), *The Cambridge History of the Cold War: Volume I Origins*(Cambridge: Cambridge University Press, 2010), pp. 378~380. 핵무기의 출현이 국제정치에 미친 결과는 체제전복적이었다는 평가는, 박건영, 「핵무기와 국제정치: 역사, 이론, 정책 그리고 미래」, 이수훈 엮음, 『핵의 국제정치』(서울: 경남대 출판부, 2012), 12쪽을 참조하기 바란다.

16 채오병, 「식민구조의 탈구, 다사건, 그리고 재접합: 남한의 탈식민 국가형성, 1945~1950」, ≪담론201≫, 13권 1호(2010).

17 김영호, 「탈냉전기 냉전 기원의 새로운 해석에 관한 연구」, ≪한국정치학회보≫, 35집 2호(2001). 마셜 플랜을 냉전체제 형성과 관련해 분기점이 된 사건으로 해석할 때, 소련의 세계혁명 추구라는 팽창 정책을 냉전의 원인으로 보는 전통주의적 시각을 문제화한다. 냉전의 기원과 관련해 수정주의적 시각은 미국의 책임을 강조한다.

18 마셜 플랜의 전(前) 사건은 그리스와 터키의 공산화를 막기 위해 미국이 군사적·경제적 지원을 하겠다고 선언한 '1947년 3월'의 '트루먼 독트린(Truman Doctrine)'이다. 이 독트린에서도 세계에 대한 미국의 이항대립적 사고가 나타난다.

마셜 플랜은 미국의 핵독점을 전제할 때 가능한 기획이었다.[19] 미국은 핵독점 때문에 군사력 경쟁보다 서유럽의 경제 재건에 집중할 수 있었다. 마셜 플랜은 미국과 서유럽을 경제와 안보 양 측면에서 하나의 진영으로 만드는 '서방(the West)'을 상상하게 한 계기였다.[20] 1947년 3월의 트루먼 독트린(Truman Doctrine)에는 반대하는 성명서 발표 정도로 사실상 침묵했던 소련이 6월의 마셜 플랜에 대해서는 행동으로 반응했다.[21] 소련은 '1924년', 이오시프 스탈린(Iosif Vissarionovich Stalin)이 레온 트로츠키(Leon Trotskii)의 영구혁명론을 비판하고 이른바 '일국사회주의(socialism in one country)'를 제안한 이후,[22] 자국의 안보를 국가의 최우선 가치로 생각하고 있었다. 제2차 세계대전 종료 이후에도 영미의 산업적·군사적 우위를 고려하면서 서방과 협력 관계를 유지하고자 했다. 특히 미국의 '핵투하' 이후 힘의 균형이 소련에 불리하게 작동하고 있음을 인지했지만, 서방과 결전을 불사할 의지를 가지고 있지는 않았다.[23] 그러나

19 존 루이스 개디스, 『냉전의 역사: 거래, 스파이, 거짓말, 그리고 진실』, 정철·강규형 옮김(서울: 에코리브르, 2010), 57~59쪽.

20 W. Hitchcock, "The Marshall Plan and the Creation of the West," in M. Leffeler and O. Westad(eds.), *The Cambridge History of the Cold War: Volume I Origins*, pp. 154~159.

21 미국의 대소 봉쇄정책(containment policy)의 설계자인 조지 프로스트 케넌(George Frost Kennan)이 'X'라는 필명으로 ≪포린 어페어스(*Foreign Affairs*)≫에 "The Source of Soviet Conduct"를 발표한 시점은 1947년 7월이다. 냉전 봉쇄정책을 정치적 비용을 절감할 수 있는 군사력의 확대를 선호하며 국제질서를 구축하던 자유주의 기획의 한 형태로 보는 시각은, 김학재, 『판문점 체제의 기원』(서울: 후마니타스, 2015), 131쪽을 참조하기 바란다.

22 R. Daniels(ed.), "Stalin on Socialism in One Country," *A Documentary History of Communism Vol. I*, pp. 257~261.

23 V. Pechatnoy, "The Soviet Union and the World, 1944~1953," in M. Leffeler and O. Westad(eds.), *The Cambridge History of the Cold War: Volume I Origins*, pp.

마셜 플랜을 자국 및 동유럽의 안보에 대한 위협으로 인식한 소련은 '1947년 9월' 코민포름을 창설했다.

소련, 체코, 불가리아, 루마니아, 헝가리, 폴란드, 유고슬라비아, 프랑스, 이탈리아의 공산당들이 참여한 코민포름은, 1919년에서 1943년까지 활동한 공산주의 국제주의 조직인 코민테른(Comintern: Communist International)과 달리, 소련공산당이 주도하지만 형태상 '자발적 조직'의 형태를 띠고 있었다.[24] 코민포름을 만드는 회의에서 소련의 안드레이 알렉산드로비치 즈다노프(Andrey Aleksandrovich Zhdanov)는 '국제정세 보고'에서 제2차 세계대전의 종료 이후 '사회주의체제 대 자본주의체제'의 대립이 나타나고 있다고 주장했다.[25] 즈다노프는 트루먼 독트린을 "적극적

90~111. 이 논문에서는 1946년 봄을 반파시즘 연합의 해체 시점으로 보고 있다. 워싱턴 주재 소련대사 니콜라이 노비코프(Nikolai Novikov)는 정부에 보낸 보고서에서 미국을 적으로 간주하고 있었고, 당시 소련 정부는 미국이 세계패권을 추구하고 있다고 생각했다고 한다. 북한의 김일성도 1946년 9월에 비슷한 인식의 일단을 피력한 바 있다. "오늘의 국제정세는 한편으로 평화와 자유와 민주주의를 애호하는 인민들의 력량이 파시스트 잔재 세력을 숙청하고 세계의 안전과 사회적진보를 위해 강력한 투쟁을 전개하고있는 반면에 다른편으로는 세계를 다시금 전쟁의 참화에로 이끌어가려는 국제반동이 대두하고있는것으로서 특징지어집니다." 김일성, "북조선로동당창립대회의 총화에 관하여,"『김일성전집 4』(평양: 조선로동당출판사, 1992), 186쪽.

24 S. Fay, "The Cominform," *Current History*, Vol. 14, No. 77(January, 1948). 예를 들어 코민포름의 본부는 소련이 아니라 유고슬라비아의 베오그라드(Belgrade)에 위치했다. 코민포름에 참여했던 동구 국가의 공산당들은 체코의 프라하(Prague)를 선호했지만, 소련은 제2차 세계대전 동안 독자적인 빨치산(partisan) 활동을 통해 공산화에 성공한 유고슬라비아의 영향권 이탈을 막기 위해 코민포름의 사무국을 베오그라드로 결정했다고 한다. 김철민, 「코민포름 분쟁(1948)에 대한 유고슬라비아의 시각과 대응전략」, ≪슬라브연구≫, 18권 1호(2002). 그러나 소련의 다른 선택에도 불구하고 유고슬라비아는 소련의 패권에 도전하며 비동맹의 길을 가게 된다.

25 R. Daniels(ed.),"The 'Cold War' and the Cominform," *A Documentary History of Communism Vol. II*, pp. 155~160.

으로 민주적 인민에 반대하는 모든 반동적 정권에 대한 미국의 지원"으로 비판한 후, 마셜 플랜을 유럽 국가들이 미국에 경제적·정치적 독립을 포기하는 대가로 받는 보상으로 규정했다. 코민포름의 발족 선언문에서 국제정세에 대한 인식은, '제국주의적 반민주 진영' 대 '반제국주의적 민주 진영'의 대립 구도로 나타났다.[26] 제국주의적 반민주 진영인 미국과 영국이 제2차 세계대전 이후 "새로운 전쟁"을 획책하고 있다는 것이 코민포름의 주장이었다. 코민포름의 '선언'은 제2차 세계대전을 계기로 형성된 반파시즘 연합의 해체를 의미하는 담론이었다.

냉전의 정치적 기초인 진영들(camps)이 강제든 협상이든 동의든 초국가적 엘리트 또는 계급이 이념을 공유할 때 구성되는 것이라면, 코민포름의 국제 정치경제 인식은 반파시즘 연합이 해체된 조건에서 다른 진영을 생각할 수 없었던 북한에도 수입되었을 것이라 예측할 수 있다. 특히 "위대한 쏘련군대의 결정적역할로 죄악과 억압 불행과 전쟁의 마즈막 발원지인 군국주의 일본은 조선에서 격퇴되었다"고 생각하는 북한에 코민포름의 국제 정치경제 인식은 명령에 버금갔을 수 있다.[27] 유럽에서의

26 Cominform, "Cominform Resolution and Manifesto," *Current History*, Vol. 13, No. 76 (December, 1947). 스탈린은 '1942년' 10월혁명 25주년 기념연설에서는, 이탈리아·독일 연합 대 영국·소련·미국 연합이라는 두 진영론을 제시한 바 있다. 스탈린은 영·소·미 연합 내부의 이데올로기와 사회체제의 차이를 부정하지는 않았지만, 공동의 적에 맞선 연합의 필요성을 강조했다. R. Daniels(ed.), "Stalin on the Two Camps," *A Documentary History of Communism Vol. II*, pp. 128~129.

27 조선중앙통신사 엮음, 『조선중앙년감 국내편(朝鮮中央年鑑 國內篇) 1949』(평양:조선중앙통신사, 2012), 57쪽; '1958년'까지도 "위대한 쏘련의 무력에 의해 해방된"이라는 표현이 사용되었다. 김희중, 「미제의 침략에 의한 남조선의 참상」, ≪근로자≫, 제3호(1958.3.1). 소련도, "소련의 무력이 일본의 식민적 억압으로부터 한반도를 해방했다"는 표현을 사용하고 있다. I.D. Ovsyany et al., *A Study of Soviet Foreign Policy* (Moscow: Progress Publishers, 1975), p. 68. '1956년' 중·소의 북한에 대한 내정간섭

미소 대립으로 시작된 냉전이 동아시아로 수입되는 시점도 '1947년경'이다.[28] 미국은 1947년경 중국의 내전과 인도차이나 지역에 대한 정치적·군사적 개입을 본격화했다. 한반도에서도 1947년 5월 제2차 미소공동위원회가 무기한 휴회인 결렬로 가게 되면서, 냉전과 냉전의 한반도적 특수 형태인 분단이 가속되었다. 1948년 3월 김일성은, 국제정세의 "본질적 변화"로 "자본주의체계 즉 제국주의반동진영이 현저하게 약화된 반면에 쏘련을 선두로 하는 국제민주진영이 형성되고 결정적으로 강화"되었다는 주장을 한 바 있다.[29] 1949년 2월 북한에서 남로당을 대표했던 박헌영의 글에서 볼 수 있듯이, "민주주의 진영과 제국주의 진영"의 대립, 즉 소련 진영 대 미국 진영의 대결로 코민포름 창설 이후 소련의 '국제정치' 독해를 복사하고 있었다.[30] 그리고 이 진영 대립을 생산하는 외교정책을 국가 성격의 연장으로 생각했다. "쏘베트국가의본성에서 흘러나오는 쏘베트외교정책의목적"이라는 표현은 북한이 수입한 외교정책론이라 할 수 있다.[31]

인 이른바 "8월종파투쟁" 이후 북한 문헌에서 '위대한 소련'이라는 표현은 감소했다. 정성임, 「북·러 관계」, 『북한의 대외관계』(파주: 한울, 2007), 303쪽.

28 이삼성, 「동아시아 대분단체제: 전후 동아시아 질서의 개념적 재구성과 '냉전'」, 『냉전과 동아시아 분단체제』, 한국냉전학회 창립 기념 학술대회 자료집(2015.6.25).

29 김일성. 「북조선로동당 제2차대회에서 한 중앙위원회사업총화보고」, 『김일성전집 7』(평양: 조선로동당출판사, 1993), 328쪽.

30 중국공산당도 제2차 세계대전 이후의 정세를 비슷하게 읽고 있었다고 주장한다. "세계에는 미국과 소련 두 강대국의 상호 대치를 특징으로 하는 양극 구도가 점차 형성되었고 미국과 소련 간의 모순, 제국주의와 평화민주주의의 두 진영, 자본주의와 사회주의 두 제도가 서로 대항하고 뒤엉킨 국면이 나타났다." 중국중앙공산당사연구실, 『중국공산당역사 상』, 홍순도·홍광훈 옮김(서울: 서교출판사, 2014).

31 진영론은, 박헌영, 「조선민주주의인민공화국정부의대외정책에관하여」, ≪인민≫, 1949년 2월호를, 외교정책의 목적은, 드·브·레빈, 「외교의개념에관한 문제에대하여」, ≪인

진영 대립이란 냉전적 마음체계의 형성은, 냉전적 틀 내에서 평화 개념을 재정의하게끔 한 계기였다. 코민포름의 반전(反戰) 구호는, 소련 사회주의 대 미국 자본주의의 대립을 '평화 세력 대 전쟁 세력'으로 치환했다. 코민포름은 평화가 공산당 활동의 중심이 되어야 한다고 주장했고,[32] 평화를 사회주의와 등치했다. 볼셰비키혁명 전야(前夜)인 1916년, 스위스의 취리히에서 쓴 블라디미르 레닌(Vladimir Lenin)의 글 『제국주의, 자본주의 최고의 단계』에서 제시된 것처럼 코민포름은 제국주의 단계에서 자본주의국가들 사이의 전쟁이 불가피하다는 논리를 수용하고 있었지만,[33] 제국주의가 사회주의혁명의 전야라는 레닌의 비약은 생략되어 있었다.[34] 즉, 미국의 핵독점체제하에서 힘의 열위 상태에 있다고 생각한 소련과 사회주의 진영은 평화에 이르는 방법으로서 폭력을 동반하는 '정의의 전쟁

민≫, 1949년 3월호를 참조하기 바란다. 두 글 모두 국사편찬위원회가 엮은 『북한관계사료집 37』(과천: 국사편찬위원회, 2002)에서 인용했다.

32 P. Deery, "The Dove Flies East: Whitehall, Warsaw and the 1950 World Peace Congress," *Australian Journal of Politics & History*, Vol. 48, No. 4(December 2002).

33 블라디미르 레닌, 『제국주의론』, 남상일 옮김(서울: 백산서당, 1988). 이 책의 번역 시점을 보면, 한국의 민주화 이후 사회주의 이론이 공개적으로 수입되기 시작했음을 알 수 있다.

34 제1차 세계대전 전야인 1912년 바젤(Basle)에서 열린 국제적 사회주의 계열의 평화운동 대회에는 "만국의 노동자여 단결하라!"와 함께 "전쟁에 반대하는 전쟁"이라는 구호가 걸려 있었다고 한다. 그러나 반전을 목표로 한 사회주의 계열의 평화운동은 임박한 전쟁을 막지 못했을 뿐만 아니라 사회주의운동의 기반인 노동자계급이 자국의 전쟁 참가에 찬성하는 역설적 현상을 목도해야 했다. 그러나 유럽의 노동자계급이 전쟁을 축하했다는 사실이 신화였다는 주장도 제기된다. K. Callahan, "The International Socialist Peace Movement on the Eve of World War I Revisited: The Campaign of 'War Against War!' and the Basle International Socialist Congress in 1912," *Peace & Change*, Vol. 29, No. 2(2004).

(just war)'을 의제화하지 않았다.[35] 즉, 냉전 초기 소련의 평화 개념의 핵심어는 반전과 미국의 핵독점에 맞서는 '반핵'이었다.[36] 소련공산당 국제부는 '소비에트평화위원회(Soviet Peace Committee)'라는 민간단체를 통해 국제적 평화운동에 개입했다. 미국은 당시 소련의 '평화공세(peace offensive)'를 미국을 무장해제하기 위한 운동으로 평가하고 있었다.[37]

한반도에서도 1890년대 후반 "국가 간에 전쟁이 없는 상태의 의미"로서 평화 개념이 수입되어 사용되기 시작했지만,[38] 국제주의를 표방하는 한반도의 사회주의자들은 평화의 개념, 목표, 주체와 방법 등에 대한 다른 수입 경로를 가지고 있었다. 북한의 집권 세력은 특히 식민지 시대 무장투쟁을 경험한 바 있었다. 반전·반핵은 냉전 초기 북한도 공유하는 평화의 내용이었다. 특히 반핵은 북한의 국가 수립 이전부터 언급되는 담론이었다. 1947년 3월 13일 자 ≪로동신문≫에는 "원자무기금지에 관

35 1948년 9월 미국의 트루먼 행정부는 국가안전보장회의(National Security Council)에서 "핵전쟁에 관한 정책(policy on atomic warfare)"을 수립했고, 소련과의 전쟁에서 핵공습(atomic air offense)을 중심 교리로 채택했다. D. Holloway, "Nuclear Weapons and the Escalation of the Cold War, 1945~1962."

36 당시 소련의 입장을 '반전평화론'으로 정리하는 글은, 김태우, 「냉전 초기 사회주의진영 내부의 전쟁·평화 담론의 충돌과 북한의 한국전쟁 인식 변화」, ≪역사와 현실≫, 83호(2012)를 참조하기 바란다. 반핵은, G. Wernicke, "The Unity of Peace and Socialism? The World Peace Council on a Cold War Tightrope Between the Peace Struggle and Intrasystemic Communist Conflicts," *Peace & Change*, Vol. 26, No. 3(2001)를 참조하기 바란다.

37 Committee on UN-American Activities, U.S. House of Representatives, "Report on the Communist 'Peace' Offensive; A Campaign to Disarm and Defeat the United States"(Washington, D.C: Committee on UN-American Activities, U.S. House of Representatives, 1951.4.1).

38 하영선, 「근대한국의 평화 개념 도입사」, 하영선 외, 『근대한국의 사회과학 개념 형성사』(파주: 창비, 2009).

한 문제에 대하여"가, 8월 24일 자에는 "누구가 원자무기의 금지를 반대하느냐" 등의 기사가 실렸다. 원자폭탄을 금지하는 문제의 토의를 미국과 영국이 회피하고 있다는 주장도 1949년 2월 24일 자 ≪로동신문≫에 게재되었다. 이틀 뒤인 2월 26일 자에서도 소련이 "군비축소와 원자무기 금지를 위한 투쟁의 선두에 서 있다"는 기사를 볼 수 있다.

반면 반전에 대한 언급은 상대적으로 약했다. 이른바 "국제민주력량"에 "식민주의를 반대하며 민족적자유와 독립을 달성하기 위한 투쟁에 일떠선 피압박인민들의 거대한 힘"을 포함시킨 북한에서는, 예를 들어 중국인민해방군이 벌이는 전쟁을 긍정할 수밖에 없었다.[39] 북한판 평화 개념이 수입이었음에도 '분단'과 연계되어 '변용'이 이루어질 수밖에 없는 계기가 이 지점이었다. 1949년 1월 김일성 신년사의 제목은, 「국토의 완정과 조국의 통일을 위하여 궐기하자」였다. 1949년 3월 김일성은 소련을 방문해서 한반도의 무력통일에 대한 소련지도부의 의견을 문의했지만, 스탈린은 부정적으로 대답했다.[40] 김일성은 모스크바에 유학 중인 북한 학생들을 만나 "미국군대를 남조선에서 철거시켜야" 통일이 가능하고, "남북조선 로동당에 대한 통일적지도가 보장되는 조건에서 국토완정

---

39 김일성, 「북조선로동당 제2차대회에서 한 중앙위원회사업총화보고」, 338쪽. 소련의 반전평화론과 동아시아 해방전쟁론의 충돌에 대해서는, 김태우, 「냉전 초기 사회주의진영 내부의 전쟁·평화 담론의 충돌과 북한의 한국전쟁 인식 변화」를 참조하기 바란다.

40 스탈린이 제시한 이유는, 북한군의 열세, 미군의 주둔, 미소의 38선에 대한 합의였다. 박명림, 『한국전쟁의 발발과 기원 I』(서울: 나남, 1996), 96~98쪽. 한 일본 저자에 따르면, 김일성과 박헌영이 무력통일 구상을 타진한 시점은 1949년 8월이다. 시모토마이 노부오, 『모스크바와 김일성: 냉전기의 북한 1945~1961』, 이종국 옮김(서울: 논형, 2012), 90쪽. 1949년 3월 김일성은 소련을 방문했을 때, 비밀군사협정을 체결했고 그에 의거해 소련의 무기를 받는 대가로 금과 쌀을 지불하기로 약속했다. 소련의 무기 공여는 원조가 아니라 사업이었다는 평가다. 기무라 미쓰히코·아베 게이지, 『전쟁이 만든 나라, 북한의 군사 공업화』(서울: 미지북스, 2009), 9장.

과 조국의 통일을 위한 우리의 투쟁은 더욱 힘있게 전개될것"이라는 발언을 했다. "남조선청년학생들의 반미국투쟁에 대하여 다른 나라 류학생들에게 광범히 소개선전하며 평화와 사회적진보를 위한 각국 청년학생들의 투쟁을 지지하여야" 한다는 것이 유학생들에게 보내는 김일성의 당부였다.[41] 1949년 파리에서 세계평화대회가 열릴 즈음, 냉전적 마음체계를 수용한 북한의 평화 개념은, '반핵'과 '평화의 통일로의 변용', 그리고 '폭력적 방법'에 의한 평화로서의 통일로 구성되어 있었다.

3. 1949년 한설야의 수필과 평론: '대변인'의 마음

북한의 '반핵 담론'은 국제적 평화운동과의 연관 속에서 국내정치적 계기를 가지게 된다.[42] 1949년 2월, 여성국제민주연합과 국제지식인연락위원회는 파리세계평화대회를 공식적으로 요구했다. 코민포름은 파리에서 열릴 세계평화대회가 '역사적 사건'이 될 것이라 예측하기도 했다. 1949년 2월 21일 김일성은 "녀맹중앙위원회 위원장 및 문예총중앙위원회 위원장과 한 담화"인 「평화옹호세계대회에 참가할 준비를 잘할데 대하여」에서 다음과 같이 발언했다.[43]

우리 대표단이 평화옹호세계대회에 참가하여 국제적인 평화옹호운동에 적

41 김일성, 「쏘련 모스크바에서 공부하고있는 우리 나라 류학생들과 한 담화」, 『김일성전집 9』(평양: 조선로동당출판사, 1994), 150~155쪽.

42 북한 핵 담론의 원형에 대해서는, 구갑우, 「북한 '핵 담론'의 원형과 마음체계, 1947~1964년」, ≪현대북한연구≫, 17권 1호(2014)를 참조하기 바란다.

43 김일성, 『김일성전집 9』(평양: 조선로동당출판사, 1994), 147~149쪽.

극 합세하는것은 우리 나라에서 동족상쟁의 위험을 없애며 미제침략군을 남조선에서 철거시키고 조국의 완전 자주독립을 이룩하며 민주건국위업을 성과적으로 실현하기 위하여서도 절실히 필요합니다.

북한은 이 자리에서 김일성이 세계평화대회 참여를 국내적 차원의 대중운동과 연계하기 위해, "평화옹호전국련합대회"의 소집과 "평화옹호전국민족위원회"의 결성을 요구했다고 기록하고 있다. 북한은 1949년 3월 24일 평양에서 "평화옹호전국련합대회"를 개최했다.[44]

이 대회를 주도한 인물 가운데 한 명이 소설가 한설야였다. 식민지 시대 '조선프롤레타리아 예술가동맹(KAPF: Korea Artista Proleta Federatio)'의 일원이었던 한설야는, 해방 이후 김일성을 만난 이후 김일성을 '영웅'으로 형상화하는 글을 썼다. 1946년 5월 ≪정로≫에 「김일성장군 인상기」를 연재했고, 같은 해 9월에는 김일성의 흔적을 찾아 중국 동북 지역을 답사한 이후, 『영웅(英雄) 김일성(金日成)장군』을 집필했다. 이 책은, "민주문단(民主文壇)의 거성(巨星) 한설야(韓雪野)씨의 붓으로된" 작품이라는 소개와 함께 1947년 남한에서 발간되기도 했다.[45] 또한 한설야가

44 북한의 기록에 따르면, 31개 사회단체들이 이 대회를 주최했다고 한다. 박태호, 『조선민주주의인민공화국 대외관계사 1』(평양: 사회과학출판사, 1985), 78쪽. 북한이 세계대평화대회 참가를 위해 조직한 '조선평화옹호전국위원회'는 현재도 활동하고 있다. 2015년 6월 몽골의 울란바토르에서는 남한, 북한, 중국, 미국, 러시아, 일본, 몽골의 시민사회단체가 참여해 동북아의 평화를 위한 정례적 대화를 갖기로 합의했다. 이른바 '울란바토르 프로세스'의 시작이다. 이 모임에 조선평화옹호전국위원회(Korean Peace Committee)의 대표가 참가했다.

45 한설야, 『영웅김일성장군』(부산: 신생사, 1947). 이 책의 인쇄소는 서울에 있는 '고려문화사'였다. 1949년 김일성종합대학의 교재로 쓰기 위해 발행한, 연안파였던 최창익이 편집한 『조선민족해방투쟁사』에서도 "김일성장군의 빨찌산운동"을 강조하고 있기는 하지만, 한설야의 작품만큼 영웅으로 형상화하고 있지는 않다.

1946년에 발표한 소설 『혈로(血路)』는 북한의 수령형상문학의 원조로 평가되고 있다.[46]

한설야의 식민지 시대 작품 가운데 대표작으로 평가받는 「과도기」가 농민계급 출신 노동자에서 혁명적 노동자로 전이해 가는 '주체'의 '전형'을 다루고 있음을 볼 때, 식민지 민족해방운동의 영웅적 주체로서 김일성에 주목했다는 추론을 해볼 수 있다. 다른 한편, 카프의 주류가 아니었던 한설야의 권력의지가 김일성을 선택하게끔 했다는 해석도 고려해 볼 수 있다. 한설야의 이 '민첩성'은 그의 정치적 지위에도 반영되었다. 1946년 8월 '북조선로동당'이 창립되었을 때, 그는 북로당 중앙위원회 43명 가운데 '북조선예술총련맹' 위원장 자격으로 참여한 유일한 '문인(文人)'이었다. 당시 북로당의 강령 제13항은 "세계의 평화를 위하여 투쟁하는 연방과 평화를 애호하는 각 국가 각 민족들과 튼튼한 친선을 도모할 것"이었고,[47] 한설야의 세계평화대회 참가는 이 강령의 연장선상에 있는 행동이기도 했다.

한설야가 서명자의 첫 머리를 장식한 1949년 3월 24일 「평화옹호 전국련합대회 선언」은 제2차 세계대전 종료 이후 "평화가 확립되었는가?"라는 질문으로 시작하고 있다. 당시 정세 인식의 일단을 보여주는 구절이다.[48]

---

46 1962년 숙청된 한설야는 1990년대 초반 숙청 사실을 언급하지 않은 채 복권되어 2003년 평양의 애국열사릉에 묻혔다. 한설야가 수행했던 김일성의 수령형상화 작업을 재평가한 북한 역사의 희귀한 사건이다. 1954년 간행된 한설야의 수령형상화 소설 『력사』가 다시 인용되고 있다. 김룡준, 「한설야와 장편소설 『력사』」, ≪사회과학원학보≫, 82호(2014).

47 기광서, 「북로당 창설 과정에 대한 검토」, 2014 북한연구학회 동계학술회의 발표문.

48 평화옹호전국민족위원회, 「평화옹호 전국련합대회 선언」, 『평화옹호세계대회문헌집』(평양: 국립인민출판사, 1949).

대전후 날이가면갈쑤록 세계에는 또다시 새로운전쟁의위험이 커지고있다. 그것은 전후의 세계제패를 꿈꾸며 반동의선두에선 미제국주의자들이 세계 전쟁을 도발하고 있기때문이다. 그렇기때문에 전세계인민은 평화를 호오하며 전쟁을 반대하며 국제반동파들을 반대하여 총궐기하였다.

한설야의 1946년 7월 ≪문예전선≫에 발표된 작품인 「모자: 어떤 소비에트 전사의 수기」에서 "독일 파시스트"에 대한 '분노'는 있지만, 미제국주의가 아니라 미국으로 중립적으로 묘사했던 것과 비교해보면, 인식의 차이를 발견할 수 있다.[49] 한설야의 마음에서, 미국은 미국에서 "미제국주의"로, "새전쟁방화자"로 옮겨가고 있었다.[50] 반면, 소련은 평화의 옹호자로 묘사된다. "세계의 항구한평화와 인류의 자유행복을 위하여 싸우는 쏘베트인민들"이라는 표현이 대표적이다.[51]

「선언」에서 가장 주목되는 것은, 한반도적 맥락에서 평화를 미제국주의 타도와 연계하고 있다는 점이다. "우리조국의 남반부를 자기 식민지로 군사기지로 변화시키는 미제국주의들의 침략정책을 타도하"고 미군을 "즉시철거케" 해야 한다는 주장에서는 북한의 한반도 문제에 대한 인식의 원형을 발견할 수 있다.

---

49 북한에 진주한 소련군의 부정적 행태 및 "행패"를 묘사했던 소설 「모자」는 개작의 과정을 거치게 된다. 남원진, 『한설야의 욕망, 칼날 위에 춤추다』(광명: 경진, 2013), 103~137쪽.

50 한국전쟁의 과정과 이후에 발간된 한설야의 소설에서 미국은 "승냥이"이자 "원쑤"가 된다. 『조선말대사전』에는 승냥이를 "포악하고 교활한 제국주의 침략자나 흉악하고 악독한 자를 비겨 이르는 말"로 정의하고 있다. 1951년 발표작 「승냥이」와 1952년 ≪로동신문≫에 연재된 「대동강」, 그리고 1955년 조선작가동맹출판사가 간행한 『대동강』 등이 한설야의 전형적인 '반미소설'이다.

51 평화옹호전국민족위원회, 「평화옹호 전국련합대회 선언」.

평화옹호전국연합대회에서는 한설야를 파리에서 열리는 세계대회에 대표로 파견하기로 결정했다. 평화옹호전국연합대회 참가자들을, "작가 배우 미술가 과학자 기사 교수 로동자 농민 기업가 상인 종교가 녀성 청년 및 사회활동가" 등으로 호명했던 사실을 상기해보면 여성계의 박정애, 기독교계의 김창준과 같은 국제적 감각을 가진 대표단의 구성은 당연한 귀결이었다고 할 수 있다. 북한에서 국가 건설 초기 이른바 "인테리"의 활용과 관련해 정치적 논쟁이 있었다는 점을 생각한다면,[52] 건설 과정에서 지식인의 적극적 활용을 모색했다고 할 수 있다. 또한 당시의 세계평화운동을 문화예술인이나 과학자와 같은 지식인이 주도하고 있다는 사실을 염두에 둔 대표단 구성이었다.

파리평화대회의 핵심 의제는, '평화'를 위한 반미(反美)와 반(反)자본주의였다.[53] "쏘련을 반대하는 전쟁"을 준비하기 위해 "미국제국주의"가 "군비축소에 관한 모든제의"를 "거절"했고, "원자무기를 비법행위로 규정하자는 제의도 같은 운명에 처해있"다는 것이다. 구체적으로는, 마셜 플랜과 나토(NATO)에 대한 비판이 이루어졌다. "또다시 그들은 딸라로 우리의피를 사랴고하는것입니다"는 표현이 대표적이다. 자본주의 기업의 금융의 "반동정치(리윤의 원천)"를 전쟁의 원인으로 보고 있다는 점에서, 레닌의 제국주의론의 연장이었다. 그러나 이 평화운동은 "실질적으로 무당파적 민주 운동"이었고, '반핵'을 매개로 최대공약수를 찾아낸 대중운동으로 평가되기도 한다.[54]

---

52 김일성은 국내파 공산주의자인 리주하, 주녕하, 오기섭이 건설 과정에서 지식인의 역할을 무시한 좌편향을 보였다고 비판한 바 있다. 사회주의 건설과 지식인의 역할에 관해서는, 신언갑, 『주체의 인테리리론』(평양: 과학, 백과사전출판사, 1986)을 참조하기 바란다.

53 평화옹호전국민족위원회, 「프레데리크·죨리오-큐리교수의 보고」, 『평화옹호세계대회 문헌집』.

1949년 4월 25일 '평화옹호세계대회'에서 '대표단수석'의 자격으로 한설야가 한 보고에서도 전국연합대회의 기조가 반복되었다. 미국은 "새 전쟁방화자들"로, 나토는 "전쟁상인들의 뿔럭"으로 묘사되었다. 진영론적 사고는, "제국주의 반동진영은 군비축소와 원자력 관리 및 평화유지에관한 쏘련의 정당한 제안을 갖은 흉책으로 거부하고있습니다"라는 표현으로 나타났다. 한설야 보고의 결론은, "조국의 국토완정과 완전자주독립"이었다.[55]

북한이 세계평화대회에 참가한 것은, 제2차 세계대전 이후의 '정세'와 사회주의국가의 '성향'에 대한 북한의 인식을 보여준다.[56] '1957년'에 간행된 『대중 정치 용어 사전』에는 "평화 옹호 운동" 항목이 있을 정도다.[57]

전쟁을 반대하며 평화를 유지 공고화하기 위하여 투쟁하는 현 시기의 가장

---

54 청카이, 「평화염원과 정치동원: 1950년의 평화서명운동」, 백원담·임우경 엮음, 『'냉전' 아시아의 탄생: 신중국과 한국전쟁』(서울: 문화과학사, 2013), 108~111쪽; 소련공산당의 역할을 강조하는 시각은, David P. Barash and Charles P. Webel, *Peace and Conflict Studies*(Sage, 2002) pp. 39~40를 참조하기 바란다.

55 한설야, 「한설야씨의 보고」, 평화옹호전국민족위원회, 『평화옹호세계대회문헌집』.

56 국제정치에서 정세와 성향을 둘러싼 논의는, J. Mercer, *Reputation & International Politics*(Ithaca: Cornell University Press, 1996)를 참조하기 바란다.

57 김상현·김광헌 엮음, 『대중 정치 용어 사전』(평양: 조선로동당출판사, 1957), 316~317쪽. 1959년에 출간된 『대중 정치 용어 사전』(증보판), 296~297쪽은, 이 구절에서 미국을 "미 제국주의자들"로 바꾸고, "서부 렬강" 앞에 "미제를 괴수로 하는"이라는 수식어를 붙이고 있다. 미국에 대한 표현이 좀 더 과격해졌음을 확인할 수 있다. 더불어 서구의 구호를 "반쏘 반공"으로 묘사하고 있다. 북대서양 동맹도 "북대서양 조약 기구(나토)"라는 정식 명칭으로 부르고 있다. 1957년판 『대중 정치 용어 사전』은 발간의 목적을 "로동자 농민을 비롯한 근로 대중의 일상 생활과 정치 학습에서 제기되는 용어들에 대한 해명을 줌으로써 그들의 학습을 방조하"기 위한 것이라 적고 있다. 98원의 가격이 매겨져 있고, 8만 부가 발간되었다고 기록되어 있다.

위력 있는 인민 대중의 운동이다. 제 2차 세계 대전후 얼마 안 있어 미국과 그를 추종하는 서방 침략 계층은 쏘련과 인민 민주주의 나라들을 반대하는 침략 전쟁 음모를 강화하여 나섰는바 이것은 전쟁의 참화를 체험한 인민들을 불안케 하였다. 1949년에는 서부 렬강들이 북대서양 동맹을 조작하여 전쟁의 위협을 증대시켰다.

이 인용문에서 볼 수 있듯이, 북한은 조성된 '정세' 속에서 평화운동의 출현을 정당화하고 있다. 그러나 평화운동을 사회주의 진영의 전유물로 생각하고 있지는 않았다.

현 시기의 평화 옹호 운동의 특징은 "평화는 앉아서 기다릴 것이 아니라 쟁취하여야 한다"는 구호 하에 적극적이며 조직적인 인민 운동으로써 전쟁 방화자들의 음모를 적극적으로 폭로 분쇄하며 그들이 전쟁을 일으킬 수 없도록 고립시키는 데 있다. 이 운동은 처음에 공산당원을 비롯한 진보적 지식인들이 중심이 되여 시작된 것인데 그후 사상, 신앙, 민족별을 불문하고 세계의 모든 선량한 사람들이 광범히 망라되게 됨으로써 마침내 그의 규모와 조직성에 있어서 일찍이 력사상 류례를 찾아 볼 수 없는 위력 있는 운동으로 되였다.[58]

58 1959년판 사전에는 "적극적으로"가 "신랄하게"로 바뀌어 있다. 1964년에 출간된 『대중 정치 용어 사전』 3판에는, 평화는 쟁취하여야 한다는 구절이 빠져 있다. 대신 북한에서 부정적 의미로 사용되는 "평화주의"에 이 구절이 들어 있다. "평화주의"는 "제국주의의 존재가 전쟁의 근원이라는 사실을 호도하며 정의의 전쟁까지도 포함한 온갖 전쟁을 부인한다"는 것이 비판의 핵심이다. "평화는 전쟁과 마찬가지로 국가 정책, 사회 제도의 본질과 관련되어 있"고 평화를 얻기 위해 폭력적 방법을 부정하지 않는다. 북한의 평화에 관한 마음체계의 핵심이 이 둘이었다.

이 해설은 세계평화대회가 공산당과 지식인 중심에서 무당파적 성격으로 변모했다는 '사실'을 기술하고 있다. 그러나 '1959년' 『대중 정치 용어 사전』에는 공산당원을 비롯한 진보적 지식인이 중심이 되었다는 구절이 없다. 평화옹호운동의 무당파성을 강조하기 위한 것으로 보인다. 또한 이 해설에서 주목되는 것은, 세계평화대회의 의제 가운데 하나였던 핵무기의 '비법무기화'는 언급되지 않았다는 점이다.

평화운동의 보편성의 수용과 함께 북한은 평화운동의 한반도적 특수성을 '통일'과 연계하는 변용을 하고 있었다. 세계평화대회에서 북한 대표로 연설을 했던 한설야는 1949년 6월 귀환보고대회에서, "우리나라에서 평화옹호운동의 당면한 문제는 곧 미군을 철퇴케 하며 반동배들을 처단하여 조국의 완전한 통일독립을 완성하는 것"이라 다시금 강조했다. 1949년 6월 11일 자 ≪로동신문≫에 실린 한설야 귀국담의 제목은, "전쟁도발자를 반대하는 전세계 인민들의 단결은 공고하다!"였다. 한반도적 맥락에서 평화운동은 곧 통일운동으로 해석된 셈이다.[59]

대표단 귀환 직후인 1949년 6월 27일 북한에서는 '조국 통일 민주주의 전선'이 결성되었다. 통일운동체의 조직화였다. 북한은 이 조직을, "1946년 7월 22일에 조직된 북조선 민주주의 민족 통일 전선을 일층 확대 강화하고 조국 통일의 위업을 전국적 범위에서 더욱 강력히 촉진시키기 위하여 1949년 6월 27일에 남북 조선을 통한 71개의 애국적 민주 정당, 사회 단체 지도자들의 참가 하에 결성되었다"고 밝히고 있다.[60]

---

59 정용욱, 「6·25전쟁 이전 북한의 평화운동」, ≪역사비평≫, 통권 106호(2014); 한설야, 「평화옹호세계대회 참가귀환 보고」, 평화옹전국민족위원회, 『평화옹호세계대회문헌집』.

60 1949년에 출간된 『조국통일민주주의전선 선언서·강령』. 이 결성대회에서는 허헌(許憲)이 보고를 했다. 1957년판 『대중 정치 용어 사전』, 264쪽. 1959년 증보판에서는 단체의 숫자가 72개다.

북한적 평화 개념의 대변인으로서 한설야의 목소리는 반전·반핵을 넘어 '민족'과 '자주'를 포함하는 방향으로 나아가게 된다. 평화를 통일과 등치한 후에 나타날 수밖에 없는 개념의 확장이었다. 그 형태는 미국의 "세계주의"에 대한 비판을 매개로 한 길이었다.[61]

> 그들의 팟쇼사상은 히틀러시대보다도 수보전진하고 있다. 히틀러리즘의 기본에는 다분히 민족주의적인 요소가 있었으나 오늘날 세계제패를 꿈꾸는미제의 그것에는 가장위험하며 가장악질적인 세계주의(코스모포리타니즘)가 가루누어있다.

> 즉 그것은 미제국주의에 복무하는 노예로서의 행동의일치 귀의의일치로써 모든 국가와 수다한 민족을 자주권도 동등권도 국경도 없는것으로 일색화하려는것이니 이것이 곧 그들의 세계제패의 '이상'이며 이것의실현을 위하여 그들은 전쟁동업자를 주어묶으면서 전쟁을방화하기에 광분하고있는것이다.

> 세계주의는 계급과 민족과 또는 시간과 공간을 초월한 신비하고 추상적인 것으로 그것은 어떤국가도 어떤민족도 또 모든 특출한 인물들까지도 운명지어주며 결정지어주는 세계의 가장 근원적인 조류인것처럼 제국주의어용학자들은 선전하고있다. 즉그것은 세계의 모든나라와 민족들로하여금 그들의민족적 또는 국가적자주권과 사결권을 미제복무에 투입하게하는데 있어서 가장좋은방법으로되는 것이다.

61 한설야, 「평화를 위한 투쟁에서의 문학예술」, ≪문학예술≫, 8호(1949).

한설야는 평화의 개념을 민족과 자주의 개념과 연계하면서 민족'주의'에 접근할 수 있었지만, 당시 북한에서 민족주의는 부정의 대상이었다.[62]

부르죠아지는 민족주의와 세계주의를 프로레타리아 국제주의와 애국적감정에 대치시키고있다. …… 민족주의와 세계주의는 같은 부르죠아 이데오로기-의 양면에 불과하다. 민족주의는 소위 '고귀하지못한' 민족들을 마치 지배하도록 운명지어있는 '선발된' 민족들의 인간증오의 종론을 전도하고 있다.

한설야는 「평화를 위한 투쟁」에서 문학의 역할과 관련해 1930년대 후반에 소련에서 직수입한 '혁명적 낭만주의'와 리얼리즘의 결합체인 '사회주의 리얼리즘'을 반복·'갱신'했다.

우리에게 있어서 아름다운것은 낡은시대를 극복하고 새시대를 창조하는 생활과 현실이다. 이 생활과 현실을 생생한 자태그대로 보여주며 발전하는 현실속에 예시되는 미래의 윤곽을 보여주는 문학만이 아름다울수있으며 그것만이 리알리즘의 문학일수있는것이다.

그 혁명적 낭만주의의 대상은 선취하는 미래로서 한반도의 '통일'과 현재화된 미래인 '소련숭배', 영웅으로서 '수령의 형상화'로 요약되었다. 한설야식 평화 개념은 수령까지를 포괄하게 된 셈이었다.

62 쁘·위신쓰끼, 「세계주의는 제국주의 반동의 무기이다」, 정관호 옮김, ≪문학예술≫, 8호(1949), 60~69쪽.

오늘 미군을 우리강토에서 철거시키고 그앞잡이 리승만 역적도배들을 소탕할 마지막단계에돌입한 우리나라에서의 문학예술 분야를 담당한 우리들의 과업도 이에서 자명해지는것이다. 낡은것에대한 새것의 창조와 반동적 문학 예술에대한 진보적인 인민의 문학예술을 창조하는일이없이 우리는 반동을 완전히 승리할수없으며 우리나라를 높은 문화국가로 만들수없는 것이다.

우리가 우리의 위대한 영도자에 대하여 비상한 존경을 가지고 있으며 또 작품에 그리는 일을 적지않게 해보았으나 아직 그 누구도 그 영웅적 인간 전형으로의 실상을 보여 주지 못한 까닭은 우리가 진실로 김일성장군의 과거의 투쟁도 오늘의 사업도 실질적으로 깊이 또는 철저히 투시하지 못한데 있는 것이다.

한설야가 임박한 남침전쟁을 인지하고 있었는지는 불분명하지만, "우리는 지금 국토완정과 조국통일독립을 목첩간에 두고있"고, "조국통일민주주의전선의 선언과 강령의 깃발밑에 총진군하는 조선의 전체인민은 반드시야 가까운 앞날에 조국통일독립의 민족적과업을 승리적으로 수행 쟁취하고야 말것이"라는 발언은 다시금 평화가 곧 통일이라는 1949년 대변인으로서 한설야식 인식의 마무리였다.

4. 1949년 한설야의 단편소설: '복합적 마음'

1949년에 발표된 한설야의 소설은, 파리평화대회 이전에 게재된 「얼굴」과 「남매」 그리고 이후의 「자라는 마을」이 있다. 이 세 작품은 1950

년 3월 '문화전선사'에서 간행한 한설야 단편집 『초소에서』에 실렸다.[63] 각각의 작품에 대한 분석을 통해 한설야의 수필이나 평론과 비슷한 평화의 마음이 드러나는지 아니면 또 다른 마음이 보이는지를 검토해본다. 북한의 평론가 안함광에 따르면 한설야의 세 작품은 "민주주의적 민족 문학"론에 기초한 "평화적 민주 건설 시기의 문학"으로, 「자라는 마을」은 "로동에 대한 새로운 사상을 테마로 한 작품"이고, 「남매」는 "조쏘 친선을 테마로 한 작품"에 속한다.[64]

「얼굴」의 시간은 1945년 8월 12일로, 소련군의 한반도 진주를 그리고 있다. 역사적 사실과 부합하는 시간 설정이다.[65] 공간은 동해안 도시의 유치장이다. 주인공 병수는 소련군 진주 전에 일제의 유치장에 끌려갔다. 병수가 이 유치장에서 소련군의 도움으로 구출되는 것이 「얼굴」의 줄거리다. 따라서 「얼굴」의 이항대립, 즉 '부정'과 '긍정'의 대당은 일제 대 소련으로 설정된다. 냉전이 구조화될 즈음 창작된 작품이지만, 미국이 아니라 일제와 왜놈, 그리고 그 앞잡이인 형사가 적으로 등장한다. 작

63 「얼굴」은 1949년 ≪문학예술≫ 1호에, 「남매」는 『8·15해방4주년기념출판 소설집』(평양: 문화전선사, 1949)에, 「자라는 마을」은 한설야 단편집 『초소에서』(평양: 문화전선사, 1950)에 게재된 것의 인용이다. 아래에서 작품의 인용 페이지는 명기하지 않았다.

64 북조선로동당 중앙위원회 상무위원회 제29차 회의(1947.3.28)에서 "북 조선에 있어서의 민주주의 민족 문화 건설에 관하여"라는 결정이 채택되었고, 그 핵심 내용은, "프로레타리아 국제주의로 일관된 고상한 애국주의"로 "계급적 내용"과 "민족적 형식"의 결합이다. 안함광, 『조선문학사』, 367~375, 384~387, 391~393쪽. 한설야 숙청 이후 출간된, 사회과학원 문학연구소의 1978년판 『조선문학사』(평양: 과학, 백과사전출판사, 1978)에서도 "평화적민주건설시기 문학"을 평하고 있지만, 한설야의 작품은 언급되지 않는다. 1986년에 1판이 발간된, 박중원·류만, 『조선문학개관 2』(평양: 사회과학출판사, 2010)의 "평화적건설시기문학"에서는 한설야의 작품으로 김일성을 형상화한 「개선」과 「혈로」만이 언급된다.

65 시모토마이 노부오, 『모스크바와 김일성: 냉전기의 북한 1945~1961』, 28쪽.

가의 상상력으로도, 소련의 친구로 제2차 세계대전을 승리로 이끈 반파시즘 연합의 한 구성원이었던 미국을 손에 잡히는 적으로 묘사하지 못하고 있는 셈이다.

단순 이항대립이 생산하는 갈등이 골간인 「얼굴」에서 소련은 구원자로 묘사된다. 마치 다가올 그날의 그대다. 그날을 기다리는 병수의 마음에는 자기희생의 결기가 담겨 있다.

> 오래 기다리던 무엇이 가슴에 와서 칵 안겨질것만 같았다. 낫과 마치를 그린 붉은기 휘날리는 배가 들어오믄 나도 억대우처럼 그짐들을 날르리.

병수를 왜놈의 유치(留置)에서 해방과 평화로 이끄는 기관차는 소련의 물리력이다. 같은 물리력도 누가 가지냐에 따라 그 평가가 달라진다. 병수를 유치장으로 데려가던 형사의 총과 달리 소련군의 물리력은, "소문에 듣던 그 무서운 기동부대가 굉장한 부수레들을 몰아가지고 벼락 치듯 드리닥치는 것"으로 묘사된다. 유치장의 병수는, "도끼등으로 문걸쇠를 억대우처럼 줏모아댄다. 쇠 오그라지는 소리 부서지는 소리가 찌렁찌렁하며 벽돌집을 요란히 울린다 …… 쏘련군들은 연기속에 쓸어진 사람들을 번쩍 번쩍 들어가지고 밖으로 내달"림을 경험한다. 심지어, 어린아이들은 소련군의 "반들 반들한 따발총을 살근살근 만져"보기까지 한다.

병수에게 소련군은 '얼굴'조차 제대로 볼 수 없는 구속적 경외의 대상으로 다가온다.

> 쏘련군이 달려와서 억센 팔에 끄러안고 연기와 불길을 차고 밖으로 날라다 주었다. 병수는 그의 속에서 벗어나 제발로 걸으랴고 몇번 앙탈하듯 바둥그려 보았으나 허사였다.

유치장에서 나온 병수는, '목가적(牧歌的) 평화'를 느낀다.

새벽하늘의 공기는 맑다. 병수는 가슴을 내밀며 숨을 크게 쉬였다. 해 묵은 포도주와같은 구수한 냄새가 알려지는것같았다.

그리고 소련군의 말이 들린다.

여러분 이제 조선은 완전히 당신들의 것이요. 땅도 공장도 창꼬도 이거리의 그어느것도 보다 조선인민의 것이오 당신들의 희망대로 나라를 세울것이오. 우리는 여러분들의 생명과 재산을 보호할 책임을지고 있으니 안심하고 각각 집에 돌아가서 자기의 일들을 하시오.

한설야의 병수는, 소통이 불가능한 외국인인 소련군의 입을 빌려, 마치 연극의 독백처럼, 정치권력의 마음체계와 자신의 마음을 독자에게 전달하고자 한다.

평화가 폭력적 방법에 의해 이루어질 수 있음을 보여주는 '소품'이 한설야의 「얼굴」이다.[66] 좋은 폭력과 나쁜 폭력의 이분법은 시종일관 이 작품을 관통하고 있다. 그러나 일제의 현실에 대한 핍진한 묘사의 부재와, 영웅인 전형이 창출되는 과정에서의 비약은 물론 이 작품의 한계다. 소련군이 왜 북한인민을 위한 해방자인지 묻지 않는다. 소련군이 구원자

66 소설(novel)이 아닌 소품(short story)이기에 사회주의적 리얼리즘이 가져야 할 낡은 것과 새로운 것의 이른바 변증법적 투쟁을 묘사하지 못한다는 견해는, B. Myers, *Han Sŏrya and North Korean Literature*(Ithaca: Cornell East Asia Series, 1994), p. 53를 참조하기 바란다. 이 책의 부제는, "조선민주주의인민공화국에서 사회주의적 리얼리즘의 실패(*The Failure of Socialist Realism in the DPRK*)"다.

라는 등식은 주어진 것일 뿐이다.[67] 자생적 '주체'의 형성도 「얼굴」에는 없다. 나쁜 일제를 좋은 소련군이 대체하고 있을 뿐이다.

「남매」는 구원자 소련군을 전면에 내세운 작품이지만 「얼굴」보다는 사회주의적 리얼리즘의 시각에서 볼 때, 진일보한 한설야의 인식이 드러나는 작품이다. 시간은 1947년 8·15 2주년 직전이고, 공간은 소련이 운영하는 '적십자병원'이다. 주인공은 젊은 철공(鐵工) 원주와 그의 동생 순이다. 둘은 조실부모 후 남매 서로의 삶을 지탱해왔다. 일제 대 소련이라는 이항대립은 「얼굴」처럼 반복되지만, 연장(延長)의 변주가 있다. 원주의 병과 치유는 구원자의 도움으로 새 주체가 만들어지는 과정으로 등극한다.

원주는 "해방되던 바루전해에 왜놈들의 증병에 걸려 훈련소로 끌려갔다." 그곳의 교관들은, "피에 주린 개승냥이"였다. "개승냥이"는 미래의 적인 미국을 표현하는 전조(前兆)다. 원주의 증오와 그 증오를 극복하고자 하는 결의는, "왜놈을 미워하기 때문에 또는 왜놈이 남겨논 모든 불행을 물리치기 위하여 나는 무엇보다 건강해야 하겠다. 건강을 찾는 일은 곧 왜놈을 이기는일이오 그리자면 제일왈 건강이 필요하다"로 표현된다. 죽음에서 삶으로 이행하는 매개는, 「얼굴」에서처럼 소련의 힘이지만, 군이 아니라 원주의 병을 고치는 의사로, "다시금 평화한 얼굴로 돌아와 환자들을" 치료하는 "크리블랴크 선생"이다. 외면의 갈등을 조정한 내면의 본분이 크리블랴크 선생의 얼굴에 풍경으로 발현되는 것, 그것이 바로 '평화'다. 그러나 평화를 위한 싸움은 계속된다.

---

67 북조선문학예술총동맹의 기관지인 ≪문학예술≫ 1948년 4호의 첫 머리를 장식하는 경구도, "일본제국구주의 기반으로부터 조선인민을 해방시켜준 영웅적 쏘련군대 만세!", "민주조선건설에있어서 위대한 쏘련의 진정한 원조를 조선인민은 영원히잊지않으리!" 였다.

아직 사람 잡는 싸움을 꾸미는 놈들이 한편에 있는가하면 여게는 사람 살리는 거룩한 싸움이 있구나 싶었다. 조국과 세계 평화를 위한 싸움에서 돌아온 크리블랴크 선생은 오늘 조선인민의 행복을 위하여 생명을 위하여 싸우고 있는 것이다. 마땅히 어느 날 어느 곳에서도 간에 생명과 행복을 위한 싸움이여야 하리라 싶었다. 싸움도 승리도 도처에 있는 것이다.

"실로 여기에서 우리는 조쏘 친선 사상의 강화는 조국의 통일 독립과 민주 발전을 보장해 줄 뿐만이 아니라 미 제국주의의 일련의 반동 세력을 반대하여 싸우는 세계 평화 옹호 력량의 강화로도 된다는 것의 표현을 본다"는 평가를 받는 구절이다.[68] 좋은 싸움과 나쁜 싸움의 이항대립, 즉 평화를 위한 싸움은 계속된다.[69]

구원자로서의 소련에 대한 경외는 원주의 말로도 표현된다. 한설야의 상상에서 소련은 동경과 모방의 대상이다.[70]

---

68 안광함, 『조선문학사』, 396~397쪽. 안광함은 「남매」의 평에 무려 5쪽을 할애하고 있다. 소련 의사의 도움으로 건강을 되찾은 원주와 순이가 "우리의 생활은 우리의 손으로 쌓아 올려야 하겠다"고 다짐하는 순간을, "이것은 두 말할 것도 없이 미 제국주의자들의 침략적 행동과 내정 간섭을 반대하면서 조선 문제는 조선 인민 스스로가 해결하기 위한 투쟁에 총궐기하고 있는 전체 조선 인민의 결의에 대한 예술적 해명이"라고 과잉 해석될 정도다.

69 1949년 ≪문학예술≫, 7호에 실린 방수룡(方壽龍)의 「평화(平和)의 소리」라는 시에서도 싸움을 통한 평화의 쟁취라는 인식을 볼 수 있다. "수백만 병사들이 / 불판을 달린 그것은 / 평화를 갈망한 / 인민의 지향이었고 / 모—진 총칼앞에 / 앙가슴 내댄 그것은 조국의 평화를 위함이었다." 미국은 "딸라와 원자로 / 우리의 생명을 노리는 놈들"이고, 소련은 "우리는 너에게 정의와 힘을배웠고 / 자유와 독립을 위한 길에서 / 우의(友誼)찬 손길을 잡어왔느니"라는 묘사의 대상이다. 결국, "흉악한 원쑤 짓부시어 / 지상에 영원한 평화 수놓으"고자 한다.

70 강진호, 『한설야』(파주: 한길사, 2008), 146쪽.

태양이 결코 우연히 솟을수 없는것처럼 오늘의 쏘련이나 그 무서운 승리들이 결코 스스로 된것이 아닌것을 원주는 이순간처럼 사모치게 느낀일은 없었다.

여기에 '새' 구원자가 추가로 열거된다.

낮은 낮대로 불꽃 튀는 승리속에서 나날이 자라나고 밤은 또 밤대로 평화로운 푸른 꿈이 맺혀지는 이거리—모든 이날 어진 겨레들의 길이 이리로 모이고 또 여게서 줄줄이 펼쳐진 거리, 밤에도 오직 태양인 그이 우리와 함께 있는 이거리의 아름다움, 씩씩함 ……

사회주의 건설의 과정에서 김일성이 "태양"으로 소련과 함께하는 셈이다. 그가 주는 밤의 "평화로"움은 낮의 '투쟁', 즉 건설을 통해 만들어진다. 이 도약은 「얼굴」과 「남매」를 구분하는 지점이다. 초월적 영웅의 '새' 탄생이다.

원주가 사회주의 건설의 주체로 성장하는 과정을 매개하는 두 구원자가 존재하는 셈이다. 원주와 원주를 먼발치에서 병수발하는 동생 순이, 그리고 원주를 소련이 운영하는 적십자병원에 입원시킨 친구들 모두 집합적 주체가 되어가는 과정에서 두 구원자를 매개로 마음의 변화를 경험한다. 순이의 오빠에 대한 지극 정성은, '소작농' 부모를 둔 가족이라는 주어진 사회형태에 대한 긍정의 의미도 주고 있다. 예를 들어 "원주는 요행 동무들의 도움으로 적십자병원에 입원하게 되었으나 그것으로도 순이의 발바닥에서 불이 꺼질수는없었다"는 표현이 그것이다. "어두운 세월 속에서 맺어진 남달리 뼈에 사무치는 동기간의 애절한 사랑"이 언급된 다음 도약이 있다. 순이는 오빠의 병간호를 하면서도, 일제시대에 중단했던 인민학교를 졸업할 수 있었다. "새조선의 운명을 걸머쥔 귀중한" 딸로 성장한 것이다. 병수는 순이가 "제손으로 쌓은 승리"를, 즉 "이겼다"를 강조하며 "이 승리를 이 승리를 있게해준 바뀌여진 조국을 그 조국의 하늘을 그는 다시금 우러(르며) 태양은 분명 모든 인민의 것이였다"고 되뇐다.

병에서 회복하는 원주가 친구들과 편지를 통해 스스로를 "당당한 전사"로 규정하는 마음의 변화를 일으킬 때, 그는 새 조국의 건설을 평화 만들기로 인식하고 있다. 그 와중에 추상의 적 미국이 "원자탄"으로 구체화되기도 한다.

> 우리에게 이 발전과 장성이 있는한 미국놈들의 원자탄도 그아무것도 두려워할 필요는 없다. 공장에서도 농촌에서도 한결같이 원쑤를 칠 불덩이를 제손으로 만들어 제 어깨에 걸머지고 날마다 날마다의 싸움속에서 원쑤를 치는 행진을 계속하고 있는 것이다.

부정의 싸움을 긍정의 싸움으로 바꾸는 계기는, 바로 '새 기술'이다. 이미 철공 원주는, 이미 "으리으리하게 크고 유착스러운 선반 그것만이 자기의 모든 근심 걱정을 옥천바삭으로 갈아버릴것이라" 다짐한 바 있다. '탈식민'의 의지도 새 기술로 표현된다.

> 열성이 계속적으로 새로운 기술을 창조하고 있는 그사실이다. 하나의 기술에서 우리는 백천의 많음과 큼을 상상 할수 있고 또 실현할수 있다. 우리공장은 왜놈들이 파괴한것을 도루 복구한다거나 또 그기술을 그대로 답습하고 연장하고 있는것만은 결코 아니다. 우리 로동자들자신이 우리의 새기술을 창안 해내고 있는것이다. 그러기때문에 우리의 새기술은 아직 어리나

왜놈들보다 위대한 것이다.

북한에서 '비날론'의 도시 함흥으로 추정되는 지역에서 일을 하는 친구들과의 대화를 통해 "카바이트에서 반드시 섬유를 뽑아내는 기술조선이 올것을 우리들은 확신한다"는 순간, 그 일을 짊어질 원주는 마음의 성장을 통해 각성된 청년 주체로 서게 된다.

한설야의 세계평화대회 참가 이후의 작품인 「자라는 마을」의 시공간은, "해방삼주년이 아직 달포나 남아있"는 국가 수립 직전의 북한의 '농촌'이다. 더 이상 소련의 개입이 없는 공간 설정이다. 소련의 빈자리는 김일성이 대신한다. '무구지'(황무지)를 개척하는 새 농촌의 건설 과정에서의 이항대립은 이기성 대 이타성으로 발현한다. 인물로는 일제시대에 농업학교를 나와 당시 과수원을 운영하고 있는 최기수 대 새 농민인 주인공 수길이가 금복이와의 사랑까지를 포함한 대결 구도를 형성하고 있다. 최기수의 성품도 이항대립적으로 묘사한다. "본시 최기수는 모든것을 '내것'과 '남의것'으로 갈라놓고 노는 버릇이있다"는 것이고, 좋아하는 여자를 볼 때도 "응, 내것, 저떡이 내떡이렸다" 한다는 것이다.

수길의 여자친구 금복의 어머니는 문맹이다. 그이에게 한글을 가르치는데 첫 단어가, "김 일 성 장 군"이다. 이해하는 방식은, "김일성장군만세 지 무시기냐. 그건 나두 안다. 집집마다 그 글방 앙이 붙은 집 있디"다. 두 번째 단어는 "민주주의 인민 공화국 헌법 만세!"다. 북한적 냉전체제의 마음체계인 제국주의 진영 대 민주주의 진영의 대립구도가 인민의 입말로 묘사된다.

정말 이제 완전자주독립국가가 된다구들 기뻐하였다. 이승만이들 도적개무기라 오라지않아 불맞은 짐승처럼 곤두박질을 치다가 똥싸고 버두러질 것을 상상하고 사람들은 통쾌해하였다. 그리고 또 이도적들의 놈의 새끼들도 쇠부살만한 코를 싸쥐고 몰려갈것이라고들 하였다.

이승만의 의붓애비 미국놈들은 쩡향에 선 수숫대처럼 키만 멋없이 덜렁 커서 저 으릉으릉 우는 발전소 송전선에 새워놓고 그놈의 모가지를 한번씩 슬적슬적 대주기 좋을것이고 그러면 당장 불에 떨어진 메뚜기처럼 버둥거리다가 죽을것이고 금복어머니도 우스께를 한일이 있다. 그만치 금복어머니는 미국놈이라면 천질색이다.

이승만과 미국을 경험하지 못한 금복 어머니에게서 나오는 말들이다.[71] 한설야가 파리평화대회 참가 이후, 냉전적 마음체계와 평화를 통일과 등치하고 있음을 확인할 수 있는 부분이다. 추상의 적 미국이 "미국놈들"로 전변되는 순간이다.

북한 스스로 자기를 정의하는 '민주주의'는, 독립과 적대의 종료와 건설이다. 인민들이 민주주의가 어떻게 이해되었는가를 보여주는 금복어머니의 말이다.

그래 민주주의가 좋지 앙이문 나뿌단 말이냐 없던 내나라가 생겼으니 좋지

내 무식해서 모르긴하겠다만 민주주의란기 다른기 앙이드라. 제일 미운기

71 이 지점에서 생각해봄직한 하나의 가설이 있다. 현실에서 부정과 긍정의 인물이 대립하고 그 대립이 소련이란 상위의 꼭지점을 통해 해소되는 한설야적 이등변 삼각형 구도에서, 소련도 미국처럼 외세라 할 때, 소련을 대체하는 '태양'은 소련과 충돌할 수 있는 잠재력을 가질 수밖에 없다는 것이다. 사회주의 리얼리즘의 사각형 구도의 불가능성에 대한 생각이다.

다없어지구 백성덜이 보구싶구 하구싶구 가지구 싶든기 모래밭에서 무이 뽑듯 하나씩 둘씩 척척 나오고 앙겨지는기더라.

이른바 민주주의를 기초로 평화인 통일을 이루는 과정에서 소련의 제안이 언급된다.

금년정초에 쏘련군대와 미국군대가 함께 우리나라에서 나가자는것을 쏘련이 말했는데 미국놈들이 앙이 들었담메. 그리구 이승만이랑 그놈들이 미국놈 나가지 말라구 의붓애비 홍패메구 춤추듯 미쳐 돌아가구 있담메. 쏘련 말대로 했으문 벌써 미국놈들이 나나갔을기 앙임메.

한반도 분단의 원인이 미국의 거부 때문이라는 인식의 일단이다. 금복은 무력통일을 암시하는 발언도 한다.

우리를 못살게구는 놈들을 우리 손으로 두들겨 쫓아야지 별수없음메. 그러니 인제 정말 정신 차리구 공부합세.

공부와 건설을 통해 통일의 길을 가야 한다는 논리다. 북한 내부의 평화는 외적으로 통일의 기초가 된다.

건설 과정인 무구지 개척의 노정에서는 이기와 이타의 싸움이 전개된다. 역사적 사실로서도 흥미로운 부분은, 북한 초기 농촌지역의 세금 형태였던 '현물세(現物稅)'를 물어야 하기에 증산을 안 하는 이기적 모습의 묘사다. 이타적 인물의 전형으로 수길이 성장하면서 무구지를 개척하는 「자라는 마을」에서의 갈등은 타자를 배제가 아니라 포용하는 방식으로 전환된다. 정신노동과 육체노동의 차이에서 비롯된 대립도 연대의 감동적인 언술로 포장된다. “농민들이 나가는길에서 학생들이 노래를 불러주기는 아마 개벽 이래 처음일것이다”는 말에서 건설의 연대의 필요성이 읽힌다.

그 과정에서 경쟁에 대한 긍정도 배치된다. 경쟁이 협력을 만든다는 인식이다.[72]

> 아래웃 반이 서루 지지말랴고 맹렬히 경쟁하였다.

> 그래서 이렇게 서루 경쟁하면서도 돕는기구 그런데서 발검음이 빨라지는 기오.

사랑조차 경쟁을 통해 성숙해가는 것으로 묘사된다. 수길이 금복에게 하는 사랑고백은, “너와 나와는 일생을 경쟁할기다”이다.

마무리는 김일성이다. “한글학교에는 김일성장군에게 보내는 여러장의 감사문이 들어왔다”는 언급이 작품의 중간에 등장하고, 「자라는 마을」의 종지부의 노래는, “민주조선 창건하는 장엄한 새날의 투사다 …… 건설의 노래 우렁차게 김장군 두레에 뭉치자”이다. 이 작품을 “새 환경에 적합한 새 방법”으로 해석하는 ‘새’가 김일성으로 귀결되는 형국이다.[73]

---

72 안함광은 이 경쟁에 기초한 협력을, “민주주의적 협동적 사상”이라 부른다. 안함광, 『조선문학사』, 387쪽.

73 안함광, 『조선문학사』, 387쪽.

5. 계속되는 작업을 위하여

한설야가 파리세계평화대회에 참여하고 그 전후로 소설을 생산하는 1949년 봄부터 가을까지 제국주의 진영 대 민주주의 진영이라는 소련판 냉전적 마음체계를 수입한 북한의 지도부는 평화를 통일과 등치하는 사유를 공유하고 있었다. 그러나 1949년 가을까지도 소련의 스탈린은 김일성과 박헌영의 전쟁 의사에 반대하고 있었다.[74] 한설야가 그 사실을 인지하고 있었는지 알 길은 없지만, '대변인'으로서 한설야는 평화가 자신들이 생각하는 민주제도와 사회주의제도에서 비롯되는 것이라는 생각을 가지고 있었다. 한반도적 맥락에서 평화를 통일로 등치하면서, 전쟁을 통한 평화와 통일의 길에도 동의했다.

반면 한설야의 소설에서 평화는 정형화를 넘어서 있었다. 개인의 내면에서 비롯되는 평화가 「얼굴」과 「남매」에서는 돌출된다. 「자라는 마음」에서 볼 수 있는 것처럼 북한 국가의 내면인 건설이 평화를 만들어간다는 인식도 보인다. 이 두 내면의 평화는 폭력적 방법에 의한 평화와 충돌한다. 개인과 국가 내면의 평화가 외면에서의 전쟁을 위한 기초가 될 수 있다는 마음의 전변은 한설야 개인에게 모순으로 남을 수 있지만, '대변인' 한설야는 이 모순에 침묵할 수밖에 없었을 것이다. 만약 이 모순을 핍진하게 그리는 소설을 생산했다면, 정치인으로서 그의 지위는 위협당할 수밖에 없었을 것이다.

1949년 8월, 소련은 카자흐스탄 사막지역에서 지상폭발의 형태로 핵실험에 성공했다. 미국의 핵무기에 맞서는 소련의 세력균형 정책이었다. 소련의 핵실험 사실이 공식화된 1949년 9월, 북한은 "쏘련에서의 '원자폭

---

74 시모토마이 노부오, 『모스크바와 김일성』, 90~96쪽.

발사건'에 관한 따쓰의 공식보도"를 언급한 후, 9월 29일에는 '북조선직총'과 '북조선민청' 중앙위원장의 명의로 미국과 영국이 소련의 핵실험에 당황하고 있고, 소련의 핵실험이 "인류행복에 기여한다"는 반향을 ≪로동신문≫ 1면에 보도한 바 있다. 반전·반핵의 구호가 실종될 수밖에 없는 상황이었다. 1949년 9월에는 소련파 공산주의로 1956년 이른바 '8월 종파사건'으로 숙청되는 박창옥이 '북조선로동당 선전선동부장'의 직함으로 "쏘련의 원자무기소유는 전세계의 평화와 안전에 기여될 것이"란 발언을 할 정도였다. 반전·반핵을 주요 내용으로 했던 평화 개념의 또 다른 전변이었다.[75]

1950년 6월에 한국전쟁이 발발하고 전쟁의 와중에도 소설가 한설야는 세계평화대회와 아시아 지역에서 개최된 평화대회에 참여했다. 1949년과 마찬가지로 「전별」, 「승냥이」, 『대동강』, 「황초령」, 「땅크 214호」, 『력사』와 같은 소설들과 평화와 관련된 수필을 생산한다. 전쟁이 전개되고 있는 상황에서 반미와 평화, 그리고 김일성의 형상화를 주제로 한 소설과 수필들에서 한설야의 평화의 마음이 어떻게 나타나고 있는가를 탐색하는 것이 다음의 과제다.

75 소련의 핵실험이란 정세의 변화에도 불구하고, 핵무기의 금지를 향한 북한판 평화운동은 계속되었다. 북한 최고인민회의는 1950년 3월 3일 "평화옹호 세계위원회 평화제의 호소문에 관하여"라는 결정을 채택했다. 세계평화대회 상설위원회의 호소문의 주요 내용은, "군비 및 병력을 축소하며 원자무기를 금지하며 강대국간의 평화조약을 체결"하는 것이었다. 조선중앙통신사 엮음, 『조선중앙년감 1951~1952』(평양: 조선중앙통신사, 1952), 80쪽. 당시 ≪로동신문≫ 기사를 보면, 최고인민회의 대의원 최경덕, 평화옹호 전국 민족위원회 대표 김익두, 대의원 리기영 등이 토론을 했다고 한다.

참고문헌

강진호. 2008.『한설야』. 파주: 한길사.

개디스, 존 루이스(John Lewis Gaddis). 2010.『냉전의 역사: 거래, 스파이, 거짓말, 그리고 진실』. 정철·강규형 옮김. 서울: 에코리브르.

구갑우. 2014.「북한 '핵 담론'의 원형과 마음체계, 1947~1964년」. ≪현대북한연구≫, 17권 1호.

국사편찬위원회 엮음. 2002.『북한관계사료집 37』. 과천: 국사편찬위원회.

기광서. 2014.「북로당 창설 과정에 대한 검토」. 2014 북한연구학회 동계학술회의 발표문.

기무라 미쓰히코·아베 게이지(木村光彦·安部桂司). 2009.『전쟁이 만든 나라, 북한의 군사 공업화』. 서울: 미지북스.

김룡준. 2014.「한설야와 장편소설『력사』」. ≪사회과학원학보≫, 82호.

김상현·김광헌 엮음.『대중 정치 용어 사전』. 평양: 조선로동당출판사.

김영호. 2001.「탈냉전기 냉전 기원의 새로운 해석에 관한 연구」. ≪한국정치학회보≫, 35집 2호.

김일성. 1992.『김일성전집 4』. 평양: 조선로동당출판사.

_____. 1993.「북조선로동당 제2차대회에서 한 중앙위원회사업총화보고」.『김일성전집 7』. 평양: 조선로동당출판사.

_____. 1994a.「쏘련 모스크바에서 공부하고있는 우리 나라 류학생들과 한 담화」.『김일성 전집 9』. 평양: 조선로동당출판사.

_____. 1994b.『김일성전집 9』. 평양: 조선로동당출판사.

김철민. 2002.「코민포름 분쟁(1948)에 대한 유고슬라비아의 시각과 대응전략」. ≪슬라브연구≫, 18권 1호.

김태우. 2012.「냉전 초기 사회주의진영 내부의 전쟁·평화 담론의 충돌과 북한의 한국전쟁 인식 변화」. ≪역사와 현실≫, 83호.

김학재. 2015.『판문점 체제의 기원』. 서울: 후마니타스.

김홍중. 2009.『마음의 사회학』. 파주: 문학동네.

김희중. 1958.「미제의 침략에 의한 남조선의 참상」. ≪근로자≫, 제3호(1958.3.1).

남원진. 2013.『한설야의 욕망, 칼날 위에 춤추다』. 광명: 경진.

데닛, 대니얼(Daniel Dennett). 2006.『마음의 진화』. 이희재 옮김. 서울: 사이언스북스.

랑시에르, 자크(Jacques Ranciere). 2009.『문학의 정치』. 유재홍 옮김. 고양: 인간사랑.

레닌, 블라디미르(Vladimir Lenin). 1988.『제국주의론』. 남상일 옮김. 서울: 백산서당.

리우, 리디아(Lydia H. Liu). 2005.『언어횡단적 실천』. 민정기 옮김. 서울: 소명.

리쾨르, 폴(Paul Ricoeur). 2002.『텍스트에서 행동으로』. 박병수·남기영 편역. 서울: 아카넷.

리호경. 2005.『조선문화어건설리론』. 평양: 사회과학출판사.

박건영. 2012.「핵무기와 국제정치: 역사, 이론, 정책 그리고 미래」. 이수훈 엮음.『핵의 국제

정치』. 서울: 경남대 출판부.
박명림. 1996.『한국전쟁의 발발과 기원 I』. 서울: 나남.
박순서 엮음. 1964.『대중 정치 용어 사전』3판.
박증원·류만. 2010.『조선문학개관 2』. 평양: 사회과학출판사.
박태호. 1985.『조선민주주의인민공화국 대회관계사 1』. 평양: 사회과학출판사.
방수룡. 1949.「평화(平和)의 소리」. ≪문학예술≫, 7호.
쁘·위신쓰끼. 1949.「세계주의는 제국주의 반동의 무기이다」. 정관호 옮김. ≪문학예술≫, 8호.
사회과학원 문학연구소. 1978.『조선문학사』. 평양: 과학, 백과사전출판사.
시모토마이 노부오(下斗米伸夫). 2012.『모스크바와 김일성: 냉전기의 북한 1945~1961』. 이종국 옮김. 서울: 논형.
신언갑. 1986.『주체의 인테리리론』. 평양: 과학, 백과사전출판사.
안함광. 1999.『조선문학사』. 연길: 한국문화사.
유임하. 2011.「북한 초기문학과 '소련'이라는 참조점」. ≪한국어문학연구≫, 57집.
이민영. 2013.「1947년 남북 문단과 이념적 지형도의 형성」, ≪한국현대문학≫, 39집.
이삼성. 2015.「동아시아 대분단체제: 전후 동아시아 질서의 개념적 재구성과 '냉전'」.『냉전과 동아시아 분단체제』. 한국냉전학회 창립 기념 학술대회 자료집(2015.6.25).
전중환. 2015.11.18. "내 속에 '나'는 없다". ≪경향신문≫.
정성임. 2007.「북·러 관계」.『북한의 대외관계』. 파주: 한울.
정용욱. 2014.「6·25전쟁 이전 북한의 평화운동」. ≪역사비평≫, 통권 106호.
『조국통일민주주의전선 선언서·강령』. 1949.
조선민주주의인민공화국과학원 언어문학연구소 엮음. 1954.『조선어 철자법』. 평양: 조선민주주의인민공화국과학원.
조선중앙통신사 엮음. 1952.『조선중앙년감 1951~1952』. 평양: 조선중앙통신사.
______. 2012.『조선중앙년감 국내편(朝鮮中央年鑑 國內篇) 1949』. 평양:조선중앙통신사.
중국중앙공산당사연구실. 2014.『중국공산당역사 상』. 홍순도·홍광훈 옮김. 서울: 서교출판사.
진은영. 2014.『문학의 아토포스』. 서울: 그린비.
채오병. 2010.「식민구조의 탈구, 다사건, 그리고 재접합: 남한의 탈식민 국가형성, 1945~1950」. ≪담론201≫, 13권 1호.
≪천리마≫. 2000.「새로 규정한 우리 글의 띄여쓰기」. 6-7호, 8호
청카이(程凱). 2013.「평화염원과 정치동원: 1950년의 평화서명운동」. 백원담·임우경 엮음.『'냉전' 아시아의 탄생: 신중국과 한국전쟁』. 서울: 문화과학사.
최창익 엮음. 1949.『조선민족해방투쟁사』. 평양: 김일성종합대학.
평화옹호전국민족위원회. 1949a.「평화옹호 전국련합대회 선언」.『평화옹호세계대회문헌집』. 평양: 국립인민출판사.
평화옹호전국민족위원회. 1949b.「프레데리크·쫄리오-큐리교수의 보고」.『평화옹호세계대

회문헌집』. 평양: 국립인민출판사.
하영선. 2009.「근대한국의 평화 개념 도입사」. 하영선 외.『근대한국의 사회과학 개념 형성사』. 파주: 창비.
한설야. 1947.『영웅김일성장군』. 부산: 신생사.
_____. 1949a.「남매」.『8·15해방4주년기념출판 소설집』. 평양: 문화전선사.
_____. 1949b.「얼굴」. ≪문학예술≫, 1호.
_____. 1949c.「평화를 위한 투쟁에서의 문학예술」. ≪문학예술≫, 8호.
_____. 1949d.「평화옹호세계대회 참가귀환 보고」. 평화옹전국민족위원회.『평화옹호세계대회문헌집』. 평양: 국립인민출판사.
_____. 1949e.「한설야씨의 보고」. 평화옹호전국민족위원회.『평화옹호세계대회문헌집』. 평양: 국립인민출판사.
_____. 1950.「자라는 마을」.『한설야단편집 초소에서』. 평양: 문화전선사.
_____. 1960.「파리 기행: 제 1차 세계 평화 대회를 중심으로」.『한설야 선집: 수필』. 평양: 조선 작가 동맹 출판사.

Barash, David P. and Charles P. Webel. 2002. *Peace and Conflict Studies*. Sage.
Burke, K. 1938. "Literature as Equipment for Living." *Direction 1*. Reprinted in D. Richter(ed.). *Classic Texts and Contemporary Trends*. Boston: Bedford Books. 1998.
Callahan, K. 2004. "The International Socialist Peace Movement on the Eve of World War I Revisited: The Campaign of 'War Against War!' and the Basle International Socialist Congress in 1912." *Peace & Change*, Vol. 29, No. 2.
Cominform. "Cominform Resolution and Manifesto." *Current History*, Vol. 13, No. 76(December, 1947).
Committee on UN-American Activities, U.S. House of Representatives. 1951. "Report on the Communist 'Peace' Offensive; A Campaign to Disarm and Defeat the United States." Washington, D.C: Committee on UN-American Activities, U.S. House of Representatives(1951.4.1).
Daniels, R.(ed.). 1960a. "Socialist Realism: Gorky, Soviet Literature." *A Documentary History of Communism Vol. II*. New York: Random House.
_____. 1960b. "Soviet Cultural Policy—The Liberal Period." *A Documentary History of Communism Vol. I*. New York: Random House.
_____. 1960c. "Stalin on Socialism in One Country." *A Documentary History of Communism Vol. I*. New York: Random House.
_____. 1960d. "Stalin on the Two Camps." *A Documentary History of Communism Vol.*

II. New York: Random House.

_____. 1960e. "The 'Cold War' and the Cominform." *A Documentary History of Communism Vol. II*. New York: Random House.

Deery, P. 2002. "The Dove Flies East: Whitehall, Warsaw and the 1950 World Peace Congress." *Australian Journal of Politics & History*, Vol. 48, No. 4(December 2002).

Fay. S. 1948. "The Cominform." *Current History*, Vol. 14, No. 77(January, 1948).

Haan, F. de. 2012. "The Women's International Democratic Federation(WIDF): History, Main Agenda, and Contributions, 1945~1991." in F. de Haan, *The Women's International Democratic Federation(WIDF): History, Main Agenda, and Contributions, 1945~1991*. Alexandria, VA: Alexander Street.

Hitchcock, W. "The Marshall Plan and the Creation of the West." in M. Leffeler and O. Westad(eds). *The Cambridge History of the Cold War: Volume I Origins*. Cambridge: Cambridge University Press.

Holloway, D. 2010. "Nuclear Weapons and the Escalation of the Cold War, 1945~1962." in M. Leffeler and O. Westad(eds.). *The Cambridge History of the Cold War: Volume I Origins*. Cambridge: Cambridge University Press.

Mercer, J. 1996. *Reputation & International Politics*. Ithaca: Cornell University Press.

Myers, B. 1994. *Han Sõrya and North Korean Literature*. Ithaca: Cornell East Asia Series.

Ovsyany, I.D. et al. 1975. *A Study of Soviet Foreign Policy*. Moscow: Progress Publishers.

Park-Kang, S. 2015. "Fictional IR and Imagination: Advancing Narrative Approaches." *Review of International Studies*, Vol.41.

Pechatnoy, V. "The Soviet Union and the World, 1944~1953." in M. Leffeler and O. Westad(eds.). *The Cambridge History of the Cold War: Volume I Origins*. Cambridge: Cambridge University Press.

Rowlands, M. 2010. *The New Science of the Mind: From Extended Mind to Embodied Phenomenology*. Cambridge: The MIT Press.

Wernicke, G. 2001. "The Unity of Peace and Socialism? The World Peace Council on a Cold War Tightrope Between the Peace Struggle and Intrasystemic Communist Conflicts." *Peace & Change*, Vol. 26, No. 3.

Wittner, L. *One World or None: A History of the World Nuclear Disarmament Movement Through 1953*(Stanford: Stanford University Press, 1995).

제5장

김성배

북한의 자주 개념사

1. 문제 제기: 북한의 지배 담론으로서 자주

북한은 역사상 자주라는 개념이 가장 강력한 정치적 호소력을 지닌 나라일 것이다. 주권의 원리가 보편화된 동시대에도 북한만큼 자주를 강조하는 국가는 없다. 비단 북한뿐만 아니라 탈식민 독립국이나 독재국가들이 일반적으로 자주를 강조하는 경향이 있는데 이는 자주 이데올로기를 독점하는 것이 집권 세력의 정치적 정당성 확보에 도움이 되기 때문이다. 그런데 북한은 독재국가들 중에서도 가장 강력하고 지속적으로 자주 이데올로기를 고수하고 있다.

남한도 북한과 더불어 주권 상실과 식민지 경험을 공유하고 있어서 자주 담론의 정치적 호소력은 무시할 수 없다. 박정희 시대의 자주국방 추진 사례나 자주외교로 대변되는 노무현 현상이 이를 방증한다. 그러나 남한에서 자주는 매우 중요한 가치이기는 하나 성장, 민주, 정의, 복지 등 여타 가치들 중의 하나일 뿐이며 지고지순의 절대적 가치는 아니다. 남북한에서 자주 개념의 정치적 지위와 비중이 다른 것이다.

주체사상의 정립 이후로 자주라는 이념 혹은 가치는 북한에서 체제 정당성의 원천이 되었으며 북한이라는 국가의 정체성을 구성하는 핵심적 요소가 되었다. 더욱이 북한에서 자주는 단순히 명분이나 이데올로기일 뿐만 아니라 북한 체제의 대내외 노선과 정책을 실질적으로 규정하는 고정불변의 원칙이기도 하다. 북한은 정치, 경제, 군사, 문화 등 모든 분야에 걸쳐 주체·자주의 원리를 관철하고 있다고 주장하는데, 과장만은 아닌 듯하다.

자주성에 대한 북한의 집착은 자신의 능력에 대한 과신과 자주노선 불패 신화로 이어졌다. 자주노선으로 인해 한국전쟁에서 세계 최강인 미국에 승리했으며 사회주의 진영 해체에 따른 국제적 고립 상황에도 불구하고 살아남았다는 것이다. 북한의 핵무기 개발이 본격화된 이후로는 핵무기가 북한의 자주성을 담보하는 실체로 부각되었으며 김정은 시대에 들어와서는 심지어 핵무기와 탄도미사일이 물신화되는 지경에까지 이르렀다.

이러한 과정에서 북한의 극단적 자주 개념은 북한의 전략적·정책적 선택지를 제약했으며 그 결과 초래된 체제의 경직성과 비효율성으로 인해 대외원조에 상당 정도 의존할 수밖에 없는 실정이다. 단적으로 중국의 원유와 식량 원조가 없다면 북한 체제는 유지되기 어려울 것이다. 말하자면 북한은 자주에 대한 과도한 집착으로 인해 비자주적 국가로 전락한 역설적 상황에 놓여 있다.

이 글은 북한식 자주 개념이 탄생하게 된 배경과 변화 과정을 추적하고자 한다. 이를 통해서 오늘날 북한의 행태를 해석하는 데 도움이 되는 단서들을 찾을 수 있기를 기대한다. 나아가 북한식 자주 개념의 한계와 변화 가능성을 진단해보고자 한다. 북한이 궁극적으로 자주의 동굴에서 탈출하지 않는다면 북한 체제의 미래는 매우 우울할 수밖에 없을 것이다.

2. 한국의 전통적 자주 개념과 독립자주 개념의 전파

인류가 정치적 공동체를 단위로 집단적 삶을 영위하기 시작한 이래로 단위들 간의 자율성을 의미하는 자주라는 개념이 자연스럽게 생겨났다. 개인 수준에도 자주 개념이 적용될 수 있겠으나 이 글에서는 정치적 공동체, 그중에서도 국가라고 하는 단위의 자주 개념을 다룬다.

자주 개념이 각광을 받게 된 것은 근대 주권체제로의 편입 이후부터

이지만 다른 나라에서만큼 한국에서도 자주는 오래된 개념이다. 한국은 중국 대륙의 대국들에 인접해 있는 지정학적 특성상 대외적 자주성에 상당히 민감했던 것이 사실이다. 따라서 때로는 외교적 화의를 통해, 때로는 무력으로 저항하면서 자국의 정치적 자율성을 유지하기 위해 노력했다. 이러한 정치적 자율성에 대한 의지가 한국이라는 정치적 공동체가 장기간 유지될 수 있었던 원인 중의 하나이기도 하다.

그런데 동아시아의 전통적 천하질서 속에서의 자주는 한 국가로서의 절대적 자율성을 의미한다기보다는 주로 종묘사직을 보존할 수 있는 자주, 정교(政敎)와 내치(內治)의 자주로 이해되는 것이 보통이었다. 주권적 맥락에서의 자주 개념은 어디까지나 19세기 말 근대 국제질서에 편입되면서부터 등장했다. 조공·책봉이라는 규범과 제도로 인해 국가 간의 관계는 사실상 국내정치의 연장으로서 군신이나 친인척 관계로 간주되었기 때문에 전통적 자주 개념은 국가 간 관계의 평등성을 조직원리로 하는 주권적 맥락에서의 자주와는 완전히 상이하다.

중요한 것은 한국의 전통적 자주 개념이 대국에 편승해 안녕을 도모하는 사대 개념과 전혀 모순되는 것이 아니고 공존 가능했다는 점이다(이용희, 1972: 181~182). 상하의 위계구조를 예(禮)라는 가치로 이해하는 천하질서 속에서 사대는 기본적으로 불편한 것이 아니라 아름다운 것으로 인식되었다. 조선이 오랜 기간 중국의 속방이었으며 중국은 조선의 상국으로서 사대의 대상이라는 것을 거리낌 없이 인정하는 조선 유학자들의 인식에서 전통적 자주 개념의 속성을 엿볼 수 있다.

사대가 대국에 의존하려는 병폐라는 부정적 어의를 띠게 된 것은 19세기 후반 서방으로부터 주권·독립 사상이 전파되면서부터이다. 특히 갑신정변을 주도한 개화당 인사들이 집권 민씨 세력을 친청 사대당으로 공격하면서 사대는 중국에 의존해 안위를 도모하는 행태로 비난받았다.

그러나 주권 사상의 유입에도 불구하고 전통적 자주 개념이 근대적 자주 개념으로 일거에 전환된 것은 아니다. 적어도 청일전쟁과 갑오개혁 이전에는 한반도에서 청의 영향력 우위를 배경으로 전통적 유산이 남아 있었던바, 이른바 속방자주(屬邦自主) 개념이 이러한 유산을 대표한다.

속방자주론은 조선이 중국의 속방이기는 하지만 동시에 내치와 외교의 자주권을 가진 자주국이라는 주장으로서 중국이라는 후견 세력과 조선의 자주권 어느 일방도 포기할 수 없었던 조선의 처지를 반영하는 개념이다. 대표적인 속방자주론자였던 김윤식이 대미 수교 협상에서 소위 '속방 조항'에 찬성하면서 내세운 논리가 속방 조항을 통해 중국의 후원을 확보해두고 동시에 자주권을 명기해두면 각국과 외교하는 데도 지장이 없어 '양득(兩得)'이라는 것이었다(김윤식, 1958: 57~58). 속방자주론은 독립 개념에 대해서는 부정적이다. 또 다른 속방자주론자였던 어윤중의 논법에 따르면 자주(自主)는 가하나 독립(獨立)은 불가하다는 것이다.[1]

전통적 자주 개념이 근대적 자주 개념에 자리를 내주기 위해서는 청일전쟁과 갑오개혁을 통해 조선에서 중국의 특수한 지위가 청산되는 것이 필요했다. 갑오개혁의 핵심 인물이었던 유길준만 하더라도 1880년대까지는 독립자주가 아니라 이른바 '양절(兩截)'이라는 담론을 사용했다. 조선이 청과의 관계에서는 속방이지만 구미제국과의 관계에서는 독립국으로서 양자는 서로 영향을 미치지 않는다는 논리이다. 유길준의 양절론은 근대적 주권을 지향하는 자주적 발상이었지만 현실적으로 청의 종주권을 무시할 수 없었다는 것을 보여준다. 사실 중국의 압도적 우위를 배경으로 한국외교사에서 자주는 항상 중국과의 관계 설정이었으며, 조선

1 『청계중일한관계사료(淸季中日韓關係史料)』, 문서번호 417(광서 8년 4월 22일), 2권, 593쪽.

이 근대 국제질서에 편입되면서 처음으로 한중 관계가 아니라 국제정치적 맥락에서 자주를 사고하게 되었던 것이다.

1894년 청일전쟁과 갑오개혁을 계기로 만국공법질서, 즉 주권질서 하에서 온전한 자주는 속방자주로는 안되고 독립자주이지 않으면 안 된다는 인식이 확고하게 정착되게 된다. 자주독립 천명, 조·청 간 불평등조약의 폐지, 특명전권대사의 각국 파견, 칭제건원 등 자주독립국으로서의 각종 주권적 조치의 시행이 이를 방증한다. 자주 개념은 이제 주로 독립 개념과 결합되어 사용되었으며 자주독립, 혹은 독립자주라는 용어가 일상화되었다.

갑오개혁 시기의 독립자주가 주로 청과의 속방 관계 청산이라는 취지였다면 그 이후에는 비단 중국뿐만 아니라 모든 열강으로부터의 간섭 배제와 주권국가로서의 지위 확보라는 의미를 내포하게 되었다. 입헌주의를 지향했던 독립협회이건 전제군주제를 추구했던 광무 정권이건 독립자주 노선에는 차이가 없었다. 독립자주 개념의 확립과 함께 사대주의는 청산되어야 할 유산이자 경멸의 대상이 되었다. 역사적 맥락에서는 주로 중국에 대한 사대가 문제이지만 이제 일체의 대국에 대한 의존도 사대주의로 공격받았다.

20세기 들어 주권의 상실과 식민지 시대를 거치면서 자주독립은 더욱 절체절명의 정치적 가치로 고양되었다. 제1차 세계대전 이후 민족자결주의의 국제적 확산도 자주독립이라는 가치에 더욱 힘을 불어넣었다. 자주 개념은 민족주의와 결합되었으며 해방 이후 남북한에서 공히 강력한 민족주의가 고착하게 된다. 남북한의 정부 수립 기치는 모두 민주주의, 자주독립 국가의 건설이었다.

해방에 이은 냉전과 분단 이후 남북한 정부는 자주성을 둘러싸고 선명성을 다투었으며 상대방을 외세에 의존한 괴뢰 정부로 비난했다. 자주는 그만큼 정통성 확보에서 핵심적 개념이었다. 그런데 이 과정에서 초기에는 비교적 유사했던 자주 개념이 점차 이질적으로 변모한바, 이는 주로 북한에서의 자주 개념 절대화에 기인한다.

3. 북한 건국 초기의 자주 개념

북한은 흔히 주체의 나라, 자주의 나라로 묘사되지만 주체나 자주에 절대적 가치가 부여된 것은 주로 1960년대 이후이며 건국 초기에는 자주가 다른 정치적 가치나 이념에 비해 절대적 비중을 차지하고 있었다고 보기 어렵다.

북한 건국 초기의 자주 개념은 어디까지나 자주독립, 말하자면 대외적 자주권이라는 주권의 맥락에서 사용되는 것이 보통이었다. 거의 대부분의 문헌에서 자주 개념은 단독으로 사용되지 않고 '자주독립'이라는 형태로 사용되었다. 말하자면 당시의 자주 개념은 추상적·철학적 개념이라기보다는 구체적으로 민족의 자유를 의미하는 것이었다. 이런 측면에서 보면 북한 초기의 자주 개념은 구한말에 확립되어 식민지 시대로 이어진 독립자주, 자주독립 개념의 연장선상에 있다고 할 것이다.

후일 주체사상에서 애용하는 '자주성'보다는 '자주권'이라는 단어를 주로 사용한 것도 북한 건국 초기의 자주 개념이 철학적 추상성을 추구하기보다는 자주독립이라는 실천적 과제와 연결되어 있다는 것을 보여준다. 다음과 같은 김일성의 연설은 19세기 말의 개화사상가나 20세기 초반 독립운동가들의 자주독립 호소와 하등 다를 것이 없다.

남북의 정치 정세에 대하여 다시 한번 간단히 말하면 하나는 자유와 민주와 완전독립의 길이며 다른 하나는 학살과 반동과 예속의 길입니다. 하나는 부강과 발전과 부흥의 길이며 다른 하나는 쇠퇴와 멸망과 노예의 길입니다 …… 우리는 민주주의민족통일전선의 기치를 높이 들고 부강한 조국 건설을 위하여, 자주독립 국가 건설을 위하여 힘차게 나아가야 합니다.[2]

북한 건국 초기의 자주 개념은 이렇듯 한편으로는 구한말 이래의 독립자주 개념을 계승하면서도 다른 한편으로는 프롤레타리아 국제주의의 영향으로부터 자유로울 수 없었다. 굳이 서열을 매기자면 프롤레타리아 국제주의가 개별 민족의 자주보다 우위에 있었다. 이는 당시의 자주는 무엇보다 민족자결권을 실현하는 것이 최우선 과제였던 것과도 관련이 있다. 따라서 후일 주체사상에서 강조하는 민족의 '자주성'보다는 '민족자결권'이 강조되는데, 스탈린주의에 입각한 민족 문제의 해결이 제시되었다. 프롤레타리아 국제주의적 원칙에 의한 민족자결권을 실행하는 방법으로서만 민족적 압박을 청산할 수 있으며 민족 간의 친선과 평화를 도모할 수 있다는 것이다.[3]

물론, 프롤레타리아 국제주의에 대한 강조의 이면에는 당시 북한의 국가 건설을 위해서 소련의 경제적·군사적 원조가 그만큼 절실했다는 사정이 작용했다고 보아야 할 것이다. 북한 건국 초기에 소련의 원조가 얼마만큼 결정적이었는가에 대해 당시 조선노동당 중앙위원회는 해방 후 3년 동안의 성과가 "오직 소련 정부와 군대가 조선 인민에게 준 진정한 원조의 결과"라고 솔직히 인정한다.[4] 주체사상의 창시자인 김일성 자신도

2 김일성, 「8.14 해방 2주년 평양시 기념대회에서 한 보고」(1947.8.14), 『김일성 저작집』 제3권(평양: 조선로동당출판사, 1979).

3 유성훈, 「민족문제에 대한 맑스-레닌주의적 학설」, ≪근로자≫, 제9호(루계제31호; 1949).

위대한 소련이 조선을 일제 통치로부터 해방시킨 후 조선 인민의 자주독립 국가 건설을 위한 투쟁에서 항상 진정한 원조를 주었다고 찬양했다.[5] 당시 조선노동당 기관지 ≪근로자≫에 게재되었던 김일성의 동 연설은 후일 과도하게 비주체적이어서인지 『김일성 저작집』에는 누락되었다.

자주라는 개념은 당연히 강대국들로부터의 정치적 자율성을 전제하게 되어 있으며 오늘날 북한의 문헌들은 북한의 주적인 미국뿐만 아니라 중국, 러시아 같은 북한의 전통적 우방국들도 흔히 대국으로 분류해 자주적 투쟁의 대상으로 공격하는 경향이 있다. 그러나 북한 건국 초기의 소련은 오로지 원조와 지지의 시혜자일 뿐이었으며 북한의 자율성을 제약할 수도 있는 대국의 이미지와는 거리가 멀었다. 소위 민주기지론에 입각한 북한 체제의 강화와 조국해방전쟁에 대한 소련의 지원을 받아야 하는 처지에서 대국으로부터의 자율성을 주장할 여지는 전혀 없었던 것이다. 오히려 위대한 소련 인민과의 친선을 강화하며 소련의 원조와 지지를 받는 조건하에서만 미국과 같은 강대한 제국주의 세력의 침략으로부터 조국의 완전한 독립과 자유를 수호할 수 있다고 주장했다.[6] 한국전쟁을 목전에 둔 1950년 4월 북한의 내각수상 김일성은 소련 군대가 조선을 일제의 식민지 통치에서 해방시켜주었을 뿐만 아니라 북한의 국가 건설에 필요한 모든 조건을 제공해주었다고 언급했다.[7]

---

4 조선노동당중앙위원회, 「북조선 민주건설의 성과와 그에 있어서의 위대한 소련의 원조에 대하여」, 당중앙위원회 제4차 회의 결정서(1948.12.10).

5 김일성, 「조선민주주의인민공화국 정부대표단의 쏘베트사회주의공화국련맹방문 사업경과 보고」, ≪근로자≫, 제8호(루계제30호; 1949).

6 유정하, 「조소친선의 정치적 의의」, ≪인민≫, 10월호(1949).

7 김일성, 「조소 양국 간의 경제적 및 문화적 협조에 관한 협정체결 1주년에 제하여」, ≪인민≫, 4월호(1950).

북한 건국 초기의 소련이나 후일 한국전쟁 시의 중국을 포함해 사회주의 우방국들과의 연대를 자신의 자주성보다도 중시했던 흐름은 한국전쟁 이후의 시기에도 일정하게 지속되었다. 이는 한국전쟁 중에는 물론 전후 복구 과정에서도 소련과 중국의 지원과 원조가 절박했다는 것을 방증한다. 김일성은 한국전쟁이 막바지에 이르던 시기에 후일 『김일성 저작집』에서는 누락된 문건에서 다음과 같이 솔직히 시인한다.

> 만일 우리가 협애한 민족주의적 껍질에서 벗어나지 못하고 친선적인 나라 인민들과의 연계를 끊어버리고 이 나라들의 지지를 잃어버렸다면 우리는 야수적인 미 제국주의자들에게 병탐되고 말았을 것은 의심할 바 없다.[8]

북한 건국 초기의 비주체적 자주 개념은 소련과 소련의 최고 지도자 이오시프 스탈린(Iosif Vissarionovich Stalin)에 대한 찬양과 우상화에서 극단적 형태를 보여준다. 소련은 물질적·경제적으로 강대하고 부강할 뿐만 아니라 정치적·도덕적으로 견고하고 고상한, 문자 그대로 '인류의 낙원이자 광명'으로 지칭되었다.[9] 심지어 소련의 지도자 스탈린을 김일성보다 훨씬 높게 추앙하며 따르는 개인숭배 양상이 나타나기도 했다. 김일성이 지었다고 하는 스탈린 찬양 노래가 공공연히 소개되었으며 김일성과 조선노동당은 위대한 스탈린의 유훈의 충실한 계승자로 묘사되었다.[10] 한국전쟁 후에도 상당 기간 이어진 적나라한 소련과 스탈린 추종은

---

8 김일성, 「프로레타리아 국제주의와 조선 인민의 투쟁」, ≪인민≫, 7월호, 1954.

9 「권두언」, ≪인민≫, 11월호(1954).

10 ""우리나라의 소박한 사람들은 스탈린에게 대하여 흐르는 시내와 같이 맑고 맑은 노래를 지었으니 스탈린은 바다보다도 더 깊고 산보다도 더 높으며 그의 제자들은 백두산 봉오리의 눈송이보다도 더 많다고 불렀다"(김일성) …… 스탈린의 유훈에 충실한 우리

설사 대내외 상황에 따른 것이었다고는 해도 주체사상의 1930년 기원설의 허구성을 방증한다고 할 것이다.

결론적으로 북한 건국 초기의 자주 개념은 구한말, 식민지 시대의 독립자주, 자주독립 개념과 질적으로 차별적인 것은 아니었으며, 오히려 민주기지 건설과 한국전쟁 수행에 필요한 소련의 원조와 지지를 획득하기 위해 상당 정도 국가적 자율성의 희생을 감수하는 제한적 자주 개념이었다고 할 것이다.

4. 주체사상 맥락에서의 자주

주지하듯이 북한의 자주 개념은 주체사상이 확립되면서 극단화된다. 북한은 후일 주체사상의 기원을 심지어 1930년대 김일성의 항일 무장투쟁에서 구하기도 하지만 주체사상의 기념비적 문헌이 1955년 12월 연설이라는 것에는 북한 연구자들 사이에 큰 이견이 없다. 김일성은 동 연설에서 교조주의와 형식주의를 배격하고 조선의 실정에 맞는 창조적·주체적 태도를 강조한다.

> 사상사업에서 주체가 똑똑히 서 있지 않기 때문에 교조주의와 형식주의의 과오를 범하게 되며 우리 혁명 사업에 많은 해를 끼치게 됩니다. …… 혁명투쟁에 있어서나 건설사업에 있어서나 맑스-레닌주의원칙을 철저히 고수

의 경애하는 수령 김일성 원수와 조선로동당이 가르치는 길에는 항상 영광과 승리가 있음을 잘 알면서 …… ", 「권두언: 스탈린의 사상은 평화와 자유를 위한 투쟁의 기치」, ≪인민≫, 3월호(1955).

하면서 그것을 우리나라의 구체적 조건, 우리의 민족적 특성에 맞게 창조적으로 적용하여야 합니다.[11]

김일성의 동 연설은 확실히 북한이 주체사상의 핵심적 문건으로 주장할 만하다. 비록 주체사상의 핵심적 요소라고 할 수 있는 자주노선이 정식화되지는 않았지만 그 전 문건들에 비해 선명하게 주체적 입장을 강조하고 있다. “당선전선동 일꾼들 앞에서 한 연설”이라는 부제가 붙은 동 연설은 실제로는 당중앙위 확대상무위원회에서 했다는 것이 통설이기는 하나 북한이 굳이 연설 계기를 바꿔야 하는 충분한 이유는 없어 보인다.

일부 학자들은 김일성의 실제 발언 시기와 문건의 진위에 문제를 제기하기도 한다. 중·소 분쟁이 표면화되기 이전에, 더욱이 소련 제20차 당대회 이전에 주체와 자주를 거론했을 리 없다는 것이 위작론의 근거이다(和田春樹, 1998). 그런데 실제 김일성은 동 연설에서 아직 본격적으로 ‘자주’를 주창하지도 않았고 사상사업에서 주체 확립만 강조했을 뿐이다(Myers, 2006). 따라서 문건 내용 자체를 조작할 필요성은 없어 보인다.

중요한 것은 동 문건의 조작 여부가 아니라 원래 그 정도로 비중 있는 문건은 아니었는데 후일 실제 이상의 의미 부여를 했다는 사실일 것이다. 실제로 김일성의 1955년 연설 이후 이를 확산하기 위한 어떤 시도도 없었으며 김일성 자신도 간헐적으로만 주체에 대해 언급했을 뿐이다. 심지어 1959년 출판된 『정치용어사전』에도 ‘주체’라는 항목이 없다는 사실은 김일성의 ‘주체 연설’에도 불구하고 1950년대까지는 충분한 의미 부여가 되지 않았다고 보아야 할 것이다. 1955년 문건의 최초의 영문 번역은

11 김일성, 「사상사업에서 교조주의와 형식주의를 퇴치하고 주체를 확립할 데 대하여」(1955.12.28), 『김일성 저작집』 제9권(평양: 조선로동당출판사, 1979).

1965년에 나왔는데 처음부터 'Juche'로 표기되어 있다. 반면 1965년 『소비에트 철학사전』 번역에서는 '주체'를 'subject'의 번역어로 선택하고 있다. 이러한 사정을 감안하면 1955년 맥락에서는 '주체'가 사실상 'subject' 정도의 의미이나 후일 좀 더 심오한 의미를 부여하기 위해 'Juche'라는 고유명사를 선택한 것으로 추정된다.

한편, 주체사상의 기원과 관련해 김정일은 김일성이 일찍이 1930년 6월 카륜에서 진행된 공청 및 반제청년동맹지도간부회의에서 '조선혁명의 진로'라는 보고를 통해 주체사상을 창시했다고 주장한다.[12] 주체사상의 기원을 1931년 중국공산당 가입이나 1940년 소련으로 이동하기 전인 1930년에서 잡은 것은 마오주의나 스탈린주의의 영향을 배제하기 위한 고려인 것으로 보인다. 후일 가필되었을 문건 내용을 그대로 인정한다고 하더라도 다분히 과장된 해석이다. 김일성 자신은 당시의 보고가 주체사상을 핵심으로 하고 있으나 이후 부단히 발전·풍부화되어 오늘과 같은 체계를 갖추게 되었다면서 1955년 전후 사회주의 건설 시기에 특별히 강조했다고 회고했다.[13]

물론, 1955년 12월 연설 이전에도 마르크스-레닌주의의 창조적 적용과 조선의 문화유산에 대한 강조가 간헐적으로 발견되기는 한다. 특히 1940년대부터 선전선동에서 조선 역사와 민족문화를 지속적으로 강조했다. 예컨대, 1951년 11월 1일 당중앙위원회 제4차 전원회의 보고, 1952년 12월 15일 당중앙위원회 제5차 전원회의 보고 등에서 마르크스-레닌주의의 우리 실정에 맞는 적용을 강조했다. 특히, 1955년 4월 1일 당중앙

12 김정일, 「주체사상에 대하여」, 『북한자료집 김정일 저작선』(서울: 경남대 극동문제연구소, 1991).

13 김일성, 『회고록: 세기와 더불어』 제2권(평양: 조선로동당출판사, 1992), 52~53쪽.

위 전원회의 보고와 연설은 종파주의를 비판하면서 마르크스-레닌주의를 조선의 현실에 맞게 적용할 것을 주장해 1955년 12월 문건과 대동소이하다.

한국전쟁 시 소련과 중국에 대한 종속적 지위, 작전권 상실의 뼈아픈 경험도 주체사상 태동의 배경으로 작용했다. 한국전쟁 시 소련은 북한과 중국의 배후에서 작전을 일일이 지시·간섭하며 전쟁을 총지휘했으나 정작 소련의 이익과 관련한 사안에서는 소극적인 태도로 일관했다. 중국은 지원군의 참전 이후 펑더화이(彭德懷)가 조중연합사령부 사령관을 맡으며 작전을 지휘했고, 북한은 김웅이 부사령관, 박일우가 부정치위원을 맡아 펑더화이의 지시를 받았으며 북한인민군 최고사령관으로서 김일성의 지위는 명목화되었다. 이렇듯 주체사상의 구성적 요소가 이전부터 일정하게 존재하고 주체사상 태동의 분위기가 성숙한 것은 사실이지만 1950~1960년대 들어서면서 결정적 계기가 형성된 것으로 보아야 할 것이다.

주체사상의 극단적 자주 개념이 태동하게 된 배경은 일차적으로 노동당 내의 권력투쟁, 노선투쟁이라는 국내정치적 맥락이었다. 주지하듯이 한국전쟁을 거치면서 무정, 허가이, 박헌영 등 김일성의 정적들이 제거되었으며 1956년 8월 종파사건을 계기로 최창익, 박창옥 등 연안파와 소련파의 잔존 세력들마저 숙청된다. 전후 복구와 건설 노선을 둘러싼 사회주의 발전 전략 논쟁에서 연안파와 소련파는 중공업 우선과 경공업, 농업의 동시 발전이라는 김일성의 정책에 공개적으로 반대했다. 이러한 권력투쟁 과정에서 김일성은 외세에 의존하는 종파들에 대한 반종파, 주체라는 명분이 효과적이라는 것을 확인하게 된다. 김일성은 1955년 12월 주체 연설에서도 허가이, 김재욱, 박일우 등을 거명하며 소련에서 나온 사람들은 소련식으로, 중국에서 나온 사람들은 중국식으로 하자고 싸웠다는 것을 비난하고 있다. 사실상 주체사상이 권력투쟁, 노선투쟁의 소산임을 인정한 셈이다.

김일성은 1956년 8월에 당전원회의에서 최창익, 박창옥 등을 축출했으나 평양으로 파견된 러시아 부수상 아나스타스 이바노비치 미코얀(Anastas Ivanovich Mikoyan), 중국 국방부장 펑더화이의 압력으로 9월 전원회의에서 이를 번복하는 수모를 겪기도 한다. 이렇듯 1950년대까지는 소련의 영향력이 크게 작용해 연안파, 소련파 세력들에 대한 공격을 하면서도 소련공산당에 대해서는 눈치를 보는 이중적 태도를 보였으며 심지어 이 과정에서 김일성 우상화를 시인하기도 했다.[14] 또한, 1956년 이후로 북한 공식 문건들에서 마르크스-레닌주의의 창조적 적용과 혁명 전통을 강조하는 논조가 현저해지기는 하지만 프롤레타리아 국제주의에 대한 강조도 여전했다. 김일성은 1957년 12월 연설에서 민족적 특성을 지나치게 내세우고 마르크스-레닌주의의 일반적 원칙으로부터 물러서는 것은 사회주의의 위업에 손실을 초래하게 된다고 언급하기도 했다.[15] 국

---

14 "조선노동당 중앙위원회는 소련공산당 중앙위원회의 결정서 「개인 숭배와 그의 후과를 퇴치할 데 관하여」를 전폭적으로 지지하며 …… 본 전원 회의는 우리나라에서도 약간한 정도의 개인숭배가 존재했다고 인정한다. 이는 주로 우리 당 사상사업에서 한 개인의 역할과 공로를 지나치게 찬양하는 데서 표현되었다 …… 그러나 당의 지도자들에 대한 대중의 신임과 존경을 개인숭배와 혼동함으로써 당의 영도를 훼손하려 하며 당 지도자들의 역할을 부인하며 당의 중앙집권제를 무시하며 당 지도부에 대한 불신임을 조성하며 당의 통일을 방해하려는 옳지 않은 경향에 대하여 당은 경계하여야 한다." 조선로동당중앙위원회, 「형제적 제 국가를 방문한 정부 대표단의 사업 총화와 우리 당의 당면한 몇가지 과업들에 관하여」(전원회의 결정, 1956.8.30~31), 『결정집』(평양: 조선로동당중앙위원회, 1956).

15 김일성, 「모스크바에서 진행된 위대한 사회주의 10월 혁명 40주년 경축 행사와 각국 공산당 및 로동당 대표 회의들에 참가한 우리 당 및 정부 대표단의 사업에 관하여」, ≪근로자≫, 제12호(루계제145호; 1957).

내정치적 권력투쟁에서의 승리에도 불구하고 주체사상의 극단적 자주 개념이 확고히 뿌리내리기 위해서는 중·소 분쟁이라는 외부적 계기가 필요했던 것이다.

중·소 분쟁은 1957년부터 내연하기 시작해 1960년 중국의 수정주의 비판으로 전면화되었으며 이는 북한에 자주노선의 계기를 제공했다. 소련 한인 출신으로 북한 외교 고문을 지낸 박덕환의 증언에 따르면 1955년 제기된 이후 확산되지 않던 주체에 대한 테제가 1959년 후반 이후부터 제한된 당국가 엘리트들을 대상으로 당문건과 강연에서 강조되기 시작했으며 당비서 김도만과 당중앙위 부위원장 김창만이 중심적 역할을 수행했다고 한다.[16] 체코 대사 코호우세크(Kohousek)가 작성한 보고서도 1960년 말부터 북한에서 민족주의적 경향이 강해졌으며 주체 원칙의 잘못된 적용으로 북한 자신의 능력을 과장하고 소련의 지원을 무시하는 흐름이 이어지고 있다고 지적했다.[17]

정리하자면 주체사상이 조선노동당 내부적으로 확립되고 엘리트층에 본격적으로 확산되기 시작한 것은 1959~1960년으로서 권력투쟁에서 김일성의 최종적인 승리와 중·소 분쟁이라는 현실적인 계기가 필요했다고 할 것이다. 주체에 대한 후속 장문 논설은 1962년 12월 19일 자 ≪로동신문≫ 사설, 1965년 김일성의 인도네시아 연설, 1966년 8월 12일 자 ≪로동신문≫ 논설 등으로서 단지 사상사업에서 주체를 세우는 것을 넘어서 외교에서의 자주, 국방에서의 자위, 경제에서의 자립을 포괄하는

---

16 "From the Journal of N. Ye. Torbenkov, Record of a Conversation with DPRK MFA Counselor Park Deok-hwan"(1960.6.1), Woodro Wilson Center, NKIDP Document Reader Series.

17 "Report on Political Development in the DPRK"(1961.4.18), Woodro Wilson Center, NKIDP Document Reader Series.

총체적 자주노선으로 자리매김하게 된다.

주체사상에 이르러 북한의 자주 개념은 극단적 자율성, 특히 대국으로부터의 자율성, 독자성, 자위적·자립적 맥락에서의 자주를 강조하는 방향으로 변화했다. 구한말이나 식민지 시대의 독립자주처럼 비단 제국주의로부터의 자주뿐만 아니라 모든 대국으로부터의 자주, 특히 소련이나 중국 등 사회주의 대국들과 공산당으로부터의 자주를 의미했다. 자주성은 그 누구도 침해할 수 없는 신성한 권리로서 모든 당은 다른 형제당들의 자주성을 존중할 의무가 있다는 것이다.

> 우리 당도 대국주의자들의 내정간섭을 받은 쓰라린 경험을 가지고 있습니다. 물론 대국주의자들은 응당한 반격을 받았습니다. 당시 우리는 참기 어려웠지만 혁명의 이익과 단결의 염원으로부터 출발하여 문제를 내부적으로 해결하였습니다. 우리는 앞으로도 온갖 내정간섭을 반대하고 대국주의를 경계하여야 합니다.[18]

주체사상의 자주 개념은 자주노선이라는 정책으로 구현되었으며 특히 국방에서의 자위와 경제에서의 자립이 강조되었다. 경제적 어려움과 한정된 자원에도 불구하고 사실상 국방력 건설을 우선시하겠다는 것을 의미하는 병진노선은 이런 배경하에서 태동되었다. 또한, 경제적 자력갱생의 원칙, 민족문화와 전통에 대한 강조도 주체사상의 극단적 자주 개념의 발로였다.

주체사상 맥락에서의 자주 개념이 내포하는 중요한 특징 중의 하나

---

18 김일성, 「현 정세와 우리 당의 과업」, 제2차 조선노동당 당대표자회 연설(1966.10.5), 『김일성 저작집』 제20권(평양: 조선로동당출판사, 1979).

는 '혁명'과 불가분의 관계에 있다는 것이다. 소위 '전 조선혁명'에 대한 김일성의 집착과 남한 중간층과 지식층에 대한 포섭 의지가 주체사상, 자주노선 주창의 배경으로 작용하고 있다는 말이다. 국제정세의 변화로 제2차 조국해방전쟁이 불가능하다면 이른바 3대혁명 역량 강화, 특히 남조선혁명 역량의 강화를 위한 남한 내지지 세력 확보가 필수적인데 이 경우 주체와 자주가 유용한 수단이 될 수 있다고 보았던 것이다. 김일성은 동독 대표단과의 면담에서 자주노선을 주창한 이유를 남한 내 지지 세력을 확보하기 위해서라고 설명한 바 있다. 조선혁명은 가장 강한 적, 미제를 마주하고 있기 때문에 모든 혁명 역량과의 연대가 절실한데 '자주(self-reliance)'는 남조선의 지식인들과 인민들을 계몽시키는 데 결정적으로 중요하다는 것이다.[19]

이렇듯 북한의 자주 개념에는 혁명 개념이 투영되어 있다는 점이 남한의 주로 반외세 맥락에서의 자주 개념과 차별적이다. 주체사상의 원리상 "인류 역사는 인민대중의 자주성을 위한 투쟁의 역사"인 만큼 자주는 기본적으로 혁명을 통해 실현될 수 있는 문제로 간주된다. 북한의 혁명적 자주 개념은 남북 관계에도 그대로 투영되었다. 주지하듯이 7·4남북공동성명에는 자주와 민족대단결이라는 두 가지 원칙이 반영되었는데 북한의 저명한 당이론가 허종호에 따르면 민족적 대단결의 원칙을 관철하기 위해서는 남조선 사회의 민주화를 실현하고 정치 활동의 자유를 보장하는 것이 요구된다는 것이다(허종호, 1975: 216). 김일성이 이후락과의 회담에서 민족적 대단결(solidarity) 원칙을 반복해서 강조한 것도 결국 남조선혁명을 염두에 둔 것으로 해석할 수 있을 것이다.[20]

---

19 "Memorandom On the Visit of the Party and Government Delegation of the GDP"(1968.4.23), Woodro Wilson Center, NKIDP Document Reader Series.

북한의 자주 개념은 통일 이데올로기와 불가분의 관계에 있으며 통일 방법론이라는 것이 또 다른 특징이다. 김일성은 한국전쟁 이전에는 서울 땅을 밟아보지 못한 인물이지만 조선을 대표하는 지도자가 되기를 희구했다. 단지 북한 지역뿐만 아니라 전 조선의 지도자가 되기를 원했던 김일성은 살아생전 단 한 번도 전 조선혁명, 말하자면 통일을 포기한 적이 없다. 한국전쟁을 전후한 시기에는 이른바 민주기지론에 입각해 조국해방전쟁을 통한 통일을 추구했으며 전쟁을 통한 통일이 사실상 어려워지자 남조선혁명론과 3대혁명역량론에 입각한 통일을 추구하는 방향으로 선회했다.

그런데 중요한 것은 북한에서 통일은 단순한 통합으로 이루어지는 것이 아니라 미제에 의해 빼앗긴 남녘땅과 남조선 인민들을 예속에서 해방함으로써 이루어지는 혁명 문제이며 전국적 판도에서 민족적 자주권을 확립하기 위한 민족해방혁명으로 간주되고 있다는 것이다(허종호, 1975). 자주 개념과 마찬가지로 통일 개념도 결국 혁명 개념과 연결된다. 자주성을 강조하면 할수록 남측 인민들의 지지를 받을 수 있으며 북한 주도의 통일이 가능할 것이라는 발상인 것이다. 더욱이 전쟁이 아니라 평화적 방법에 의한 통일 가능성을 열어두기는 하지만 전쟁에 의한 비평화적 통일을 배제하는 것은 아니고 미국이 전쟁을 일으키거나 미국의 힘이 약화되어 남조선혁명이 일어나고 북의 지원을 요구할 때는 비평화적 방법에 의한 통일도 가능한 것으로 설정되어 있다(허종호, 1975: 267~270). 북한에서 자주 개념이 본격적으로 강조된 것은 건국 초기가 아니라 1960년대 들어 북한이 3대혁명역량론을 체계화하고 통일 공세를 펼치면서부

20 "Conversation between Kim Il Sung and Lee Hu-rak"(1972.5.4), Woodro Wilson Center, NKIDP Document Reader Series.

터라는 것을 기억해야 할 것이다.

5. 자주 개념의 메타이론 격상과 물신화

주체사상은 1967년을 계기로 굴절되기 시작했으며 김일성 유일지배체제 확립을 거치면서 정치·외교에서의 자주노선에 그치지 않고 마르크스-레닌주의를 대체하는 보편적 사상이론으로 재편되었다(이종석, 2000). 1970년 11월에 열린 조선노동당 제5차 대회는 전 사회의 주체사상화를 과제로 내세웠으며 1972년에는 헌법 개정을 통해 유일지배체제를 확립하기에 이른다.

김정일은 주체사상의 이론화 작업을 주도하면서 주체사상을 유일사상으로 확립했다. 북한의 자주 개념은 '자주성'이라는 메타이론적 개념으로 격상되면서 인간과 사물의 속성으로 정의되었다. 주체사상은 사람을 위주로 하여 철학의 근본 문제를 제기하고 사람이 모든 것의 주인이며 모든 것을 결정한다는 철학적 원리를 밝혔다는 주장이다.

> 자주성은 세계와 자기 운명의 주인으로서 자주적으로 살며 발전하려는 사회적 인간의 속성입니다. 자주성으로 하여 사람은 자연의 구속을 극복하고 사회의 온갖 예속을 반대하며 모든 것을 자신을 위하여 복무하도록 만들어 나갑니다 …… 인류 사회의 발전 역사는 자주성을 옹호하고 실현하기 위한 인민대중의 투쟁의 역사입니다.[21]

21 김정일, 「주체사상에 대하여」.

사회주의권 붕괴와 김일성의 사망 이후 소위 고난의 행군을 거치면서 북한은 더욱 극단적인 자주노선을 채택하기에 이른다. 사회주의권의 붕괴에 이은 한소수교(1990), 한중수교(1992)는 북한의 고립을 심화시키면서 더욱 자력갱생의 길을 모색할 수밖에 없는 외부적 환경을 조성했다. 1990년대 중반 북한에 들이닥친 극심한 자연재해도 적지 않은 영향을 주었다. 1990년대 절체절명의 체제 위기를 극복하면서 북한의 자주 개념은 단지 정체성과 명분이 아니라 자신의 능력에 대한 확신으로 내재화되었다. 북한은 주체성과 민족성이 강한 자주적인 사회주의 국가로서 어떤 대적도 물리치고 온갖 난관과 시련을 극복하는 불패의 사회주의 강국이라는 자의식이다.

김정일은 한국전쟁에서의 승리는 북한체제의 우월성에서 비롯된 것이라고 주장했다. "미제국주의의 '강대성'에 대한 신화를 깨뜨리고 세계 전쟁 역사에서 처음으로 미제에게 참패를 안긴 전승 업적"이라는 것이다. 또한, 사회주의권 붕괴에도 불구하고 북한이 생존할 수 있었던 것도 자주노선의 승리로 찬양된다.

> 지난 세기 90년대에 이르러 정세는 급변했으며 우리 조국과 혁명은 역사에 유례없는 엄혹한 난관과 시련에 부닥치게 되었습니다. …… 크지 않은 우리나라가 단독으로 미제를 우두머리로 하는 제국주의 반동들과 싸워 나라와 민족, 사회주의를 수호한 것은 세계사적 의의를 가지는 위대한 승리입니다.[22]

22 김정일, 「담화: 조선민주주의인민공화국은 불패의 위력을 지닌 사회주의국가이다」, ≪로동신문≫(2008.9.5).

북한의 자기 확신과 자신감은 1990년대 후반 이후 김정일의 선군노선과 강성대국론이 제기되는 배경이 되었다. 국력에서 제일 국력은 군사력으로서 선군정치로 인해 북한이 어떤 침략 세력도 넘볼 수 없는 세계적인 군사 강국이 되었다는 주장이다. 특히 핵무기와 장거리 로켓의 개발 성공은 북한체제의 자신감을 결정적으로 고양시켰으며 김정은 시대에 이르러서는 자주권의 담보로서 핵무기가 물신화되는 과정을 겪게 되었다.

> 우리의 핵무력은 믿음직한 전쟁 억제력으로, 민족의 자주권을 수호하기 위한 담보로 됩니다. 핵무기가 세상에 출현한 이후 근 70년간 세계적 규모의 냉전이 오랜 기간 지속되고 여러 지역들에서 크고 작은 전쟁들도 많이 있었지만 핵무기 보유국들만은 군사적 침략을 당하지 않았습니다.[23]

김정은 정권은 초기 일시적으로 일부 비핵화 조치를 포함한 2·29합의를 도출하는 전향적 모습을 보이기도 했으나 이내 장거리 로켓 발사를 강행하는 등 과거로 회귀했다. 김정은 체제의 브랜드로 내세운 소위 '병진노선'도 공공연히 핵무력을 공식화하는 등 기존의 선군노선에서 벗어나지 못했으며 2013년 상반기 내내 미국과 중국 등 대국들을 상대로 하는 자주 캠페인을 전개하기도 했다. 김정은 정권의 핵무력 정책은 그것이 북한의 자주성을 대표하는 실체이며 김정은 정권의 정당성 강화에 필수적이라는 인식에 기반하고 있다.

> 강성국가 건설과 인민생활 향상을 총적 목표로 내세우고 있는 우리 당과 공화국 정부에 있어서 평화는 더없이 귀중합니다. 그러나 우리에게는 민족

---

23 김정은, 「조선노동당 중앙위 3월 전원회의 보고」, ≪조선중앙통신≫(2013.3.31).

의 존엄과 나라의 자주권이 더 귀중합니다.[24]

김정은이 잠재적 최대 정적, 장성택을 처형하면서 매국노로 지목한 것은 과거 김일성 시대의 박헌영 제거 과정과 놀랍도록 유사하며 북한에서 자주 이데올로기가 권력 장악에 가장 효과적 수단이라는 것을 시사한다. “장성택은 비열한 방법으로 권력을 탈취한 후 외부세계에 ‘개혁가’로 인식된 제놈의 추악한 몰골을 이용하여 짧은 기간에 ‘신정권’이 외국의 ‘인정’을 받을 수 있을 것이라고 어리석게 망상했다.”[25] 핵무기의 물신화 지경에까지 이른 북한의 자주 개념은 김정은 정권의 정당성과 직결되어 있어 스스로 자주 개념을 유연화할 수 있을지는 미지수이다. 핵자주를 비핵자주 담론으로 변경하는 문제는 그리 간단하지만은 않을 것이다.

6. 결론에 대신하여

북한의 김정은은 집권 이후 수년간 정치적으로는 공포정치를 통해 권력을 다지면서 군사적으로는 핵능력을 고도화하는 데 주력해왔다. 김정은이 2013년 권력 장악 이후 경제 건설과 핵무력 건설의 병진노선을 제시하자 기존의 선군노선으로부터의 전환을 기대하는 분석이 나오기도 했다. 그러나 김정은 정권의 이후 행보를 통해 적어도 병진노선이 적어도 지난 7년간은 사실상 핵무력 건설에 주력하는 정책에 지나지 않는다

24 김정은,「김일성 주석 탄생 100돐 경축 열병식 연설」, ≪조선중앙통신≫(2012.4.15).

25 “공화국 형법 제60조 따라 장성택 사형: 국가안전보위부 특별군사재판”, ≪조선중앙통신≫(2013.12.13).

는 것이 입증되었다.

2016년 5월, 36년 만에 개최된 제7차 당대회에서도 새로운 국가발전 전략이 제시되기보다는 비서국 폐지 및 정무국 신설, 노동당 위원장 직책 신설 등을 통해 김정은의 권력을 강화하는 데 주력했다. 김정은 위원장은 소위 '국가경제발전 5개년 전략'의 수행을 독려했지만 눈에 띄는 새로운 조치는 없었다. 제7차 당대회에 연이어 6월에 개최된 최고인민회의에서는 사회주의헌법 개정을 통해 국방위원회를 대신해 국무위원회를 신설하고 김정은을 국무위원장에 추대했다. 제7차 당대회와 마찬가지로 김정은 중심의 권력 구조 강화가 키워드였다.

핵무력 건설에서는 속도전이 전개되었다. 2012년 4월, 북미 간 2·29 합의를 백지화시킨 장거리 로켓 발사가 실패하자 동년 12월, 끝내 이를 성공시켰다. 핵실험의 주기도 빨라져, 2013년 2월의 3차 핵실험 이후 거의 3년 만인 2016년 1월에 4차 핵실험을 실시했으나, 5차 핵실험은 불과 8개월밖에 걸리지 않았다. 핵무력 건설의 속도전은 2017년에도 이어져 6차 핵실험이 실시되었고, 비록 고각 발사였지만 미국 본토를 사정거리로 하는 ICBM 시험 발사에 성공하기도 했으며 2017년 11월 29일, 화성-15호 발사 이후에는 마침내 스스로 "핵무력 완성"을 선언하기에 이른다. 애초에 북한이 병진노선을 천명하면서 내세운 주장은 국방비를 늘리지 않고도 방위력을 강화하면서 경제 건설과 인민생활 향상에 집중할 수 있게 한다는 것이었다.[26] 다만 경제 건설에 주력하기 위해서라도 우선 핵억제력의 완성이 우선시되는 것이 당연한 논리적 귀결이다. 그런데 북한 스스로 핵무력 완성을 선언함에 따라 병진노선에도 변화가 불가피한 상황이 발생한 것이다.

26 김정은, "조선노동당 중앙위 3월 전원회의 보고," ≪조선중앙통신≫(2013.3.31).

2018년 이후 남북 관계, 북미 관계를 막론하고 북한의 김정은 위원장이 보여주고 있는 파격적 행보는 "전략노선"의 전환으로 설명된다. 김정은 위원장은 4월 20일 조선노동당 중앙위원회 제7기 제3차 전원회의에서 병진노선의 승리를 주장하면서 사회주의 경제건설 총집중이라는 새로운 전략노선을 천명했다. 한 달도 안 되는 사이에 두 차례의 남북정상회담을 개최하고 역사상 최초의 북미정상회담을 개최하는 마당에 전략노선의 변화는 어찌 보면 당연하다고 할 것이다.

문제는 물신화 지경에까지 이른 '핵자주'라는 개념의 운명이다. 미국과의 정상회담에 나선 이상 비핵화 공약을 회피할 수는 없을 것이다. 과연 북한에 핵 없는 자주가 가능할 것인가. 물론 북한은 한반도의 비핵화를 말하면서도 세계의 비핵화라는 군축 논리를 내세울 수 있고, 실제 비핵화 조치가 완성되기까지에는 최소 수년에서 최대 수십 년의 많은 시간이 소요될 것이기 때문에 상당 기간 핵국가의 지위를 주장할 수 있을 것이다. 북한은 이러한 전략적 지위를 '전략국가'라는 개념으로 제시하기도 했다. 그러나 궁극적으로 비핵화를 회피할 수 없다면 핵자주는 언젠가 생명을 다할 수밖에 없을 것이다. 북한의 철천지원수 미국과의 역사적 수교가 핵자주 포기의 충분한 보상이 될 수 있을 것인지 지켜볼 일이다.

북한의 자주 개념은 건국 초기의 자주독립 담론, 주체사상의 극단적 자주노선과 메타이론적 자주 개념을 거쳐 핵무기를 자주성의 실체로 물신화하는 지경에까지 이르렀다. 그런데 핵무력 완성을 선언하면서 역설적으로 그동안 핵개발이 고양해주었던 정치적 효과는 반감될 수밖에 없게 되었다. 핵이 군사적 자주성을 부여하는 것은 부인할 수 없지만 핵을 먹고 살 수는 없기 때문이다. 구소련이 핵이 없어서 망한 것이 아니듯이 북한도 핵만 가지고는 생존을 보장할 수 없다. 김정은 정권이 비핵화 협상과 북미 관계 정상화를 계기로 북한 인민들에게 '핵자주' 이외에 설득력 있는 비전을 제시할 수 있을 것인가가 관건이다. 만약 새로운 비전을 제시하는 데 실패할 경우 북한에서 반세기 이상 위력을 발휘했던 자주 담론의 정치적 호소력도 급속히 저하될 것이다. 그런 의미에서 북한에서 자주의 진실이 드러나는 순간은 지금부터라고 할 것이다.

참고문헌

1. 1차 자료

김일성. 1979.『김일성 저작집』. 평양: 조선로동당출판사.
_____. 1992.『세기와 더불어: 김일성 회고록』. 평양: 조선로동당출판사.
김정일. 1991.『북한자료집 김정일 저작선』. 서울: 경남대 극동문제연구소.
김정은.「김정은 연설문」.
허종호. 1975.『남조선혁명과 조국통일 이론』. 평양: 사회과학출판사.

조선로동당. 1947~1957. ≪근로자≫.
조선로동당중앙위원회. 1946~1956.『결정집』.
조선민주주의인민공화국. 1949~1956. ≪인민≫.

Woodro Wilson Center. NKIDP Document Reader Series.
고려대학교 아세아문제연구소. 1969.『북한연구자료집』제1집.
고려대학교 아세아문제연구소. 1974.『북한연구자료집』제2집.

『정치사전』.
『정치용어사전』.
≪노동신문≫.
≪조선중앙통신≫.
조선중앙통신사. 1945~1955.『해방후 10년 일지』

김윤식. 1958.『음청사』. 국사편찬위원회 엮음. 서울: 탐구당.
『청계중일한관계사료(淸季中日韓關係史料)』

2. 연구문헌

서재진. 2001.『주체사상의 형성과 변화에 대한 새로운 분석』. 통일연구원 연구총서. 서울: 통일연구원.

이용희. 1972.「대담: 사대주의: 그 현대적 해석을 중심으로」. ≪知性≫, 2·3월호.

이종석. 2000. "주체사상의 내용과 역사." 제2부 제1장『새로 쓴 현대북한의 이해』서울: 역사비평사.

이미경. 2001.「북한의 대외관계와 주체사상의 형성: 한국전쟁 시기를 중심으로」. ≪국제정치논총≫, 43권 2호.

정성장. 2000.「주체사상의 기원과 형성 및 발전 과정」. ≪한국정치외교사논총≫, 21권 2호.

최용호. 1997. "북한 역사학의 특성과 문제점." 한국사 시민강좌 20. 서울: 일조각.

和田春樹. 1998.『北朝鮮－遊擊隊國家の現在』. 東京: 岩波書店.

Choe, Yong-Ho. 1981. "Reinterpreting Traditional History in North Korea." *Journal of Asian Studies*, Vol. 40, No. 3.

Myers, Brian. 2006. "The Watershed That Wasn't: Re-evaluation Kim Il Sung's Juche Speech of 1955." *Acta Koreana*, Vol. 9, No. 11.

Park, Han S. 2000~2001. "Perceptions of Self and Others: Implications for Policy Choices." *Pacific Affairs*, Vol. 73, No. 4(Winter).

제6장

마상윤

자유민주주의의 공간

1960년대 전반기 ≪사상계≫를 중심으로

1. 머리말

자유민주주의는 해방 이후 현대 한국 정치의 지배적 정치규범이다. 해방 직후 제기되었던 민주주의에 대한 다양한 제안과 구상(김정인, 2016)은 한국전쟁 이후 한반도 냉전이 격화되며 한국 정치에서 유효성을 크게 상실했고, 자유민주주의가 정당성을 인정받는 거의 유일한 정치이념으로 자리 잡게 되었던 것이다. 그러나 그 이념은 "지속적으로 도전받아왔고, 무시되었으며, 비록 가장된 형태이기는 하지만 특히 정권 담당자들에 의해 경멸을 받아왔다"(박상섭, 2012: 255). 또한 박정희가 행정적 민주주의, 민족적 민주주의 또는 한국적 민주주의를 가지고 그러했듯이 대체가 시도되기도 했다(강정인, 2014). 적어도 1980년대 후반 민주화 이전까지 자유민주주의는 이상으로서만 남아 있었을 뿐, 현실의 정치는 이상에 반해 움직였다.

자유민주주의의 이상으로서의 존속과 현실적 실패가 공존했던 현상은 국제 냉전을 배경으로 나타났다. 한국은 미국의 하위 파트너로 냉전의 국제정치에 편입되었으며, 적어도 명분의 차원에서 미국의 정치이념인 자유민주주의를 표방하지 않을 수 없었다. 그러나 자유민주주의는 당시 한국 정치에서 사실상 제대로 기능하기 어려웠다. 자유민주주의가 서양으로부터 외래 이념으로 수용되었으나 한국 사회에는 정작 그 이념의 실질적 작동을 뒷받침할 수 있는 전통과 인적·물적 기반이 결여되었기 때문이다. 이러한 사정에서 한국의 자유민주주의는 사실상 반공주의의 다른 이름에 불과했다는 자조적 평가도 나온다.

※ 이 글은 ≪한국정치연구≫, 25권 2호(2016)에 같은 제목으로 게재된 논문을 수정·보완한 것이다.

이 글은 ≪사상계≫를 중심으로 1960년대 현실정치의 맥락에서 지식인들이 자유민주주의를 어떻게 관념했는지를 살핀다. 1960년대의 한국 정치가 이승만 정권의 붕괴 이후 1년 남짓을 제외하면 줄곧 권위주의 정부 아래 놓여 있었음은 주지하는 바이며, 그렇기 때문에 1960년대의 자유민주주의 논의는 별 주목을 받지 못했다. 1960년대 한국 정치 연구는 주로 산업화와 이를 추진한 박정희에 초점을 맞추었다(예를 들어 강정인, 2014; 류상영, 2002). 그러나 냉전의 국제정치 그리고 한반도 분단의 구조 아래에서도 일단의 지식인들이 자유민주주의의 실현을 꿈꾸었다는 것도 엄연한 사실이다. 바로 ≪사상계≫를 중심으로 활발하게 정치적 논의를 전개했던 지식인 그룹이다. ≪사상계≫는 한국전쟁 중이던 1953년에 장준하에 의해 창간되어 1970년 폐간될 때까지 한국 지성계를 대표하는 고급 교양지였다. ≪사상계≫는 그 목적을 "자유·평등·평화·번영의 민주사회건설"에 두고 있었던바(≪사상계≫, 1955.8), 자유민주주의는 ≪사상계≫의 이념적 좌표를 표상하는 대표 개념이었다 해도 과언이 아니다. ≪사상계≫를 주도했던 지식인들은 권위주의 정부에 대해 비판의 거리를 두면서 동시에 '혁신계'라고 불린 그룹과도 차별성을 유지했다. 이들은 자유민주주의를 지지하면서도 반공주의 입장을 견지했고, 동시에 후진성의 탈피를 위한 근대화 과제에도 강한 열정을 드러냈다.

이러한 사실로부터 우리는 자유민주주의의 실현 가능성과 관련한 몇 가지 질문을 떠올리게 된다. ≪사상계≫로 대표되는 한국의 자유민주주의자들은 무엇을 꿈꿨는가? 이들이 머릿속에 그렸던 자유민주주의라는 개념의 내용은 무엇이었나? 이들의 한계는 무엇이었는가? 또 이들의 실패 경험은 이후의 한국 정치에 무엇을 남겼는가? 이러한 질문은 비록 한국 정치의 역사에서 실현되지는 않았으나 그럼에도 불구하고 실재했던 자유민주주의의 가능성에 대해 묻는다는 점에서 충분히 의미 있는 것이라 생각된다.

시기적으로 이 글은 1960년대 전반기에 초점을 맞춘다. 그 이유는 한국의 자유민주주의 그리고 ≪사상계≫의 역사와 관련이 있다. 첫째, 한국에 자유민주주의가 도입된 것은 해방 이후의 일이지만 자유민주주의의 명분이 현실정치에 영향을 미칠 수 있는 정도로 내재화된 것은 1960년에 이르러서였다. 4·19는 바로 이러한 변화를 가시화한 것이었다. 아울러 1960년대 전반기에는 민주주의의 제도적 외양이 유지되면서 제한적으로나마 언론의 자유가 있었고, ≪사상계≫ 같은 잡지를 중심으로 지식인들의 활동 공간도 유지되었다. 둘째, 1960년대 전반기는 정치적 오피니언을 선도하는 ≪사상계≫의 역할이 활발히 전개되던 시기이다. 1953년 창간에서 1958년까지 ≪사상계≫는 "계몽지·교양지 성격"이 강했다. 그러다가 1959~1962년에는 "정치평론지적 성격"이 강화되었고, 이어 1963~1965년에는 "정치투쟁지적 성격"이 두드러졌다. 이때에 ≪사상계≫는 군정 연장 반대와 한일회담 반대에 앞장서며 박정희 정권에 정면으로 맞섰다. 그러나 1966년 이후 ≪사상계≫는 "'에너지'가 고갈되고 '자유공간'이 극도로 위축되면서 무력화"되어갔다. 장준하의 역할도 언론인에서 "야당정치인, 반체제 민주투사, 통일운동지도자"로 바뀌어갔는데, 이로써 ≪사상계≫는 "중심지도력이 해체"되고 "시대적 임무와 역할이 끝나게" 되었다(노종호, 1995: 219~220).

다음에서는 먼저 자유민주주의 세력으로서 ≪사상계≫ 그룹의 형성과 지향에 대해 살펴보고, 이어 ≪사상계≫가 1960년대 전반기 한국 정치의 변동에 어떻게 기여하고 또 대응했는지를 지면을 통해 전개된 자유민주주의 논의에 집중하면서 시기순으로 검토할 것이다. ≪사상계≫ 지식인 그룹은 4·19에 크게 감격했으나 그 감격만큼이나 4·19 직후의 사회적 혼란상에 실망했다. 이러한 실망은 ≪사상계≫가 5·16을 환영한 직접적 배경이 되었다. 이들은 박정희가 내세운 민족적 민주주의에 부분적으로나마 동의했다. 하지만 민정 이양과 군정 연장을 둘러싼 논란 속에서 ≪사상계≫는 점차 '혁명군인들'에게 실망했고, 한일회담과 한일협정 반대에 나서면서 박정희와 결정적으로 반목하게 된다. 이후 한국 정치에는 독재와 민주의 이분법적 구도가 한층 더 선명하게 남게 되었다.

2. ≪사상계≫와 자유민주주의

≪사상계≫는 한국전쟁이 아직 진행 중이던 1953년에 피난 수도 부산에서 장준하에 의해 창간되었다. 한국전쟁이 한창이던 때에 그가 교양잡지를 만들었던 구체적 이유는 알려져 있지 않다. 다만 그의 학문과 교양잡지에 대한 각별한 관심이 작용했을 것이라 추측해볼 수는 있다. 장준하는 목사가 되기를 꿈꾸며 1941년 도일해 니혼신학교에서 수학했으나, 학업을 마치지 못한 채 1944년 일본군에 학병으로 지원했다. 그러나 곧 탈영해 충칭 임시정부를 찾아가 광복군이 되었다. 그는 광복군으로 활동하던 시절에 등사판 선전 잡지를 만들었던 경험이 있었다. 해방 후 귀국한 장준하는 김구의 비서로 있다가 이범석이 조직한 조선민족청년단의 중앙훈련소 교무처장으로 잠시 일했다. 하지만 해방 직후의 혼란한 정치는 그에게 실망만 안겨주었다. 임정 세력은 무력했고, 족청은 권력과 사리사욕을 추구하는 다른 정치단체와 별 다를 바 없다고 느꼈다. 장준하는 학업을 계속할 생각으로 정가를 떠났다(김삼웅, 2009: 294~303).

장준하는 미국 유학을 모색했지만 가족 부양 및 생계 문제로 포기하고 대신 한국신학대학에 편입해 1949년 6월 졸업한다. 이후 문교부 국민정신계몽 담당관이 되어 일하다가 한국전쟁이 발발하고 수도가 부산으로 옮겨지면서 따라 내려갔다. 이때 문교부에 "국민정신을 바로잡고 민족이 가져야 할 사상적 체계 확립의 방안을 연구"하기 위해 국민사상연구원이라는 기관이 새로 설치되고 그 기관지 형식으로 ≪사상≫이라는 잡지가 간행되었는데, 그 편집을 장준하가 맡았다. ≪사상≫은 1952년 9월 창간호가 발간되고 이후 12월 통권 4호를 마지막으로 폐간되었다. 판매 부진이 원인이었다. ≪사상≫의 폐간과 함께 장준하도 국민사상연구원을 나왔다. 그리고 ≪사상≫ 제5호를 위해 이미 모아두었던 원고를 가지고 홀로 새 잡지 창간을 추진한다(김삼웅, 2009: 312~316).

새 잡지는 ≪사상계≫라는 이름으로 1953년 3월 10일 발간되었다. 창간호의 편집후기에서 장준하는 "≪사상≫ 속간을 위하여 편집했던 것을 ≪사상계≫란 이름으로 내어놓게 된다. 동서고금의 사상을 밝히고 바른 세계관, 인생관을 수립하여 보려는 기도는 변함이 없는 것이다"라고 발간 의도를 밝혔다. 아울러 인간 문제를 특집으로 창간호를 꾸민 데 대해 "인간 문제는 철학의 구극과제임에 틀림없다. 고래로 이 문제의 해명을 위하여 전생을 바친 철학가, 종교가들이 허다하거니와, 이는 비단 철학가, 종교가들만의 문제가 아니라, 전 인류가 다 같이 지닌 영원한 과제이며 우리들 자신의 문제이다. 세계와 인간에 대한 바른 견해는 모든 생활의 표준이 되는 것이며, 바른 표준을 가진 사회 민족 국가에서만 인간의 불안과 의구는 제거될 수 있다"라고 설명했다(≪사상계≫, 1953.4). 이렇게 ≪사상계≫의 출발은 뚜렷한 정치적 의식보다는 인문학적 관심에서 비롯되었던 것으로 보인다. "겨레의 생각을 모아 학적 체계를 세우고, 이에 설 수 있는 사상적 건축을 완성하여 보려고 애쓰는 본지의 노력"이라는 장준하 자신의 설명도 이를 뒷받침한다(≪사상계≫, 1953.11).

그렇다고 ≪사상계≫의 시야가 당시 한국이 처해 있던 혼란상에서 전적으로 비켜나 있던 것은 아니다. 장준하는 제2호부터 매호 민주주의에 대한 글을 싣기로 했음을 밝히면서 그 이유를 "남의 생각"인 민주주의를 받아들임에 있어서 "자기의 중심이나 목표"가 없다거나 "편견을 가지고 …… 무시하는 일은 모두가 극히 어리석은 일이며 위험한 일"이기 때문이라고 설명했다. 따라서 "겨레의 역사와 생활을 더듬어 민족 고유의 사상을 찾고, 전 인류가 지향하는바 민주주의 원리를 석명하며 세계의 모든 사상 사조를 밝혀 민족생활의 근거를 만들고자 하는 것"이었다(≪사상계≫, 1953.5). 장준하는 전란과 관련해서도 ≪사상계≫의 목표가 "마음의 준비"를 통해서 "무력전의 승리"뿐 아니라 "정신적 건강과 평화"에 기여하는 데 있음을 밝혔다(≪사상계≫, 1953.6). 또한 휴전 즈음해서는 "황폐화한 국가 재건에 필요한 양식이 되고 공기"가 되겠다는 ≪사상계≫의 실천적 사명을 제시했다(≪사상계≫, 1953.8). 초기의 ≪사상계≫는 학술지 성격이 강했지만 그 배경에서는 실천적 관심이 작동했다고 볼 수 있는 것이다.

≪사상계≫는 1955년부터 좀 더 본격적으로 정치적 관심을 담기 시작했다. 이는 그동안 사실상 장준하 혼자서 만들어오던 ≪사상계≫가 편집위원체제를 갖추면서 나타난 변화이기도 했다. 그해 1월 김성한을 초대 편집주간으로 하고, 8인의 편집위원을 위촉해 편집 기획 및 내용 검토를 맡겼다. 3월에는 장준하의 광복군 동지였던 김준엽도 대만에서 귀국 직후 편집위원으로 참여했다. 김준엽의 참여 이후에는 상임편집위원제를 도입해, 정치·경제, 교양일반, 문학예술 분야를 세 명의 상임편집위원이 맡아 각각 기획과 편집을 책임지도록 했다. 초대 편집위원회는 민족통일, 민주사상 함양, 경제 발전, 신문화 창조, 그리고 민족적 자존심의 양성이라는 편집 방침을 세웠다(김삼웅, 2009: 338~343). 또한 '사상계 헌장'을 제정해 1955년 8월부터 매호 권두에 싣기로 했다.

> 모든 자유의 적을 쳐부수고 진정한 민주주의 사회를 이룩하기 위하여 또다시 역사를 말살하고 조상을 모독하는 어리석은 후예가 되지 않기 위하여, 자기의 무능과 태만과 비겁으로 말미암아 자손만대에 누(累)를 끼치는 못난 조상이 되지 않기 위하여, 우리는 이 역사적 사명을 깊이 통찰하고 지성일관(至誠一貫) 그 완수에 용약매진해야 할 것이다. …… 이 지중(至重)한 시기에 처하여 현재를 해결하고 미래를 개척할 민족의 동량(棟樑)은 탁고기명(託孤寄命)의 청년이요, 학생이요, 새로운 세대임을 확신하는 까닭에 본지는 순정무구한 이 대열의 등불이 되고 지표가 됨을 지상의 과업으로 삼은 동시에 종(縱)으로 5000년의 역사를 밝혀 우리의 전통을 바로잡고 횡(橫)으로 만방의 지적소산(知的所産)을 매개하는 공기(公器)로서 자유·평등·평화·번영의 민주사회 건설에 미력을 바치고자 하는 바이다(김삼웅, 2009: 346~347에서 재인용).

이렇게 ≪사상계≫의 실천 지향은 점차 분명해졌다. 자유민주주의에 대한 관심은 한국의 국제정치 현실과도 밀접히 맞닿아 있었다. 민주주의는 우리 민족에게 "새로운 진로"였다. 민주주의가 "8·15 해방을 전기로 하여" 냉전이라는 국제정치적 계기를 통해 우리에게 소개되었을 때 우리는 그것을 "택하였다". ≪사상계≫는 이러한 선택이 "단순한 수입품이나 유행어 또는 비현실적 모방이 아니다"라고 강조했다. 왜냐하면 민주주의는 "우리 민족이 국제정치에서 고립되지 않고 살아갈 수 있는 유일한 길이요, 아직도 국토의 반분을 강점하고 있는 공산제국주의와 대결할 수 있는 최선의 도덕적 권리요, 적어도 현존하는 정치체제 중에서는 국민 개개인의 자유와 행복을 최대한 신장시킬 정치체제"이기 때문이다. 그렇기 때문에 민주주의로의 길은 "가깝고 안이한 길"이 아니지만 결코 포기할 수 없는 것이었다(≪사상계≫, 1961.8).

지식인 집단으로서의 "사상계 그룹"도 본격적으로 형성되기 시작했다(김건우, 2015). ≪사상계≫는 대표적 지식인들로 편집위원회를 구성했고, 우수한 편집직원을 영입했다. 독자의 관심도 점차 높아졌다. 대학생과 청년층이 주된 독자층이었다. 발행 부수는 부산에서 서울로 올라온 후 3000부씩을 찍었는데, 1955년부터 점차 늘어 12월호는 1만 부를 발행하자마자 이삼일 만에 매진되는 기록을 세울 정도였다. 이와 함께 한국의 지성을 대표하는 잡지로서의 위상이 굳어져갔다(김삼웅, 2009: 345, 348, 371).

3. 4·19의 감격과 실망

"자유·평등·평화·번영의 민주사회 건설"이라는 지향은 1950년대 말 이승만 독재의 심화에 비례해서 ≪사상계≫에 점차 두드러지게 반영되기 시작했다. 1958년 8월호에 게재된 함석헌의 「생각하는 백성이라야 산다」라는 글은 필화 사건을 야기하며 파장을 일으켰다. 함석헌은 구속되었고 발행인인 장준하도 경찰과 검찰에 수차례 불려가 조사를 받았다. 여론의 압력에 함석헌은 20일 만에 석방되었지만 이 사건으로 ≪사상계≫는 이승만 독재에 반대하는 정치색을 분명히 하게 되었다.

1958년 12월 '보안법' 파동이 발생했다. 국회의사당에서 농성 중인 야당의원들을 강제로 끌어낸 뒤 자유당 의원만으로 '보안법' 개정안을 통과시켰던 것이다. 이 사태를 지켜보면서 장준하는 1959년 1월호 권두언에 "민권의 확립은 구국의 원칙이요, 재건의 목표요, 치국의 방향이요, 우리의 공통된 염원이기에 이 해를 민권확립의 해로 맞아 이 해를 빛내고 보람 있는 해로 보내고 싶은 마음 간절합니다"라고 썼다(장준하, 1959a). 또

2월호에는 「무엇을 말하랴: 민권을 짓밟는 횡포를 보고」라는 제목만 있는 백지 권두언을 냄으로써 항의했다(장준하, 1959b).

≪사상계≫는 3·15 부정선거를 목도하며 더욱 자유당 독재에 절망했다. 장준하는 1960년 4월호 권두언에 다음과 같이 썼다.

> 우리는 이번 3·15 정부통령 선거전에서 너무도 심한 충격을 받았다. 이름 일망정 민주국가인데 그 집권당의 횡포가 이처럼 혹독할 수 있으랴. 공명과 영달에 현혹되어 거의 광적으로 날뛰는 그들은 일당독재의 실을 확연히 노출시켰고 일부 악질 지도층은 악랄한 공산당의 수법으로 백성의 수족을 꽁꽁 묶어버리려 들고 있었다(장준하, 1960a).

다만 그런 가운데에서도 "사회의 정기를 일으킴에 동지를 규합하고 민주 생활의 터전을 굳건히 하여 국토 통일의 기틀을 이룩함에 그 방안을 찾고 만민균점의 복지 건설을 위한 계책을 수립함에 전국의 지성을 모아야 한다는 뚜렷한 사실 앞에 우리는 엄연히 서서 오직 민도 향상에만 그 기대를 걸고 묵묵히 달마다 한 권씩의 잡지나마 이 사회에 내어놓았던 것이다"라고 했다. 그리고 자신들의 사명을 계속 "민도 향상"에서 찾겠다고 했다(장준하, 1960a).

그러나 4·19혁명이라는 극적인 사건이 벌어졌다. 지방 도시에서의 중고교생들의 부정선거 항의 시위가 서울로 확대되면서 대학생들이 대거 항의 시위에 나섰고 대학교수들의 지지 시위도 이어졌다. 그리고 대통령의 하야 성명이 발표되면서 이승만 독재가 종언을 고했다. ≪사상계≫ 지식인들의 절망은 환희로 바뀌었다. 4·19는 곧 민주혁명으로 인식되었다(장준하, 1960b).

흥미로운 것은 4·19로써 비로소 한국이 민주국가의 자격을 획득했다는 생각이다(이상록, 2010b). 이러한 인식은 한국의 자유민주주의 도입에 대한 이해에 근거했다. ≪사상계≫ 지식인들은 한국의 민본주의 전통을 근대적 민주주의와 구별하고(고병익, 1963: 30), 민주주의는 해방 이후 미국의 영향력 아래 비로소 한국에 이식되었다고 이해했다. 이는 서방, 특히 미국식 자유민주주의를 민주주의의 전형으로 바라보는 자세를 의미했다.

그러나 수입된 자유민주주의는 제대로 작동하지 못하고 있었다. 그 가장 큰 이유를 ≪사상계≫의 지식인들은 이승만 독재에서 찾았다. 민주주의 제도가 도입되었지만 그것을 운용하는 권력은 민주주의를 따르지 않고 오히려 자신의 권력 유지와 이권을 위해 민주주의를 위배하고 자유를 억압하는 일을 서슴지 않았다고 보았던 것이다. 영국의 한 신문이 "한국에서 민주주의를 바란다는 것은 쓰레기통 속에서 장미가 피기를 기다림과 같다"고 했던 지적은 한국의 자유민주주의자들의 뇌리에 불길한 예언처럼 남아 있었다. 수입된 민주주의가 한국 땅에 제대로 뿌리내리지 못할 것이며, 또한 자유와 민주를 문명의 표준으로 삼는 세계에 한국이 영원히 제대로 서기 힘들 것이라는 조롱이기도 했다. 하지만 4·19라는 시민혁명으로써 한국 민주주의의 가능성이 입증된 것으로 생각되었다. 이에 장준하는 "지금 우리는 입으로 '자유'를 논할 자격을 얻었으며 행동으로 민권을 과시한 실적을 남겼습니다"라며 감격했다(장준하, 1960b). 민주주의라는 꽃이 한국에서 개화할 수 없다는 외국 언론의 조롱에 크게 자존심이 상했던 한국의 자유민주주의자들에게 4·19는 희망을 넘어 치유가 되었다. 이와 같은 감격은 다음 글에도 고스란히 담겨 있다.

> 자유니 민주주의니 시민사회니 시민적 인간이니 하는 개념은 우리에게 있어서 모두 서투른 수입 개념이었다. 8·15의 해방으로 우리는 자유와 민주

주의를 단번에 배급받았다. 그것은 우리의 피의 투쟁의 산물도 아니요, 혁명으로 전취한 권리도 아니었다. 그러기에 자유니 민주주의니 시민사회니 시민적 인간이니 하는 개념은 우리 것이 아니고 남의 것이었다. 우리 속에서 우러나온 진리가 아니고 우리 밖에서 주어진 관념이었다. 생생한 현실이 아니고 소원한 이념이었다. 근대 서구사회가 봉건사회의 테두리에서 벗어나서 자유로운 시민사회의 체제를 갖추기 위해 개인의 자유와 인간의 존엄을 깊이 자각한 근대적 시민계급이 역사의 긴 세월을 두고 전제 군주 및 봉건 세력과 피의 치열한 혁명투쟁을 오랫동안 치르지 아니하면 안 되었다. 자유와 민주주의와 시민사회는 무수한 근대적 시민의 고귀한 피의 대가로 전취한 권리의 체계요, 가치의 유산이다. 피로써 얻은 것이기 때문에 귀중하기 한량없다. 어느 독재자나 국가권력이 이 권리의 체계를 깨뜨리거나 빼앗으려고 할 때 근대적 시민은 피로써 이것을 지켰고 또 지킬 줄을 알았다. …… 우리에게는 이러한 시민적 인간의 주체적 체험이 없었다. …… 어떤 의미에서 우리는 4·19혁명에서 비로소 자유와 민주주의를 찾았고 시민사회와 시민적 인간을 몸소 체험했다. 4·19의 피의 혁명과 더불어 우리는 세계를 향하여 자유를 논할 자격이 생겼고 민주주의에 참여할 권리를 가졌다고 할 수 있다(안병욱, 1960: 100~101).

또 다른 흥미로운 점으로서, ≪사상계≫의 여러 필자들은 4·19를 유럽사의 부르주아시민혁명에 해당하는 것으로 환원해 의미를 부여하면서 이를 애써 민중혁명과 구별했다. 4월혁명이 “민중의 승리”라고 표현되기도 했으나 ≪사상계≫ 지식인들은 4월혁명을 결코 민중혁명이라고 생각하지 않았다. 그보다는 오히려 지식인의 역할을 강조하는 데 힘을 기울였다. “집권자는 언제나 피치자와의 ‘동일화의 신화’ 속에 그 권력의 정당성의 근거를 두어야 하며 그렇게 함으로써만 지속할 수가 있다”는 지적은 한편으로는 민주주의하에서 정치권력의 정당성이 피치자의 동의로부터 구해진다는 사실을 강조하지만, 동시에 그것을 하나의 신화라고 적시함으로써 동의가 구성될 수 있는 것임을 나타냈다(≪사상계≫, 1960.6). 이는 ≪사상계≫가 사회의 지도층과 피지도층 또는 엘리트와 대중 사이의 간극을 예민하게 인식하고 있음을 보여주는 대목이기도 하다. 실제로 장준하는 다음과 같이 지적했다.

> 사월혁명은 자유와 민권의 선각자인 이 땅의 지식인들의 손에 의한 혁명이다. 그 기반을 닦아온 것은 정객들보다는 양심 있는 이 나라의 교수들과 교사들을 포함한 지식인들이요, 이에 박차를 가해준 것은 신문이나 잡지들을 포함한 매스콤의 힘이요, 그 불길이 되어 탄 것은 가장 감수성이 강하고 정의감이 가장 두터운 학도들이었음이 분명하다(장준하, 1960c).

장준하는 "또다시 민중의 편에 서노라"고 선언했으나, 이는 민중을 민주주의 완성의 주체로 인정한다는 의미는 아니었다. 그보다는 지식인들이 민중을 이끄는 역할을 충실히 수행해야 한다는 것이다. ≪사상계≫는 4월혁명을 일종의 지식인 혁명으로 규정하면서 민도 향상을 위한 자신들의 역할이 한층 더 강화되어야 함을 주장했다(장준하, 1960c). 신상초는 심지어 "악인은 지옥으로 가는 것이 당연하다는 정의감이 민중에게 강하지 않다"고까지 언급하며 "의식 수준이 낮은 일부 서민층"이 이승만과 그의 추종 세력에 대해 오히려 "동정을 느끼고" 이로써 "이승만 폭정이 20년간 지속할 수 있었던 사회심리적 기반"이 되었다고 주장했다(신상초, 1960: 86).

4·19의 감격은 오래지 않아 실망으로 바뀌었다. 민주당 신구파의 대립, 계속되는 학생 데모, 그리고 사회 각 분야에서의 혼란상이 나타났다.

북한의 대남 선전도 가중되었다. 이런 상황은 4월혁명 이후 과도기에 처한 한국이 직면한 심각한 도전으로 파악되었다. 특히 "데모만능사상", 그리고 자유의 확대에 비례해서 책임 의식의 확대가 이루어지지 않은 상태는 사회 혼란과 무질서만 가중시키고 있다고 인식되었다.

> 사월혁명은 단순히 여야의 위치를 바꾸어 놓았을 따름 …… 혁명이란 이름조차 붙이기 어려울 정도로 불철저한 것이었다. …… 우리 국민 가운데는 배반당했다는 생각을 가진 이 적지 않이 있을 것이다. 이처럼 사월혁명이 배반당한 소이는 사월혁명이 무계획적인 것이어서 혁명의 논리를 관철하기 어려웠다는 객관적 사정에 기인하는 바도 크려니와 다른 한편으로는 우리 국민대중의 지성 수준이 낮은 탓이기도 하다.
>
> 학원마다 분규요, 또 거기에는 폭력 사태가 그림자처럼 따라다니니 우리의 교사와 학생은 모두 지성을 잃었단 말인가? …… 불평과 불만을 토로하는 데 반드시 폭력적 불법에 호소해야 한다는 것은 어디서 배운 버릇인가? 기업체마다 소동이요, 노조가 자본가나 경영자를 쫓고 자신이 관리하겠다고 하는 것이 일수이니 우리의 생산활동은 모두 마비되고 중단돼도 좋다는 뜻인가? 왜곡됐던 노·자관계가 개선되는 것은 물론 정당한 일이지만, 거기에도 서루들 상대방의 권한을 존중할 줄 아는 루울이 있어야 하는 것이다. 사월혁명 후 데모의 과잉, 남발은 우리 사회의 일종의 특징을 이루고 있다. …… 자기만은 절대 옳다는 유아독존의 사상과 개개인의 인격과 자유를 존중할 줄 모르는 반민주주의적 사상이 하극상과 모략중상의 귀태를 빚어낸 것 …… 대체 자유에는 반드시 책임이 따르는 법이다. 자유의 폭이 넓어지면 책임의 폭도 그만치 넓어져야만 우리는 민주적인 공동생활을 유지해나갈 수 있는 것이다(≪사상계≫, 1960.7).

혁명 후에 나타난 그 수많은 자칭 혁명의 주인공들은 사회를 어지럽게 하고 계속하여 나라의 질서를 파괴하고 있다. 고귀하게 뿌려진 피의 훈향을 맡으며 자라리라고 믿었던 자유는 이제 방종으로 전락하고 폭력을 제거하고 사회의 안녕질서와 그 복지를 찾고자 행사되었던 민권은 자신을 또한 폭력으로 타락시키는 경향을 보여주고 있다. …… 이 같은 걷잡을 수 없는 혼란이 계속된다면 또 다른 하나의 독재를 유치시킬 가능성을 보여주고 있으며 우리 민족사상 최대의 영예로 만방에 자랑한 자유와 민권을 위한 사월의 투쟁은 그 빛을 잃게 될 것이요, 또다시 만방의 조소거리가 될 것이다(장준하, 1960d).

이렇듯 이승만 정권 붕괴에도 불구하고 ≪사상계≫의 눈에 민주주의의 작동은 여전히 불만족스러웠다. 물론 불만족이 서구 자유주의 사상의 전개에서처럼 대중권력, 즉 민주주의에 대한 공포의 정도로까지 나아간 것은 아니었을지 모른다(아블라스터, 2007: 509~545). 하지만 ≪사상계≫는 독재가 사라진 공간에서 이제 "혼란에의 개탄과 절망은 바로 보이지 않는 독재로 군림하고" 있다고 개탄했다(≪사상계≫, 1960.8). 그 저변의 이유로는 아직 대중의 지성 수준이 낮다는 사실이 지목되었다. 따라서 민도의 향상과 성숙을 위한 계몽은 여전히 시급히 필요했다(이상록, 2010b: 115).

한국의 엘리트 자유민주주의자로서의 ≪사상계≫ 지식인들은 이승만 독재가 물러난 후에야 비로소 자유주의와 민주주의 사이의 긴장을 경험하고 양자의 조화를 꾀해야 하는 사상적 임무를 마주하게 되었다고 할 수 있다. 물론 이러한 임무가 명확히 개념적으로 인식된 것은 아니었다. 여전히 이들이 사용하는 언어에서 자유와 민주는 분명히 구분되기보다는 동의어에 가까웠다. 그러나 어렴풋하게나마 "지성 수준이 낮은" 대중의 분출하는 욕구가 다수의 폭정으로 귀결될지 모른다는 위험을 인지하기 시작한 것은 틀림없다. 그리고 ≪사상계≫는 자유주의의 입장에서 대중을 계몽하고 더 나아가 규율함으로써 "기강(을) 확립"해야 할 대상으로 바라보기 시작했다(≪사상계≫, 1961.3).

≪사상계≫ 지식인들은 전통에서 근대로의 과도기적 이행에서 한국 민주주의 미성숙의 이유를 찾기도 했다. 민주주의의 작동을 위해서는 일정한 경제적 기반이 있어야 하고 시민들의 의식도 상당한 수준에 올라서 있어야 하는데, '후진사회'로서의 한국은 경제적으로 빈곤했고, 민(民)의 정치의식, 즉 '민도(民度)'도 높지 않았다. 게다가 지연과 혈연 등 전통사회의 연줄구조가 근대화의 과정에서도 사라지지 않고 강하게 작동한바, 이러한 요인들이 근대화 및 민주주의를 저해한다고 이해했던 것이다.

전통과 근대라는 이분법적 인식은 한편으로는 한국 지식인의 "열등의식"을 반영하지만(김상협, 1960: 124), 다른 한편으로는 후진성의 탈피, 즉 근대화에 대한 강한 열망으로 표출되었다. 4·19 직후 장준하가 "민생의 향상 없이 민도의 향상을 바랄 수 없고, 민도의 향상이 없이 민주국가의 실을 거둘 수 없"다고 적었을 때, 그의 주문은 복합적인 것이었다(장준하, 1960c). 그것은 한편으로는, 앞에서도 지적했듯, 민도 향상과 국민기강 확립을 위한 지식인의 계몽 역할을 강조했다. 다른 한편 ≪사상계≫는 4·19 이후 새로 출범한 민주정부가 구악을 청산하고 사회정의와 민주주의를 확고히 하면서 동시에 경제 부흥에 진력할 것도 주문했다. "경제적 부흥만이 정치적 자립을 꾀할 수 있는 길이요, 우리의 생명 같은 '자유'를 수호함도 이에 따른다"고 한 것이다(≪사상계≫, 1961.1). 즉, 4·19혁명으로 정치적 자유를 되찾았지만 정치적 자유를 한층 더 굳건히 보장하기 위해서는 경제적·사회적 자유의 건설이 필요하다고 보았다.

4. 5·16과 민족적 민주주의

≪사상계≫ 지식인들이 제2공화국의 혼란상에 실망하던 가운데 5·16이 발생했다. 5·16 직후 출간된 권두언의 제목은 「5·16혁명과 민족의 진로」였다. 이 제목이 나타내듯 5·16은 '혁명'으로 인식되었다. "부패와 무능과 무질서와 공산주의의 책동을 타파하고 국가의 진로를 바로잡으려는 민족주의적 군사혁명"이라는 것이다.

> 5·16혁명은 우리들이 육성하고 개화시켜야 할 민주주의의 이념에 비추어 볼 때는 불행한 일이요, 안타까운 일이 아닐 수 없으나 위급한 민족적 현실에서 볼 때는 불가피한 일이다. …… 무능하고 고식적인 집권당과 정부가 수행하지 못한 4·19혁명의 과업을 새로운 혁명 세력이 수행한다는 점에서 우리는 5·16 군사혁명의 적극적 의미를 구하지 않으면 안 된다. 따라서 이러한 의미에서는 5·16혁명은 4·19혁명의 부정이 아니라 그의 계승, 연장이 되어야 하는 것이다(≪사상계≫, 1961.6).

≪사상계≫는 군사정부가 "시급히 혁명과업을 완수하고, 최단 시일 내에 참신하고 양심적인 정치인들에게 정권을 이양한 후 쾌히 그 본연의 임무로 돌아간다는 엄숙한 혁명 공약을 깨끗이, 군인답게 실천"할 것을 촉구했다. 그렇게 함으로써 "국군의 위대한 공적"이 우리나라 민주주의의 역사에 "영원히 빛날 것"이며, 민주정치의 확고한 전통을 수립하게 될 것이라고도 했다. 그러나 ≪사상계≫가 5·16을 4·19의 연장으로, 또 근대화와 민주화의 과업에 대한 방해 요인으로서가 아니라 과업 완수를 위해 불행하지만 필요한 과정으로 보았던 것은 분명한 사실이다(≪사상계≫, 1961.6).

5·16에 대한 ≪사상계≫의 호의적 평가를 두고 혹자는 "이것이 과연 ≪사상계≫의 권두언일까 싶을 정도"라거나, ≪사상계≫가 "'사상계 정신'을 잃고 혼란"에 빠졌다고 평한다(김삼웅, 2009: 423~425). 그러나 이러한 논평은 ≪사상계≫가 후진성 탈피에 대한 강한 열망을 지녔고, 이런 공통점 때문에 5·16 세력이 표방한 사회 기강 확립과 반공, 그리고 근대화 추진에 공명할 수 있었음을 간과하고 있다. 또한 이들은 제2공화국의 혼란상에 대한 ≪사상계≫의 깊은 실망과 위기의식으로부터 5·16에 대한 긍정적 기대가 도출되었음을 제대로 짚어내지 못한다.

5·16 직전에 장준하는 "만일 현 국회와 정부가 이 이상 더 우유부단과 무능, 무계획을 일삼으면서 그 정치적 책임의 수행을 망각한다면, 본지는 새롭고도 힘찬 민족적 자활의 길을 개척하기 위하여 가차 없는 투쟁을 전개하지 않을 수 없음을 또한 첨부해두는 바이다"라고 경고할 정도였다(장준하, 1961). 그리고 불과 두 달 뒤에 ≪사상계≫는 "법질서의 존중, 강건한 생활기풍의 확립, 불량도당의 소탕, 부정축재자의 처리, 농어촌의 고리채 정리, 국토건설사업 등에서 괄목할 만한 출발을 보여주고 있다"며 군사정부에 대해 긍정적 평가를 내렸다. 그 이유는 바로 ≪사상계≫가 민주당 정부에 경고하고 요청해왔던 바를 군사정부가 실천에 옮기려 한다고 보았기 때문이었다.

군사정부에 대한 ≪사상계≫의 긍정적 평가는 당분간 유지되었으나 차츰 유보적 태도로 바뀌어갔다. 민정 이양과 관련된 불확실성이 가장 큰 원인이었다. 1961년 8월 12일 박정희 국가재건최고회의 의장이 1963년 민정 복귀를 선언한 이후 군사정부는 수차례 이를 확인했다. 이에 ≪사상계≫는 "더욱 두터운 신뢰"와 "새로운 광명을 보는 희열"을 표현하기도 했다(≪사상계≫, 1962.8). 그러나 ≪사상계≫ 필자들은 의구심을 완전히 버리지 못했다. 후진국의 군사혁명에 대해 신일철(1961: 274)은 그것이

"진정한 국민혁명으로 발전하여 민주주의를 재건하고 경제 자립의 기틀을 마련"할 수도 있으나 "미리타리즘(militarism), 미리타리 딕테이터쉽(military dictatorship)의 위험성도 내포"한다고 했다. 신상초(1962: 44)는 "5·16 후의 군사정권이 낡은 고목을 빼버린 것만은 확실하나 민주주의의 새 나무가 뿌리박고 자랄 수 있는 토양을 갖추어놓고 있는가는 적어도 민정 이양 후가 아니고서는 현재로서 경솔히 평가할 수가 없다"고 적었다.

≪사상계≫는 민정 이양이 단순한 "민간 정부의 복귀"에 그치지 않고 "민주정부로의 복귀"가 되어야 하며, 군사정부가 그 준비를 맡아주기를 바랐다. "공명정대한 총선거"를 준비하고, 이를 위한 기초로서 "건전한 민주주의 정당"을 육성하며, "차후의 민족적 지도 세력의 육성"을 희망했다(≪사상계≫, 1962.1). 특히 지도 세력 육성과 관련해서 양호민은 "민주주의를 전진시키기 위해서는 강렬한 추진력을 가진 지도 세력이 절대로 필요하다"고 강조했다. "자발적인 기율에 복종하는" 민주주의 엘리트들이 "설득을 통하여 대중의 동의를 얻음으로써 그들을 지도해야" 한다는 것이다(양호민, 1961).

지식인이 대중을 계몽해야 한다는 것은 결코 새로운 주장이 아니었지만, 4·19 직후의 혼란을 마주하며 나타났던 통제되지 않는 대중에 대한 고민은 사라졌다. 즉, 엘리트와 대중 사이의 긴장 관계는 더 이상 심각한 고민거리로 남아 있지 않았다. 자유주의적 엘리트는 대중을 일방적으로 계몽하고 설득하면서 이끌어나가면 될 뿐이라고 생각한 것이다. 그 이유는 물론 일차적으로는 군사정부에 의해 대중의 자유에 제한이 가해진 데 있었다. 하지만 그에 못지않게 5·16 이후 ≪사상계≫의 관심의 초점이 대중보다는 군사정부에 우선적으로 맞춰지게 되었다는 점도 중요하다. 군사정부가 과연 민정 이양을 약속대로 실행에 옮길 것인지부터 불투명했기 때문이다.

1962년 말부터 민정 이양 문제가 정치 현안으로 본격적으로 부상하면서 군정에 대한 ≪사상계≫의 평가도 기로에 서게 된다. 군사정부 안에서는 민정 이양을 희망하는 세력과 정치 참여를 주장하는 세력 간에 극심한 다툼이 벌어졌다. 박정희는 번의 끝에 결국 군복을 벗고 대통령 선거에 입후보했다. 이 과정에서 ≪사상계≫는 "군인들도 특별한 사람들이 아니었다"는 결론에 도달했다. 오히려 "증권파동, 워커·힐, '새나라자동차' 사건, 민주공화당 사전비밀조직" 등 군사정부의 각종 부정 및 불법 행위에 대한 의혹이 제기되는 가운데 "독재 경향이나 강권 지배, 의욕 과잉이 반민주적 경향으로 흐르는" 것만 확인했다. 또한 각종 정책 실패로 경제는 "파탄 직전에" 이르렀다고 보았다. 이렇게 '군사혁명'이 4·19의 연장선상에 있다는 순진한 기대는 사라져갔다. 대신 "강권 정치도 결국 발전의 비약을 일으키지 못하고" 오히려 "치명적인 맹점을 내포하고" 있음이 재인식되었다(≪사상계≫, 1963.6, 1963.7; 양호민, 1963: 53~54).

1963년 9월부터 선거운동이 시작되면서 소위 '사상논쟁'이 벌어졌다. 민정당 대통령 후보로 나선 윤보선은 1963년 9월 18일 신문 지상에 출마의 변을 밝히며 이번 선서가 "민주주의를 신봉하고 민주정치를 소생시키려는 생각과 자유민주주의의 탈을 쓴 비민주주의적인 생각과의 결전"이라며 포문을 열었다. 그는 "군사정부 2년간의 암흑과 공포와 비밀주의와 국민분열정책"을 비판하고 "이와 같은 비민주주의적인 상태"가 연장되지 않도록 "이번 선거를 통하여 우리는 민주주의를 재확인하고 국민의 진정한 의사를 통한 국민의 정부를 세워 민주정치를 다시 궤도상에 올려놓아야" 한다고 주장했다(윤보선, 1963).

공화당 대통령 후보 박정희는 '민족적 민주주의'로 대응했다. 그는 9월 23일 라디오 정견발표를 통해 "자유민주주의는 건전한 민족주의의 바탕 위에서 존재해야 한다"며 "이번 선거는 민족적 이념을 망각한 가식의 자유민주주의 사상과 강력한 민족적 이념을 바탕으로 한 자유민주주의 사상과의 대결이다"라고 주장했다. 그러면서 "외국 대사관 앞에서 '데모' 하는 것이 자유다라는 사고방식은 모두 자유민주주의를 잘못 이해하고 있는 것이며 이것은 자주 자립의 민족적 이념이 없는 사람들이 가지고 있는 천박한 자유민주주의인 것이다"라고도 했다(≪경향신문≫, 1963.9.23, 1963.9.28).

공화당 창당을 둘러싼 권력투쟁의 와중에 '자의 반 타의 반' 외유를 떠났던 김종필도 미국에서 거의 동시에 비슷한 내용의 연설을 했다. 그는 "후진 민주국가의 발전에 정신적인 집거처(集據處)로서의 민족주의"를 거론했다.

> 1945년 이래 16년간 한국은 자유민주주의의 시행기이었습니다. 즉 내 몸에 배지 않은 보편주의사상을 그대로 시행해본 것입니다. 결과는 정치는 파쟁으로 경제는 파단으로 사회는 문란으로 자유는 방종과 무질서로 각각 전락됨으로써 1960년과 1961년 두 차례의 혁명을 치르고야 말았습니다.
> 돌이켜보건대 이것은 우리 민족주체의식과 고유사상의 빈곤 내지 결핍을 증명하는 것인즉, 한국은 불굴의 정신과 인내와 희망으로써 자유와 민주주의를 건전하고 이성적인 민족주의 기반 위에 확고히 재건하는 데 있어서 어제의 시행착오를 진지하게 시정하면서 전 민족이 귀중한 노력을 총집중하고 있는 것입니다.
> 선진국에서 거친 일정한 과정만 똑같은 절차로 밟으면 어느 곳 어느 경우이건 똑같은 '민주주의'가 될 수 있다고 하는 사고방식은 모든 여건, 특히 경제적인 뒷받침이 구비되지 않는 한 그 보편성이 상실된다는 논리로 대체되어야 합니다(≪경향신문≫, 1963.9.23).

박정희와 김종필이 제기한 '민족적 민주주의'에 대해 윤보선은 다음 날 기자회견을 통해 반박했다. 그는 "누가 민족주의자며 누가 비민족주의자란 말인가. 누가 민주주의 신봉자며 누가 민주주의 신봉자가 아니란 말인가"라고 물으며 "박 의장의 민주주의 신봉 여부가 의심스럽다"고 말했다. 그러면서 박정희의 과거 남로당 경력 의혹을 제기했다(≪동아일보≫, 1963.9.24).

윤보선이 시비를 건 '사상논쟁'에도 불구하고 박정희의 민족적 민주주의는 비교적 큰 여론의 호응을 얻었다. 사실 민족주의와 민주주의를 결부시키는 경향은 이미 존재했다. 또한 지식인 사이에 "구미식 자유민주주의가 그 지도 이념이 될 수 없다"는 인식도 퍼져 있었다. 이집트에서 일어난 가말 압델 나세르(Gamal Abdel Nasser)의 군사쿠데타가 성공한 혁명으로 승화되었다는 인식, 그리고 인도네시아 아크멧 수카르노(Achmed Sukarno)의 '교도민주주의'나 파키스탄 모하메드 아유브 칸(Mohammad Ayub Khan)의 '기본민주주의'처럼 후진 지역의 실정에 맞는 형태의 민주주의가 필요하다는 인식이었다(권보드래·천정환, 2012: 52~55; 이상록, 2010a: 51~52).

비록 1963년 대통령 선거를 계기로 전면 부각되었지만 박정희가 민족적 민주주의의 생각을 품어온 것도 선거 이전부터였다. 박정희에게 이 생각을 불어넣어준 것은 박정희의 대구사범학교 동기로 5·16 당시 ≪부산일보≫ 주필이었던 황용주로 알려져 있다(안경환, 2013: 372, 422). 박정희의 생각의 골자는 분명했다. 서양 민주주의 제도가 우리에게 이식되었으나 "우리의 풍토와 생기에 맞지 않(아) 허다한 부작용이 일어났"고, 그런 점에서 "우리가 부르짖던 자유민주주의는 한낱 장식"에 그쳤다는 것이다. 그리고 이런 "형식상의 민주주의"의 한계를 극복하고 "진정한 민주주의"를 이룩하려면 "자주적인 정신과 자조의 노력, 자율적인 행동과 자립 경제의 기반"이 필요하다고 강조해왔다(박정희, 1993: 80, 285; 박정희, 2005: 11~12, 32~34, 39).

박정희가 제기한 민족적 민주주의에 대한 ≪사상계≫ 필자들의 입장은 크게 두 부류로 나뉘었다. 첫 번째 부류는 민주주의의 보편성을 강조하고 "서구형의 민주주의야말로 민주주의의 정통"이라면서 비판적 입장을 취했다(신상초, 1962: 48~49). 인도네시아 수카르노의 '교도민주주의'나 파키스탄 아유브칸의 '기본민주주의'처럼 후진사회의 지도자들이 종종 민주주의 앞에 민족을 붙이는 것은 집권을 위한 핑계에 불과하며, 그 결과는 민주주의의 말살일 뿐이라고 했다. 또 "유달리 민족주의가 집권자에 의해서 강조될 때 그것은 독재정치의 하나의 이데올로기"이며(김성식, 1963: 56), "민주주의를 기피하는 민족지상주의야말로 시대착오적인 환상"이라고 단언했다(≪사상계≫, 1963.5: 27). 이들은 후진사회가 후진성을 탈피하기 위해서 일시적으로 민주주의를 보류해야 한다는 소위 "선의의 독재론"에 대응해, 통치의 효율성을 높이기 위해서라도 민주주의가 필요하다고 지적했다. 민주주의를 보류하면 "국민이 자발적으로 협력하지 않기 때문"에 그 나라는 영원히 후진국의 굴레를 벗어날 수 없다는 것이다(이항녕, 1963).

두 번째 부류는 민족적 민주주의에 부분적으로나마 동조하며 유보적 태도를 보였다. 이들은 한국에서 자유민주주의가 "봉건적 수구 세력"이 내세우는 추상적 원리로 전락했다고 생각했다. "현실 적응 능력을 상실한 '자유민주주의'가 마침내는 알맹이 없는 '데마고그'로서 '보수반동'을 은폐하면서 우리 사회 현실과는 나날이 거리를 넓혀"간다는 것이었다. 이들은 박정희가 내세운 민족적 민주주의의 취지에 공감했다. 민주주의는 "역사사회적인 제약 조건과 관계없이 홀로 존재하고 전승되어온 기성의 고정적인 가치 개념이 아"니며, 한국의 현실에서 민주주의는 민족주의의 "전진적인 요소를 왕성히 흡수·소화"해서 "봉건적 또는 식민지적 잔재의 청산"과 "경제적 독립" 그리고 "자위자주"를 성취해야 한다고 보았다(임방현, 1963). 이런 시각에서 볼 때, "외세에 의존하여 정치·경제를 농락하는 특권계급·매판 세력을 물리치고 진정한 민족 세력을 육성하여 그들로 하여금 민족국가를 인도토록 하여 서민정치, 서민경제를 이룩하겠다는" 박정희의 "민족주의사상은 진보적인 면"이 있었다(남재희, 1963).

하지만 박정희와 군사정부가 과연 반대 세력을 이기고 민족주의를 관철시킬 힘과 능력을 지녔는지는 의문시되었다. 힘의 측면에서, 박정희와 공화당은 대통령 당선과 총선 승리에도 불구하고 "정치사상에 있어, 정치 세력에 있어 야당적 위치에" 있다고 판단되었다. 박정희는 "농민, 어민, 소도시 인텔리를 기저 세력으로" 삼아 "시대적 신세력층"을 형성하겠다고 했지만, 미국과 "전통적 보수 세력, 중간계급, 기업가" 그리고 "몇몇 퇴역장성"의 강력한 반대에 직면해 있었다(남재희, 1963: 54~55). 능력의 측면에서도 "혁명군인들"은 결코 "특별한 사람이 아니었다"(최석채, 1963). 민족적 민주주의의 구호를 뒷받침하는 구체적 프로그램이 결여되어, 예를 들면 "토론과 계몽을 거치지 않고서 어떻게 민족 세력을 형성"하려는지 알 수 없었다. 남재희에 따르면, 이러한 결여로 인해 박정희와 공화당은 "'민족적 민주주의' 또는 '한국적 민주주의'라는 것을 그들 정치철학의 기본으로" 삼겠다고 하면서도 "자유민주주의를 신봉한다고 주장"하는 혼란을 자초했고, 따라서 그들의 "민족주의에서는 어설피 말을 꺼내다가 그친 모자람"을 느끼게 했다.

이렇게 ≪사상계≫ 필자들은 박정희의 민족적 민주주의를 긍정과 부정이 교차하는 심정으로 바라보았다. 박정희의 "모색"은 의도는 좋으나 "그 본질이 뚜렷이 드러날 문제에 부닥치지 않고" 있다고 판단을 유보하기도 했다. "민족적 민주주의, 한국적 민주주의라고 말하지만 아직 그에 따른 정치적 시련을 거치지 않았기에 그 내용 또는 관(觀)이 확립되지" 않았다는 것이다(남재희, 1963). 그러나 민족적 민주주의는 제3공화국 출범 이후 한일회담 추진이 적극화되면서 본격적 시험대에 오르게 된다.

5. 실망에서 반대로

1963년 12월 17일 제3공화국 정부가 수립되었다. 박정희를 비롯한 혁명주체 세력의 대부분은 비록 군복을 벗었지만 정치권력으로 남았다. 이러한 과정이 선거를 통해 결정되었다는 점에서 절차적 문제는 없었다. 하지만 민정 이양에 이르는 과정에서 ≪사상계≫ 지식인들은 박정희와 군사정부에 대한 신뢰를 점차 거두어들였고, 이는 이후의 대정부 관계에 영향을 미치는 중요한 요인이 된다.

좀 더 직접적으로 중요한 문제는 한일회담이었다. 박정희 정부는 한일회담 타결을 위해 노력했다. 민족적 민주주의 구상에 입각하면 한일 관계 정상화는 산업화를 통한 근대화를 위해 필요했고, 근대화는 민족의 자립을 위해 이루어야 할 과제였다(황용주, 1964a, 1964b). 그러나 이미 제3공화국 출범을 전후해 ≪사상계≫는 다음과 같이 썼다.

> 박 정권이 말하는 민족자주는 이제 역사적 검증을 받을 때가 왔다. 즉 그것이 내세운 '민족주의'의 진위가 판가름될 날이 온 것이다. 지금까지의 굴종적인 대일 저자세를 과감하게 청산해 버리고, 민족의 편에 서느냐 않느냐에 박 정권의 살고 죽는 길은 결정되는 것이다(≪사상계≫, 1963.12).

한일회담은 한국 민족주의의 아물지 않은 상처를 자극했고, ≪사상계≫는 이에 대한 박정희 정부의 태도를 그의 민족주의의 진정성을 평가하는 리트머스 시험지로 삼았던 것이다.

1964년 3월 김종필 공화당의장이 일본을 방문해 오히라 마사요시(大平正芳) 외무상을 만난 후 회담을 5월 이내에 타결하기로 했다고 발표했다. 한일회담 반대 여론이 거세게 일었다. 국내의 어떤 정치 세력도 한일 관계 정상화를 위한 회담 자체를 반대하지는 않았지만 식민지배의 기억이 생생하던 당시 일본은 민감한 주제였다. ≪사상계≫는 박정희 정부가 "급박해진 경제난을 모면하기 위하여 한일 관계의 조기타결을 서두르"면서 일본에 대해 "굴욕외교"를 하고 있다며 비판을 쏟아냈다(≪사상계≫, 1964.3, 1964.4). 군정 3년간의 부패·부정·무능, 그리고 민주주의 몰수의 결과가 대일 굴욕외교로 나타나고 있다는 인식이었다(≪사상계≫, 1964.5).

이제 ≪사상계≫는 박정희 정부에 대한 성격 규정을 분명히 했다. 이에 따르면 박정희가 내세웠던 민족적 민주주의는 "친일 사대주의"를 감춘 "가식"에 불과했다(≪사상계≫, 1964.4). 또한 박정희는 군대로 돌아가겠다는 약속을 뒤집은 "번의정치—'거짓말'—의 선배"로 못 믿을 존재였다. 더 나아가 "5·16쿠데타는 4·19민주혁명과는 인연이 없으며 정변 초기의 당사자들의 주관적 의도 여하를 불문하고 결과적으로 5·16은 4·19의 영광을 부정 내지는 말소해버렸던 것"이었다(≪사상계≫, 1964.4 긴급증간호). 이렇게 박정희 정부의 본질을 반민족과 반민주로 인식하게 된 이상, ≪사상계≫와 박정희 정부의 정면 대결은 피할 수 없는 일이 되어갔다.

1964년 6월 3일, 한일회담 반대시위가 정권퇴진 요구로 확대되는 가운데, 정부는 서울 지역에 비상계엄령을 선포했고, 한일회담의 타결도 연기되었다. 그러나 12월부터 회담이 재개되어 1965년 6월 22일 한일협정이 체결되었다. 협정 체결 및 비준 과정에서 정부와 반대 세력의 힘겨루기가 팽팽하게 이루어졌다. 실로 1965년의 "모든 국내정치는 한·일회담 문제로 직결"되어 있었다(이방석, 1965: 36).

≪사상계≫의 한일회담 및 한일협정 반대는 계속되었다. 장준하는 회담 이면에 "우리나라에 대한 일본 제국주의의 지배를 합법화해보려는 무서운 책략이 숨어" 있으며, "만일 한일 관계가 현재대로 타결되는 날에는 멀지 않아 이 나라는 일본 매판자본의 종복으로 전락할 것이요, 따라서 구만주국을 방불케 하는 일본의 괴뢰정부가 이 민족에 군림할 것은 명약관화하다"고 단언했다(장준하, 1965a, 1965b). 이렇듯 일본에 대한 거부감과 일본 지배의 귀환 가능성에 대한 두려움은 여전히 컸다.

아울러 한일협정을 막후에서 추진한 미국에 대한 불만도 표출되었다. ≪사상계≫는 미국 정부가 한국의 한일회담 반대운동을 "한국 국민의 극도로 편협한 대일감정의 결과로 해석하고 많은 지식인과 언론인들의 비정상적 정상화에 대한 무수한 비판과, 국민들의 물 끓는 듯한 국론을, 소란을 취미로 하는 한국인의 습성이라고 해서 전면적으로 무시해왔다"며 분개했다. 이로 인해 "많은 한국인들이 근자에 이르러 미국의 정책에 환멸을 느끼게 되었고"(편집동인일동, 1965), 더 나아가 "미국이 과연 얼마만큼 서구식 민주주의가 한국에 토착화하여 개화하는 데 관심이 있는가 하는 데 의문을 갖게" 한다고도 썼다(≪사상계≫, 1965.10). 이러한 문제 제기는 한일회담에 대한 반대가 곧 민주주의에 대한 지지라는 ≪사상계≫의 인식을 잘 보여준다.

1965년 들어 박정희 정부는 한일회담 반대시위를 강제력을 동원해 진압하기 시작했다. 언론과 학원에 대한 사찰과 통제도 강화했다. 이에 ≪사상계≫는 자유민주주의 원칙에 입각해서 정부 비판을 강화해갔다. 신상초(1965a)에 따르면 민주주의는 인민에 의한 지배이다. 그러나 현대의 민주주의는 기본적으로 동의에 의한 지배이다. 소수의 치자, 즉 지배자가 피치자, 즉 국민의 동의를 얻어서 통치하는 것이다. 그런데 동의는 자동적으로 획득되는 것이 아니라 여러 이해관계와 의견을 지닌 집단들 간의 자유로운 토론을 통해서 얻어진다. 따라서 동의를 구하는 과정에서 자유로운 언론과 의사표시가 보장되어야 하며, 아울러 공정한 선거에 의한 평화로운 정권 교체의 가능성이 보장되어야 한다. ≪사상계≫는 이러한 자유민주주의에 대한 표준적 이해에 근거해 박정희 정권을 신랄히 비판했다.

> 평화적 시위는 헌법에 엄연히 보장된 국민의 기본적 권리의 하나이다. …… 정부는 걸핏하면 '불법집회'니 '불법데모'니 하고 있지만 묻노니 누가 그러한 집회와 데모를 불법으로 만들었는가? …… 폭동도 아니요 난동도 아닌 군중의 행진을 이러한 야만적 수법으로 탄압하는 사례를 우리는 적어도 민주주의의 간판을 걸어놓고 정치하는 나라에서는 일찍이 본 일이 없다(장준하, 1965b).

> 언론자유가 위축되고 많은 사람들이 표리부동한 언행을 하게 되는 사회에서는 민주적인 토론 과정도 결제 과정도 성립되기 어렵다. 대체 민주주의란 공동체의 성원이 아무런 위협도 공포도 느끼지 아니하고 토론과 설득을 할 수 있는 환경 속에서만 성립될 수 있는 것인데, 한쪽이 무기를 잡고 위협을 하는데 반대쪽이 무기를 잡지 못하고 있는 사회에서는 민주주의를 운위한다는 것부터가 어리석다(신상초, 1965b).

아울러 "경찰과 군대의 그늘이 양성하고 있는 공포의 분위기" 속에서 자유가 억압된다는 비판도 강하게 표현되었다. 시위 사태가 발생하면 "박정권은 빨가숭이의 군사력을 발동하여 소란스러운 사태를 진압"했으며, 이는 "박정권의 궁극에 있어서의 실력적 기초가 바로 군사력에 있음을 아낌없이 폭로하는 것"이었다. 따라서 "군의 정치적 압력 작용을 원활하게 그러나 완전히 배제한다는 것은 한국의 민주정치를 본궤도에 올려놓기 위한 최대의 과업"으로 인식되었다(신상초, 1965b: 94). 폭력을 독점한 군사독재에 대한 반대가 민주주의 회복의 관건으로 등장한 것이다.

박정희 정부에 대한 ≪사상계≫의 부정적 인식은 눈덩이처럼 커갔고, 급기야 도덕적 평가까지 부가되었다. "악한 세력이 거세면 거셀수록 그 속에서 성장하는 선한 세력이 굳어지고 커지는 법이다"라는 언급에서 드러나듯 박정희 정부는 "악"으로, 비판 세력은 "선"으로 보는 이분법이 성립했다(≪사상계≫, 1965.9). 물론 선과 악의 타협은 생각할 수 없는 것이었으며, 이는 향후 펼쳐진 박정희 시대 한국 정치의 전개 방향을 예고했다.

6. 맺음말

이상에서 우리는 ≪사상계≫ 지면을 통해 자유민주주의가 어떻게 논의되었는지를 살펴봄으로써 다음과 같은 내용을 확인할 수 있었다. 첫째, ≪사상계≫ 지식인들이 자유민주주의를 기꺼이 받아들인 이유는 비단 그것이 한국이 생존을 의존하던 미국을 통해 이식된 이념이기 때문만이 아니었다. ≪사상계≫는 인류가 지향하는 보편적 문명의 표준을 바로 민주주의에서 찾았으며, 민주주의가 무엇인지를 국내에 소개해 민(民)을 계몽함으로써 국민 개개인의 자유와 행복을 증진시킬 수 있다고 보았다. 또한 대외적으로도 ≪사상계≫는 민주주의적 발전을 통해서만 우리 민족이 "국제정치에서 고립되지 않고 살아갈 수" 있으며, 또 그래야만 공산주의와 대결할 수 있다고 보았다. 요컨대 민주주의는 그 보편성으로 말미암아 우리 민족의 새로운 진로이자 중요한 정체성의 요소가 되어야 했고, 또한 이를 통해서만 민족의 생존을 도모할 수 있다고 여겨졌다. ≪사상계≫가 4·19에 감격한 것은 이러한 배경에서였다. 독재정권을 무너뜨리고 민주주의의 길을 엶으로써 한국은 드디어 자유민주주의를 근간으로 하는 문명세계의 일원으로 입지를 확보했다고 인식했던 것이다.

둘째, 자유민주주의를 이루는 두 개념인 자유와 민주의 관계에 대한 ≪사상계≫의 인식은 그리 예리하지 못해서 종종 둘을 혼용했다. 물론 현대 민주주의에서 두 개념은 대립적이기보다는 상호보완성이 강하지만 서양의 역사에서 자유주의자들이 대중권력, 즉 민주주의에 대해 두려움과 거부감을 지녔던 것은 사실이다. ≪사상계≫ 지식인들도 자유주의적 입장에서 4·19 이후의 사회적 혼란상을 바라보았다. 이들은 '민도 향상'을 자신의 사명으로 여겼지만, 짧은 시간 동안 대중의 요구가 여과 없이 분출되는 무질서를 우려하며 사회적 규율을 희구했다. ≪사상계≫가 5·16 직후 이를 민족주의 혁명으로 부르며 긍정했던 것은 부분적으로 이러한 이유에서였다. 그러나 일단 5·16으로 군사정부의 통제가 강화된 이후 민주주의에 대한 자유주의의 두려움은 더 이상 표출될 필요가 없었다. 권위주의에 대항하며 자유와 민주는 다시 동의어처럼 되었던 것이다.

셋째, 민족 개념은 ≪사상계≫가 박정희와 친화했으나 끝내 불화하게 된 지점이었다. ≪사상계≫는 5·16으로 민주주의 절차가 파괴된 것을 애석해하고 민주정치로의 조속한 복귀를 주장했지만, 그러면서도 군사정부의 민족주의적 열정과 근대화를 위한 추진력을 높이 평가했다. 근대화는 ≪사상계≫가 민주주의와 함께 열망하던 목표였던 것이다. 1963년 대통령 선거전에서 박정희가 민족적 민주주의를 제기했을 때 ≪사상계≫의 반응이 일률적이지는 않았다. 자유민주주의의 보편성을 강조하는 부류는 민족적 민주주의가 일종의 이단이며 독재를 은폐하는 위해성을 지녔음을 강조했다. 반면, 다른 부류는 한국에서 자유민주주의가 "봉건적 수구 세력"의 이념적 도구로 전락했다고 지적하며 민족적 민주주의의 전진적 성격을 인정했다. 다만 이들은 박정희가 과연 민족적 민주주의를 관철할 수 있는 능력을 지녔는지 의문시했다. 그리고 결국 한일회담이 적극 추진되면서 박정희의 민족주의는 가식에 불과했던 것으로 정리되고 말았다.

넷째, ≪사상계≫가 민주주의는 물론 민족주의의 측면에서도 박정희 정권에 대한 신뢰를 접게 되면서 정권에 대한 비판은 도덕주의적 성격을 강하게 띠게 되었다. 선이 악에 대항하듯 독재에 맞서는 것이 곧 민주라는 이분법적 사고가 강화되었고, 그 결과 권위주의적 통제와 이에 대한 비타협적 투쟁이 이후 한국 정치의 일상이 되다시피 했다. 그리고 자유민주주의는 타협과 조정을 통해 발휘되는 본래의 유연성을 상실한 채 투쟁의 이념으로 기능하기 시작했다.

1960~1970년대 한국에는 자유민주주의에 대한 두 종류의 비판적 입장이 존재했다. 하나는 자유민주주의가 외래 이념이어서 한국의 사정에 맞지 않는다며 "토착적 이데올로기"로 대체하려는 것이었고, 다른 하나는 "어떤 추상적 기준을 자유민주주의의 본질로 이상화하고 그것에 따라 한국에서의 자유민주주의의 불충분성을 비판"하는 입장이었다. 첫 번째 비판은 자유민주주의가 이미 한국 정치의 한 구성 부분으로 내재화되었음을 부정함으로써 현실을 외면했고, 두 번째는 한국의 자유민주주의가 국제정치적 계기를 통해 형성되었음을 이해하지 못한 채 한국 정치의 현실을 지나치게 "명목적 이상론적으로 평가"하는 한계를 니다냈다(노재봉, 1985: 335~338). ≪사상계≫가 이러한 한계를 뛰어넘는 자유민주주의의 비전을 제시하지는 못했다. 이는 물론 당시 한국 지식집단이 지녔던 상상력의 한계이기도 했다.

1960년대 전반기로부터 이미 반세기 이상의 시간이 흘렀지만 자유민주주의는 오늘날 한국 정치 및 국제정치의 이론과 실천에서 여전히 중요한 개념이다. 국내정치적으로, 예컨대 각종 사적 의견과 이익이 토론과 소통을 통해 사회적 합의에 이르도록 돕는 공적 절차와 관행을 정립함으로써 자유민주주의를 한층 심화시켜야 하며, 국제정치적으로 자유민주주의의 가치를 표방하는 국가로서 국익과 정체성을 지키고 확대하는 방안을 고민해야 한다. 민주주의 심화, 국제적 생존 및 분단 극복의 목표 차원에서 ≪사상계≫의 문제의식은 지금도 유효하다. 다만 오늘날 한국의 지식집단은 ≪사상계≫를 강박했던 후진성 의식으로부터 좀 더 자유로울 수 있다는 점에서 다소의 안도를 느낄 수 있을지 모른다.

참고문헌

강정인. 2014. 『한국 현대 정치사상과 박정희』. 서울: 아카넷.

≪경향신문≫. 1963.9.23. "진정한 자유민주는 민족주의토대로".

_____. 1963.9.23. "후진민주국가의 '리더십': 미 '디킨슨' 대학서의 김종필씨 연설내용".

_____. 1963.9.28. "왜 폭로작전을 쓰나".

고병익. 1963. "민주주의와 역사의식". ≪사상계≫, 5월호.

권보드래·천정환. 2012. 『1960년을 묻다: 박정희 시대의 문화정치와 지성』. 서울: 천년의상상.

김건우. 2015. "근대화 모델 제시한 사상계 그룹". ≪주간동아≫, 1005호(9월 14일).

김삼웅. 2009. 『장준하 평전』. 서울: 시대의창.

김상협. 1960. 「한국의 신보수주의」. ≪사상계≫, 6월호.

김성식. 1963. 「민족주의와 민주주의」. ≪사상계≫, 11월호.

김정인. 2016. 「민주주의, 해방기 분열 혹은 통합의 아이콘」. 이경구 외. 『한국의 근현대, 개념으로 읽다』. 서울: 푸른역사.

남재희. 1963. 「박정권의 공약과 '미지수' 민주주의」. ≪사상계≫, 11월호.

노재봉. 1985. 「이데올로기로서의 민주주의: 한국의 경우」. 『사상과 실천: 현실정치인식의 기초』. 서울: 녹두.

노종호. 1995. 「나에게 ≪사상계≫가 의미하는 것」. 장준하선생추모문집간행위원회 엮음. 『민족혼·민주혼·자유혼: 장준하의 생애와 사상』. 서울: 나남.

≪동아일보≫. 1963.9.24. "박의장의 '민주' 신봉의심: 윤보선씨, 호남유세서 주목할 발언".

류상영. 2002.「한국의 경제개발과 1960년대 한미관계: 중층적 메카니즘」. ≪한국정치학회보≫, 36집 3호.
박상섭. 2012.『국가, 전쟁, 한국』. 고양: 인간사랑.
박정희. 1993.『국가와 혁명과 나』. 서울: 지구촌.
_____. 2005.『한국 국민에게 고함』. 서울: 동서문화사.
≪사상계≫. 1953.4.「편집후기".
_____. 1953.5.「편집후기」.
_____. 1953.6.「편집후기」.
_____. 1953.8.「편집후기」.
_____. 1953.11.「편집후기」.
_____. 1955.8.「사상계 헌장」.
_____. 1960.6.「민중의 승리」.
_____. 1960.7.「4·26 이후의 사회상을 보고」.
_____. 1960.8.「7·29 총선거를 바라보며」.
_____. 1961.1.「1961년을 맞으면서」.
_____. 1961.3.「3·1 정신은 어떻게 계승되어야 할 것인가?」.
_____. 1961.6.「5·16혁명과 민족의 진로」.
_____. 1961.8.「8·15 해방과 우리 민족의 과제」.
_____. 1962.1.「1962년의 과제」.
_____. 1962.8.「민정복귀를 일 년 앞두고: 다시 8·15를 맞으며」.
_____. 1963.5.「의회민주주의를 모략하지 말라: 대일의존경향을 경계한다」.
_____. 1963.6.「역사는 이 시기를 어떻게 심판할까? 민정은 '시혜'받는 것이 아니다」.
_____. 1963.7.「파탄 직전에 서서」.
_____. 1963.12.「대일 저자세와 민족자주」.
_____. 1964.3.「3·1정신과 한·일문제의 해결」.
_____. 1964.4.「아아! 4·19의 영광은 어디로?」(긴급증간호).
_____. 1964.4.「우상을 박멸하라! 굴욕외교에 항의한다」.
_____. 1964.5.「유산된 혁명 3년: 신판세도정치부터 자기개혁하라」.
1965.9.「국난에 부딪혀서」.
_____. 1965.10.「미국정부의 대한정책은 무엇인가」.
신상초. 1960.「이승만폭정의 종언: 4·26은 혁명의 종말이 아니라 시발점이다」. ≪사상계≫, 6월호.
_____. 1962.「민주주의는 사치품인가? 한국민주주의 실패에 대한 고찰」. ≪사상계≫, 5월호.
_____. 1965a.「민주주의는 신화가 아니다: 데모크라시의 올바른 의미」. ≪사상계≫, 8월호.
_____. 1965b.「선량한 관리자: '민주적대통령'은 어떻게 행동해야 하는 것인가」. ≪사상계≫,

11월호.
신일철. 1961.「소리없는 혁명」. ≪사상계≫, 11월호.
안경환. 2013.『황용주: 그와 박정희의 시대』. 서울: 까치.
안병욱. 1960.「이(利)의 세대와 의(義)의 세대」. ≪사상계≫, 6월호.
양호민. 1961.「민주주의와 지도세력」. ≪사상계≫, 11월호.
_____. 1963.「다시 역사의 전환점에 서서」. ≪사상계≫, 3월호.
윤보선. 1963.9.18 "민주주의적인 사상과 비민주적 사상과의 대결(상)". ≪동아일보≫.
이방석. 1965.「퇴색한 민주주의와 민족주의: 우여곡절과 파란중첩의 정치사」. ≪사상계≫, 12월호.
이상록. 2010a.「1960~70년대 민주화운동 세력의 민주주의 담론」. ≪역사와 현실≫, 제77호.
_____. 2010b.「4·19 민주항쟁 직후 한국 지식인들의 민주주의 인식: 자유민주주의와 민주적 사회주의를 중심으로」. ≪사총≫, 제71호.
이항녕. 1963.「소수의 지배냐 다수의 지배냐?」. ≪사상계≫, 1월호.
임방현. 1963.「'자주'·'사대' 논쟁의 저변: 이른바 민족적 민주주의 사상의 주변」. ≪사상계≫, 11월호.
장준하. 1959a.「새해는 '민권의 해'로 맞고 싶다」. ≪사상계≫, 1월호.
_____. 1959b.「무엇을 말하랴: 민권을 짓밟는 횡포를 보고」. ≪사상계≫, 2월호.
_____. 1960a.「창간 7주년 기념호를 내면서」. ≪사상계≫, 4월호.
_____. 1960b.「민권전선의 용사들이여 편히 쉬시라」. ≪사상계≫, 5월호.
_____. 1960c.「또 다시 우리의 향방을 천명하면서」. ≪사상계≫, 6월호.
_____. 1960d.「1960년을 보내면서」. ≪사상계≫, 12월호.
_____. 1961.「창간 8주년 기념호를 내면서」. ≪사상계≫, 4월호.
_____. 1965a.「현행 한·일회담을 분쇄하자」. ≪사상계≫, 5월호.
_____. 1965b.「이 나라와 이 사회는 어디로?」. ≪사상계≫, 6월호.
최석채. 1963.「군사혁명이 남긴 족적: 혁명군인 역시 특별한 사람들은 아니었다」. ≪사상계≫, 4월호.
편집동인일동. 1965.「한·일협정조인을 폐기하라」. ≪사상계≫, 7월호.
황용주. 1964a.「한국지식인과 비판정신: 지성의 세계성과 정치권력의 국가성」. ≪세대≫, 6월호.
_____. 1964b.「형극에서 공동의 광장으로: 한국의 민족주의와 그 방향」. ≪세대≫, 7월호.
아블라스터, 앤서니(Anthony Arblaster). 2007.『서구 자유주의의 융성과 쇠퇴』. 조기제 옮김. 서울: 나남.

제7장

김준석

한반도에서 연방의 개념사

1. 머리말

> 연방주의는, 공동의 목적을 위해 결합할 필요가 있지만 각자의 독립성을 보존하기 위해 어느 정도 분리되어 존재하기를 원하는 국민들 또는 정체들과 관련된다. 이것은 마치 케이크를 먹고도 싶고 가지고도 싶은 마음과도 같다. …… 연방의 원칙은 자유로운 시민들이 그들의 독립성을 유지하면서도 공동의 목적을 위해 지속적이고도 제한적인 정치적 결사에 가입할 수 있다는 생각으로부터 기원했다. …… 연방주의는 자유의 이름으로 정치권력을 분산하면서도 동시에 통합과 통치의 효율성을 위해 힘을 집중하는 것과 관련된다. …… 연방주의의 이념은 정치적·사회적 제도와 관계는 협약과 약속, 그리고 그 밖의 계약적인 체제를 통해서 설립된다는 원칙에 기초하고 있다.[1]

한국 사회와 학계에서 '연방(聯邦)'은 비교적 낯선 개념에 속한다. 이에 관해 질문을 받았을 때, 아마도 대다수의 한국인은 연방국가로서의 미국, 캐나다, 러시아, 호주 등을 가장 먼저 떠올릴 것이고, 이로부터 연방이 주로 '물리적으로 크거나' '지역적으로 다양한' 국가에서 통치와 행정의 '효율성'을 위해 채택한 정치제도라는 결론을 이끌어낼 것이다. 하지만 많은 이는 바로 이러한 이유 때문에, 즉 주로 크거나 지역적으로 다양한 국가에서 연방이라는 정치제도가 발견된다는 이유 때문에, 이 제도가 한국에 적용될 가능성이 매우 제한적이라는 인식 또한 공유할 것이다. '지역 연구'나 '비교정치제도론' 차원에서 호기심에 가까운 관심을 갖

1 Daniel J. Elazar, *Exploring Federalism*(Tuscaloosa and London: The University of Alabama Press, 1987), p. 33.

는 것은 가능하겠지만 한국의 정치 상황 혹은 정치제도와의 구체적인 관련성을 염두에 두고 연방의 문제에 접근할 필요성은 그리 크지 않다. 어떤 관점을 취하더라도 한국이 효율적인 통치와 행정을 위해 연방제도를 필요로 할 만큼 크지도 지역적으로 다양하지도 않다는 데에는 의심의 여지가 없어 보인다.

이러한 인식에는 크게 두 가지 문제점이 존재한다. 첫째, 연방제와 연방국가가 단순히 '효율성'의 문제가 아니라는 점이다. 최근의 연방제 연구에서는 통치와 행정의 효율성을 극대화하기 위해 정부의 재원과 역할을 분배하고 분담하는 수단으로서의 연방제가 강조된다. 무엇을 중앙정부에 맡기고 무엇을 지방정부에 맡길 때 한정된 재원이 가장 효과적으로 사용될 수 있으며, 이를 위한 제도는 어떻게 설계되어야 하는가의 문제에 관심이 집중되고 있다. 하지만 많은 경우 현실의 연방제는 정치적, 경제적, 문화적, 인종적으로 상이한 지역들이 분리되지 않고 공존하기 위해 '불가피하게' 채택되는 제도이다. 이러한 경우에 효율성은 부차적인 문제에 지나지 않는다.[2] 예컨대 캐나다에서 연방제는 퀘벡을 중심으로 한 프랑스계 주민들과 영국계 주민들 사이, 그리고 벨기에에서 연방제는 플라망인들과 왈론인들 사이의 정치적, 언어적, 문화적 정체성의 차이를 주어진 사실로 인정하고 이들이 그러한 차이에도 불구하고 서로 갈라서지 않고 하나의 국가를 이루어 살 수 있게 하는 제도로 설계된다.

둘째, 현재 우리의 연방제, 연방국가에 대한 이해는 미국의 연방제도를 표준으로 삼고 있다. 18세기 말 미국에서 연방국가가 등장한 사건은 연방의 역사에서, 그리고 그 등장이 수준 높은 이론 논쟁을 수반했다는

2 Jacob T. Levy, "Federalism, Liberalism, and the Separation of Loyalties," *American Political Science Review*, Vol. 101, No. 3(2007).

점에서 연방 개념의 역사에서, 중대한 분기점을 이룬다. 이후 약 두 세기 반에 걸쳐 미국에서 확립된 경험에 따라 연방, 연방국가는 중앙정부와 지방정부 사이에서 통치권이 영토적 경계선을 따라 분할되는 정치체제로 정의되었다. 이때 통치권의 분할은 헌법에 의해 규정되고 보장되며, 중앙정부와 지방정부는 정해진 각자의 영역에서 일정한 자율성을 부여받는다. 중앙정부와 지방정부의 통치권은 양자 공히 연방의 시민들 개개인을 대상으로 행사되며, 이들이 중앙과 지방정부의 정부 대표와 대의기구의 구성원을 선출한다. 경우에 따라서는 중앙정부의 정책 결정 과정에서 지방정부의 견해가 일정하게 반영될 수 있도록 별도의 제도적 장치가 마련되기도 한다. 일반적으로 외교·국방에 관한 권한은 중앙정부가 전담한다.[3]

19세기 이후 수많은 국가가 이러한 미국 모델을 원용해 연방국가로 변신을 시도했고, 성공과 실패를 거듭한 결과 현재 전 세계적으로 수십 개국이 연방국가로서 정체성을 유지하고 있다. 앞서 언급한 국가들 이외에도 아프리카의 나이지리아, 남아프리카공화국, 라틴아메리카의 멕시코, 브라질, 아르헨티나, 유럽의 스페인, 독일, 벨기에, 보스니아 헤르체고비나 등이 연방제를 채택하고 있다. 물론 이 국가들이 운영하는 연방제도의 내용은 모두 상이하다. 이 연방국가들은 여러 다양한 요인, 예컨대 구성단위의 상대적인 크기, 입법적·행정적 권한의 배분 방식, 연방헌법의 개정 절차 등의 차이에 따라 분류될 수 있다. 두 개 이상의 국가가 동일한 연방제도를 운영하는 경우는 좀처럼 찾아보기 어렵다. 하지만 이러한 다양성에도 불구하고 거의 모든 연방국가가 명시적, 묵시적으로 미

---

3 Ronald Watts, *Comparing Federal Systems*, 3rd Edition(Montreal & Kingston: McGill-Queen's University Press, 2008), p. 9.

국 모델을 근간으로 구성되었다는 점에는 의심의 여지가 없다.

하지만 이와 같은 미국의 연방 모델이 갖는 한계도 명확하다. 특히 연방 개념이 역사적으로 형성된 과정을 살펴보면 이 개념 안에는 미국의 경험을 넘어서는 내용이 포함되어 있음을 알 수 있다. 예컨대 그 기원에서 연방은 모든 정치조직이 인간들과 집단들 사이의 수평적인 연대와 결합에서 비롯된다는 '정치적 존재론', '정치적 형이상학'으로서 의미를 지닌다. 흔히 근대적 연방 이론을 처음 정식화한 인물로 간주되는 17세기 초 네덜란드·독일의 정치사상가 요하네스 알투지우스(Johannes Althusius, 1563~1638)가 "정치는 연합의 기술(art of association)"이라고 주장했을 때, 그는 중앙정부와 지방정부 간 권력의 분배에 관해서 이야기하는 대신 장 보댕(Jean Bodin)이 제창한 '주권' 개념을 대체할 정치조직의 근본원리를 제안했고, 이후 연방 개념은 오랜 기간 주권 개념의 대안으로서 지위를 유지했다. 또한 현실에서도 독일의 신성로마제국이나 네덜란드 국가연합과 같은 연방국가들이 프랑스나 영국 같은 주권국가들과 공존했다. 18세기 말 미국에서 연방국가의 설립은 주권 원칙을 바탕으로 하면서 연방 원칙을 가미했다는 점에서 당대인들에게는 연방주의의 '포기'로 인식되었다.[4]

또한 미국의 연방 경험은 오늘날 우리가 '연방적'이라 이름 붙일 수 있거나 '연방적' 이해를 필요로 하는 여러 다양한 현상을 설명하는 데에도 한계를 가진다. 예컨대 유럽 통합이나 지구화(특히 여러 국제기구와 국제제도가 국가의 행동을 규제하는 현상), 인종·종족 갈등 등은 뚜렷하게 연방적

4 Martin Diamond, "What the Framers Meant by Federalism," in Robert A. Goldwin(ed.), *A Nation of States: Essays on the American Federal System* (Chicago: Rand McNally College Pub., 1974); Patrick Riley, "The Origins of Federal Theory in International Relations Ideas," *Polity*, Vol. 6, No. 1(1973), pp. 87~121.

인 특징을 보이거나 연방적 해결책을 요구하는 현상들이지만 미국식 연방 개념으로는 적절하게 파악되기 어렵다.

한반도에서 연방 개념의 역사를 살펴보는 데에도 이상의 두 가지 점을 적절히 고려할 필요가 있다. 한반도에서 연방 개념의 역사는 주로 남한과 북한 사이의 통일 논의를 중심으로 전개되었다. 잘 알려진 대로 북한은 1960년대 이래 '고려연방제'라는 연방제 통일을 제안해왔고, 한국은 1980년대 말 이래 정부와 재야 차원에서 각각 연방적인 방식의 통일을 제안해오고 있다. 2000년 남북정상회담에서는 북한의 '낮은 단계의 연방제'와 남한의 연합제 사이에 유사성이 있다는 선언까지 이끌어냈다. 하지만 이후 국내외 환경 변화와 이념적인 요인 등으로 인해 현재까지 연방적인 방식의 통일방안과 관련해 별다른 진전이 이루어지지 못하고 있다. 개념 외적인 상황 변화에 관해서는 여기서 논의할 바가 아니지만 개념 내적으로도 연방적인 통일 방식에 대해 유보적인 태도를 취하게 하는 요인들이 존재한다. 그중 하나는 연방적인 방식이 과연 효율성의 측면에서 어떤 결과를 초래할 것인지에 대한 고민이고, 다른 하나는 연방적인 방식의 통일이 어떤 '정체(政體)'의 수립을 목표로 해야 하는지〔표준적인 미국식 연방국가인지 아니면 '국가연합(confederation)'인지, 완전한 주권국가의 수립을 목표로 해야 하는지 아니면 두 독립국가의 제도화된 공존을 목표로 해야 하는지, 만약 후자의 경우라면 그 법적·제도적 지위는 어떠해야 하는지 등등〕의 고민이다.

이러한 고민은 그 자체가 역사적인 고민이다. 즉, 연방 개념의 역사에서 되풀이되어 나타났던 고민이고, 따라서 한국적 상황에서는 미국 모델에 기초한 연방 개념을 넘어서는 좀 더 포괄적인 연방 개념에 대한 검토가 필요하다. 이를 위해서는 연방 개념을 시공간적으로 확대해 살펴볼 필요가 있다. 다음에서는 이와 같은 연방과 연방주의에 관한 포괄적인 정의에 기초해 먼저 서구에서 연방 개념이 등장하게 된 개념사적 배경을 살펴보고, 이에 기초해 한반도에서 연방 개념이 등장하고 진화한 과정을, 특히 통일방안으로서의 연방제에 관한 논쟁과 관련해 살펴보고자 한다.

2. 서구에서 연방 개념의 기원

1) 유럽 대륙에서 연방 개념의 지적 기원

서구에서 연방 개념의 어원은 '조약(treaty)', '협약(covenant)', '연맹(league)' 등을 의미하는 라틴어 'foedus'이다. 영국에서는 17세기 중반부터 사용되었다고 알려져 있다. 연방을 지칭하는 독일어 'Bund'는 이보다 더 오랜 기원을 가진다. 라인하르트 코젤렉(Reinhart Koselleck)에 따르면 독일에서 이 단어가 13세기 중반에 처음 사용되었다는 증거가 존재한다.[5] 'Bund'는 '묶다', '연결하다'는 의미를 지닌 독일어 'binden'에서 왔으며, 중세에는 'foedus', 'foederatio', 'confederatio', 'unio', 'liga', 'amicita', 'fraternitas', 'conjuratio', 'conspiratio', 'communitas', 'societas', 'concordia', 'harmonia', 'universitas' 등 사적 개인과 단체, 공공 정치체 사이의 각종 협력·계약·협약을 포괄하는 개념으로 사용되었다. 이 개념은 특히 13~15세기에 빈번히 사용되었다. 중세 말 독일에서 'Bund'는 특히 황제와 대(大)영토제후에 대한, 도시와 소(小)제후들의 동맹·연합을 지칭하는 개념으로 사용되었다 '한자동맹(Hansebund)', '스위스연방(Eidgenossen-

5 Reinhart Koselleck, "Bund," in Otto Brunner, Werner Conze and Reinhart Koselleck(eds.), *Geschichtliche grundbegriffe: historisches lexiton zur politisch-sozialen sprache in Deutschland*, Band 1(Stuttgart: Klett-Cotta, 1984).

schaft)', '슈바벤동맹(Schwäbische Bund)' 등이 대표적이다. 코젤렉에 따르면 독일에서 'Bund'가 현재와 같이 '국가'와 관련해 '연방(federation)'의 의미를 가지게 된 것은 프랑스혁명 이후의 일이다. 19세기 독일의 법학자 오토 프리드리히 기르케(Otto Friedrich von Gierke, 1841~1921)는 이러한 연합·동맹의 정치 형태를 'Genossenschaft(영어로는 'fellowship')'로 통칭하기도 했다(Gierke, 2002)[6].

요하네스 알투지우스는 『폴리티카(Politica Methodice Digesta)』에서 보댕의 '주권' 개념에 반대하면서, 정치를 "인간의 사회적 삶을 수립하고 증진하며 보존하는 것을 목적으로 하는 연합(associating, consociandi)의 기술", "공존의 기술(symbiotics)"로 정의했다. 국가(commonwealth)를 여러 도시와 지역의 "공공 연합체(public association)"로 규정한 알투지우스는 각각의 도시와 지역 역시 그 자체로 하나의 연합체를 이룸을 지적했다. 그 결과 도시는 가족과 다양한 사적·공적 단체, 결사체들의 연합체로 간주될 수 있고, 국가는 '연합체들의 연합체'로 간주될 수 있다. 알투지우스는 도시와 지역은 존재론적으로 국가에 우선하며, 따라서 하나의 국가로 연합한 이후에도 이들의 자율적인 지위는 계속 유지되어야 한다고 주장하기도 했다.

17세기 독일의 정치사상가이자 법학자 사무엘 푸펜도르프(Samuel Pufendorf, 1632~1694) 역시 연방 개념의 진화에서 중요한 기여를 한 인물로 평가된다. 그는 1672년에 출간된 『자연법과 국제법(De jure naturae et gentium)』에서 몇 개의 국가가 영구적인 동맹이나 연맹을 통해 결속하는 정치체제로서 '국가체계(system of states)'를 정의했다. 이 '국가체계'에서

6 Otto von Gierke, *Community in Historical Perspective*, edited by A. Black, translated by M. Fischer(Cambridge: Cambridge University Press, 2002).

구성 국가들은 미리 합의된 사안과 관련해 다른 구성원의 동의 없이 주권을 행사하지 않기로 합의한다. 17세기 당시의 스위스연방이나 독일의 신성로마제국을 대표적인 '국가체계'로 분류한 푸펜도르프는 이것의 정치체제로서의 성격에 관해서는 그리 호의적으로 평가하지 않는다. 이 정치체의 통일성이 "국가의 영혼이라 할 주권"에 있지 않고, 분리된 부분들 사이의 합의와 약속에 있기 때문이다. 푸펜도르프는 '국가체계'를 "제대로 적응하지 못하고 병약한 비정규국가(irregular state)"로 정의한다.[7]

임마누엘 칸트(Immanuel Kant)는 아베 드 생-피에르(Abbé de Saint-Pierre), 장 자크 루소(Jean Jacques Rousseau)의 유럽평화론에서 영감을 얻어 작성한 『영구평화론(Zum ewigen Frieden: Ein philosophischer Entwurf)』에서 국제평화를 위한 국제연방의 설립을 주장했다. 『영구평화론』의 '제2확정조항'에서 칸트는 다음과 같이 주장한다.

> 국제법은 자유로운 국가들의 연방제(연방주의)에 기초해 있어야만 한다. …… 국가들로서의(국가를 이룬) 민족들도 개별적 인간들과 마찬가지로 판정될 수 있으니, 이들은 자연상태에서는 〔다시 말해 외적 법칙(법률)들에서 독립해 있을 때에는〕 그들이 서로 곁에 있다는 것만으로도 이미 서로를 침해하는 것이며, 그들 각자가 자기의 안전을 위하여 타자에게 자신과 함께 시민적 (헌정)체제와 비슷한 체제에 들어갈 것을 요구할 수 있고, 요구해야만 하며, 이러한 체제에서만 각자에게는 자기의 권리가 보장될 수 있는 것이다.[8]

---

7 David Boucher, "Resurrecting Pufendorf and capturing the Westphalian moment," *Review of International Studies*, Vol. 27, No. 4(2001).

8 임마누엘 칸트, 『영원한 평화』, 백종현 옮김(서울: 아카넷, 2013), 124쪽.

이러한 칸트의 생각은 『영구평화론』보다 약 12년 앞서 발표된 「세계시민의 관점에서 본 보편사의 이념(Idee zu einer allgemeinen Geschichte in weltbürgerliche Absicht)」에서 초보적인 형태로 제시된 바 있다. 여기에서 그는 "전쟁과, 계속해서 높은 수준으로 유지되어야 하는 군사적 준비 태세, 그리고 이로 인한 고통"이 국가들로 하여금 "야만적인 무법상태"를 벗어나 "국제연맹(Völkerbund)" 혹은 "국가들의 연합(Staatenverbindung)"을 결성하도록 압박한다고 주장했다.

『영구평화론』보다 조금 앞서 출간된 『속언에 관하여: '그것은 이론에서는 옳을지 모르지만, 실천에서는 쓸모없다는'(Über den Gemeinspruch: 'Das mag in der Theorie richtig sein, taugt aber nicht für die Praxis')』에서도 유사한 내용을 찾아볼 수 있다. 여기에서 칸트는 국제 관계의 '무정부적'인 상황을, 즉 각 국가는 "단 한 순간이라도 자신의 독립과 소유물의 안전을 확신"할 수 없기 때문에 "다른 국가를 굴복시키고 그들을 희생해서라도 자신의 성장을 도모하고자 하는 의지"를 가지게 마련인 그러한 상황을, 세력균형을 통해 극복할 수 있다고 믿는 것은 "순전한 환상"에 불과하다고 지적한다. 세력균형에 바탕을 둔 국제 관계는 "건축가가 모든 균형 법칙을 동원하여 완벽하게 조화롭게 지었지만 참새 한 마리만 그 위에 앉으면 그대로 무너져 내리는 집"과 다름없다. 칸트는 국제 관계의 무질서와 혼란에 대처하는 유일한 방법은 모든 국가를 포괄하는 "보편적인 국제국가(allgemeiner Völkerstaat)"를 건설하는 것뿐이라고 주장한다.[9]

9 Immanuel Kant, *Political Writings*, edited by Hans Reiss, translated by H. B. Nisbet(Cambridge: Cambridge University Press, 1991), p. 92.

2) 미국에서 연방 개념의 기원

주지하다시피 연방, 연방국가에 대한 현대적인 의미가 확립된 것은 미국에서 연방국가가 성립되면서부터이다. 우리가 아는 연방, 연방주의가 탄생한 것이다. 미국은 영국으로부터의 독립을 선언한 1776년부터 1778년까지 국가연합(confederation)으로 존재했다. 이후 1778년 필라델피아에서 개최된 '헌법제정회의(Constitutional Convention)'에서 초안이 마련된 헌법을 각 주들이 승인하는 과정을 거쳐 연방국가로 재탄생했다. 이러한 과정에서 과거로부터의 지적 유산이 중요한 역할을 담당했는데, 미국 연방주의의 지적 기원은 17세기 영국의 '헌정논쟁(constitutional debates)', 대륙의 연방주의 사상, 1643년의 '뉴잉글랜드연합(New England Confederation), 1754년의 '올버니연합안(Albany Plan of Union)', 그리고 스코틀랜드와 아일랜드의 경험, 특히 1603년 스코틀랜드 스튜어트 왕가의 제임스 4세가 제임스 1세로 영국의 왕위를 계승한 이후 1707년 '연합법(Act of Union)'으로 스코틀랜드가 영국에 완전 통합되기까지 약 100년의 경험 등에서 찾을 수 있다.[10]

미국에서 연방헌법과 이에 기초한 연방국가가 등장하게 된 데에는 국가연합체제에 대한 실망과 의구심이 중요한 동인으로 작용했다. 1781년에 정식 채택된 '연합규약(Article of Confederation)'에 따르면 최고기구로서의 '연합의회(Confederation Congress)'는 외교, 전쟁, 우편제도, 장교 임명, 원주민 문제, 화폐가치 결정 등의 권한을 부여받았다. 그러나 입법과 정책 결정 과정의 비효율과 불공정 등의 문제가 발생했고, 특히 1주 1표

---

10 Alison L. LaCroix, *The Ideological Origins of American Federalism*(Cambridge, MA.: Harvard University Press, 2010).

제도를 실시해 주요 사안에 대해서는 13표 중 9표의 찬성으로 결정하게 함으로써 소규모 주들과 펜실베이니아주, 뉴욕주 등 대규모 주들 간에 갈등을 발생시켰다. 또한 결정된 정책이나 법안의 실행에서의 비효율성도 심각한 문제였다. 연합의회의 결정을 실행에 옮기는 것은 각 주들의 책임이었는데, 국가연합의 중앙정부로서의 연합의회가 결정에 복종하지 않는 주를 제재하거나 복종을 강제할 수 있는 권한을 가지지 못했기 때문이다. 각 주들은 사실상 완벽한 독립국가로 존재한 것이다. 연방헌법의 초안이 마련된 후 이를 정식 채택하기 위해 알렉산더 해밀턴(Alexander Hamilton)과 제임스 매디슨(James Madison) 등이 작성한 『연방주의자 논고(Federalist Papers)』는 사실상 하나의 반(反)국가연합 팸플릿으로 간주될 수 있다.

결국, 헌법 제정과 함께 연방체제로의 신속한 이행이 이루어졌는데, 이는 주들 간 역사적·문화적 이질성이 상대적으로 작았고, 주민들이 각 주에 느끼는 정서적 유대감도 크지 않았으며, 주들의 하부구조적 역량도 미미했기 때문이다. 또한 영국에 대한 독립전쟁을 통해 공동체 의식이 발전했고, 영국의 오랜 식민지배로 동질적인 문화를 공유한 점도 연방제도의 채택에 유리한 요인을 제공했다. 『연방주의자 논고』의 제15장에서 해밀턴은 국가연합으로서의 미국이 처하게 된 곤경에 대해서 다음과 같이 주장한 바 있다.

> 우리는 이제 국가적 치욕의 최종 단계에 도달했습니다. 이제 독립국가의 인격과 자존감에 상처를 입히는 것들 중 우리가 경험하지 않은 것은 더 이상 남아 있지 않아 보입니다. …… 우리는 우리의 정치적 독립이 위기에 처한 시기에 외국인과 우리 시민들에게 빚을 지지 않았던가요? 이 채무는 앞으로 어떻게 변제할 것이지 아무런 계획도 없기에 그대로 남아 있습니다.

> 우리는 다른 국가들로부터 돌려받기로 약속받은 귀중한 영토와 중요한 요새를 돌려받았습니까? 그들은 아직도 그 영토와 요새들을 보유하고 있고, 이는 우리의 권리를 손상시킴은 물론 우리의 이익에 큰 해를 끼치고 있습니다. 우리는 현재 외부로부터 침략을 받은 경우 이를 격퇴할 위치에 있습니까? 우리는 군대도, 재무부도, 정부도 가지고 있지 않습니다. 그렇다면 위엄을 가지고 항의할 수 있는 있을까요? 동 조약에 대한 우리의 비난을 먼저 제거해야 합니다. 우리는 미시시피강의 자유 항해 권리를 가지고 있습니까? 스페인은 우리를 여전히 배제하고 있습니다. …… 우리 정부가 다른 국가들의 눈에 존중받을 만하게 보이는 것은 그들의 침해로부터 우리를 지킬 수 있는 보루가 아닌가요? 우리 정부의 어리석음(imbecility of our government)으로 인해 그들은 우리를 존중하여 대하지 않습니다.[11]

미국에서 연방국가의 설립과 함께 '연방(federation, Bundesstaat)'과 '국가연합(confederation, Staatenbund)'의 차이가 뚜렷하게 구분되기 시작했다. 그 이전까지 '연방'은 기본적으로 오늘날 우리가 '국가연합'으로 이해하는 정치체제를 지칭했으나 이제 미국에서 연방헌법의 채택과 함께 그 의미가 뒤바뀌게 되었다.

양자 간의 차이를 살펴보면, 연방은 강한 중앙정부, 강한 지방정부를 지향하는 정치체라 할 수 있다. 연방국가의 정부는 헌법에 규정된 권한을 부여받으며, 이 권한을 개개 시민들에게 행사한다. 다른 무엇보다도 연방국가는 시민들에게 세금을 부과해 직접 징수할 권한을 갖는다. 또한 연방국가의 정치적 대표나 고위 관직은 시민들에 의해 직접 선출되는 것

11 James Madison, John Jay and Alexander Hamilton, *Federalist Papers*, http://avalon.law.yale.edu/subject_menus/fed.asp

이 일반적이다.

이에 반해 국가연합의 기본 구성단위는 국가이다. 즉, 국가연합은 개개 시민들의 연합이 아닌 국가들의 연합이다. 국가연합의 결정을 실행하는 것은 구성국 정부이다. 국가연합은 시민들에 대한 직접적인 과세 권한을 가지지 않는 것이 일반적이다. 대신 국가연합의 중앙정부는 구성국의 분담금으로 운영된다. 오늘날 유럽연합이 회원국들이 납부하는 분담금으로 운영되는 것과 유사하다. 국가연합의 공동정부는 선거가 아닌 구성국 정부에 의해 임명된 대표들로 이루어진다. 따라서 국가연합과 시민들의 관계는 간접적이다. 즉, 구성국 정부라는 매개체를 통해서만 양자 사이의 연계가 가능하다. 국가연합은 국가들이 정치적·경제적 이유에서 일정한 협력이 필요하지만, 또한 각자의 독립성을 유지하고자 할 때 채택하는 제도이다. 이러한 이유에서 일부에서는 국가연합을 '미완'의 조직, '과도기적' 제도로 간주하기도 한다.[12·13] 반면, 일부에서는 국가연

---

12 Daniel J. Elazar, *Constitutionalizing Globalization: The Postmodern Revival of Confederal Arrangements*(Lanham: Roman & Littlefield, 1998), p. 40; Ivo D. Duchacek, "Consociations of Fatherlands: The Revival of Confederal Pirnciples and Practices," *Publius*, Vol. 12, No. 4(1982), pp. 147~149.

13 좀 더 구체적으로 연방과 국가연합의 차이를 다음과 같이 일별해볼 수 있다.
① 연방국가의 경우 연방국가 자체가 국제법상의 주체이며 연방국가의 구성국은 국제법의 주체가 아니다. 반면, 국가연합에서는 국가연합의 구성국만이 국제법의 주체가 된다.
② 연방국가의 결합 근거는 원칙적으로 연방국가의 헌법이며, 국가연합의 결합 근거는 국가연합의 구성국 간에 체결된 조약이다.
③ 연방국가는 대내적 통치권을 가지며 구성국도 자체의 대내적 통치권을 가진다. 따라서 연방제에서는 연방과 구성국 간의 통치권의 분화 문제가 제기된다. 반면 국가연합의 경우 대내적 통치권은 전적으로 구성국가에 있다.
④ 연방제에서 대외적 외교와 안보 등 대외 업무에 관한 권한은 연방국가가 갖는다. 반면 국가연합에서 대외업무에 관한 권한은 원칙적으로 구성국이 갖는다.
⑤ 연방국가의 경우 연방이 병력을 보유하나 국가연합의 경우에는 그 구성국이 자체 병

합이 오늘날에도 여전히 중요한 정치제도라는 점을 강조한다. 예컨대 현재의 유럽연합을 '국가연합'의 일종으로 보는 시각이 존재한다.[14]

3. 한반도에서 연방의 개념사

1) 북한의 연방제 제안과 연방 개념의 등장과 진화

한국에서 연방 개념에 대한 관심은 남북한 정부에 의해 제안된 통일방안과 주로 관련된다. 북한의 이른바 '고려연방제'(고려민주연방공화국 창립방안)와 한국의 '남북연합'안이다. 연방에 관한 논의를 처음 시작한 것은 북한이다. 김일성은 1960년 8월 15일 해방 15주년 경축대회에서 처음으로 연방제 통일방안을 제안했다. 여기에서 연방제는 영속적인 정치제도가 아닌 완전한 통일 이전의 '과도기'적인 체제로 정의된다.

력을 보유한다.

⑥ 연방국가는 안정적인 체제임에 반해 국가연합은 상대적으로 불안정한 정치체제이다.

14 Daniel J. Elazar, "The United States and the European Union: Model for Their Epochs," in Kalypso Nicolaidis and Robert Howse(eds.), *Federal Vision: Legitimacy and Levels of Governance in the United States and the European Union* (Oxford: Oxford University Press, 2001); Alexander Warleigh, "Better the Devil You Know? Synthetic and Confederal Understanding of European Unification," *West European Politics*, Vol. 21, No. 3(1998); Simon J. Bulmer, "The European Council and the Council of the European Union: Shapers of a European Confederation," *Publius*, Vol. 26, No. 4(1996); Giandomenico Majone, *Dilemmas of European Integration: Ambiguities and Pitfalls of Integration by Stealth*(Oxford: Oxford University Press, 2005), pp. 202~221.

우리 조국의 평화적 통일은 반드시 자주적으로 어떠한 외국의 간섭도 없이 민주주의적 기초 우에서 자유로운 남북 총선거를 실시하는 방법으로 해결되어야 합니다. …… 남조선의 위정자들은 또한 자유로운 남북총선거는 '용공'으로 되며 '적화'의 위험이 있기 때문에 받아들일 수 없다고 합니다. …… 어떠한 외국의 간섭도 없이 민주주의적 기초 우에서 자유로운 남북 총선거를 실시하는 것이 평화적 조국통일의 가장 합리적이고 현실적인 길이라는 것은 논박할 여지가 없습니다. …… 만일 그래도 남조선 당국이 남조선이 공산주의화될까 두려워서 아직도 자유로운 남북 총선거를 받아들일 수 없다고 하면 먼저 민족적으로 긴급하게 나서는 문제부터 해결하기 위하여 과도적인 대책이라도 세워야 할 것입니다. 우리는 이러한 대책으로서 남북조선의 연방제를 실시할 것을 제의합니다. 우리가 말하는 연방제는 당분간 남북조선의 현재 정치제도를 그대로 두고 조선민주주의 인민공화국 정부와 대한민국 정부의 독자적인 활동을 보존하면서 동시에 두 정부의 대표들로 구성되는 최고 민족위원회를 조직하여 주로 남북조선의 경제문화 발전을 통일적으로 조절하는 방법으로 실시하자는 것입니다. 이러한 연방제의 실시는 남북의 접촉과 협상을 보장함으로써 호상 이해와 협조를 가능하게 할 것이며 호상 간의 불신임도 없애게 될 것입니다. 그렇게 되었을 때에 자유로운 남북 총선거를 실시한다면 조국의 완전한 평화적 통일을 실현할 수 있으리라고 우리는 인정합니다.[15]

북한은 1973년 고려연방제라는 용어를 처음 사용했다. 김일성은 1973년 6월 23일 체코슬로바키아 공산당 및 정부 대표단을 환영하는 평양시 군중대회에서 다음과 같이 말했다.

---

15 심지연 엮음, 『남북한 통일방안의 전개와 수렴』(서울: 돌베개, 2001).

오늘 나라의 통일을 앞당기는 데서 중요한 의의를 가지는 것은 단일 국호에 의한 남북연방제를 실시하는 것입니다. 나라의 완전한 통일을 실현하는 방도에는 물론 여러 가지가 있을 수 있습니다. 우리는 조성된 조건에서 대민족회의를 소집하고 민족적 단결을 이룩한 데 기초하여 북과 남에 현존하는 두 제도는 당분간 그대로 두고 남북연방제를 실시하는 것이 통일을 실현하기 위한 가장 합리적인 방도로 된다고 인정합니다. 남북연방제를 실시하는 경우 연방국가의 국호는 우리나라의 판도 위에 존재하였던 통일국가로서 세계에 널리 알려진 고려라는 이름을 살려 고려연방공화국이라고 하는 것이 좋을 것입니다. 이것은 남북 쌍방에 다 같이 접수될 수 있는 좋은 국호로 될 것입니다. 고려연방공화국의 창설은 나라의 분열을 막고 북과 남 사이의 연계와 합작을 전면적으로 실현하며 완전한 통일을 앞당기는 길에서 결정적인 국면을 열어놓게 될 것입니다.[16]

1980년에 열린 조선노동당 제6차 당대회에서는 '고려민주연방공화국(Democratic Confederal Republic of Koryo) 창립방안'이 제시되었다.

해방 후 오늘까지 북과 남에는 오랜 기간 서로 다른 제도가 존재하여 왔으며 거기에서는 서로 다른 사상이 지배하고 있습니다. 이러한 조건에서 민족적 단합을 이룩하고 조국통일을 실현하려면 어느 한쪽의 사상과 제도를 절대화하지 말아야 합니다. 만일 북과 남이 제각기 자기의 사상과 제도를 절대화하거나 그것을 상대방에게 강요하려 한다면 불가피적으로 대결과 충돌을 가져오게 되며 그렇게 되면 도리어 분열을 심화시키는 결과를 낳게 될 것입니다. …… 한 나라 안에서 서로 다른 사상을 가진 사람들이 같이 살 수

---

16 같은 책.

있으며 하나의 통일국가 안에 서로 다른 사회제도가 함께 존재할 수 있습니다. 우리는 우리의 사상과 제도를 결코 남조선에 강요하지 않을 것이며 오직 민족의 단합과 조국통일을 위하여 모든 것을 복종시킬 것입니다. 우리당은 북과 남이 서로 상대방에 존재하는 사상과 제도를 그대로 인정하고 용납하는 기초 우에서 북과 남이 동등하게 참가하는 민족통일정부를 내오고 그 밑에서 북과 남이 같은 권한과 의무를 지니고 각각 지역자치를 실시하는 연방공화국을 창립하여 조국을 통일할 것을 주장합니다. 연방 형식의 통일국가에서는 북과 남의 같은 수의 대표들과 적당한 수의 해외동포 대표들로 최고민족연방회의를 구성하고 거기에서 연방상설위원회를 조직하여 북과 남의 지역정부들을 지도하며 연방국가의 전반적인 사업을 관할하도록 하는 것이 합리적일 것입니다. …… 고려민주연방공화국은 어떠한 정치군사적 동맹이나 쁠럭에도 가담하지 않은 중립국가로 되어야 합니다.[17]

여기에서 확인할 수 있는 바와 같이 북한이 제한하는 연방제는 1980년 이후 '1민족 1국가 2제도 2정부'를 원칙으로 하여 남북 동수와 해외동포로 구성되는 '최고민족연방회의', 상설집행기구인 '연방상설위원회'(정치, 외교, 군사 문제 관할), '민족연합군'을 갖추도록 하고 있다. 또 중앙정부는 외교, 군사를 담당하고, 지역정부는 내치를 전담하도록 하고 있다. 가장 중요한 특징은 연방국가를 과도기적 체제가 아닌 완결된 형태의 통일국가로 제시했다는 데 있는데, 이는 북한 주도의 통일이 어렵다는 전망에 따른 전략 변화로 볼 수 있다.

하지만 이러한 연방제 통일안은 한국의 입장에서 받아들이기 어려운 내용들 역시 포함했다. 한국 정부와 사회는 북한의 제안이 한국 사회

---

17 같은 책.

내부의 갈등을 격화할 의도를 가지고 있고, '국가보안법' 철폐, 북·미 평화협정 체결 및 주한미군 철수와 같이 받아들이기 어려운 선행조건을 내걸고 있으며, 결국에는 남북 관계에서 통일 문제의 이슈를 선점하고 남한 내부의 반정부 투쟁을 연계시켜 남조선혁명의 동력을 지속적으로 제공하려는 목적하에 제시되었다는 점에서 받아들이기 어렵다는 반응을 보였다. 이른바 "3대 혁명역량 강화"를 통한 북한 주도의 통일이라는 기존 전략이 바뀐 것으로 보기 어렵다는 것이다. 일찍이 김일성은 1965년 4월 14일에 인도네시아 알리 아르함 사회과학원에서 열린 "조선민주주의인민공화국에서의 사회주의 건설과 남조선혁명에 대하여"라는 강연에서 다음과 같이 주장했다.

> 우리 조국의 통일, 조선혁명의 전국적 승리는 결국 3대력량의 준비에 달려있다고 말할 수 있다. 첫째로, 공화국 북반부에서 사회주의 건설을 잘하여 우리의 혁명기지를 정치, 경제, 군사적으로 더욱 강화하는 것이며, 둘째로, 남조선인민들을 정치적으로 각성시키고 튼튼히 묶어 세움으로써 남조선의 혁명력량을 강화하는 것이며, 셋째로, 조선인민과 국제혁명력량과의 단결을 강화하는 것이다.[18]

한국과 북한은 2000년 6월에 최초의 남북정상회담의 결과로 발표된 '6·15선언' 제2항에서 남과 북은 나라의 통일을 위한 남측의 연합제안과 북측의 낮은 단계의 연방제안이 서로 공통성이 있다고 인정하고 앞으로 이 방향에서 통일을 지향시켜나가기로 하였다"고 선언했다. '낮은 단계의 연방제'는 북한의 공식 문건에서 처음 등장하는 용어였기에 그 정확한

---

18 같은 책.

의미를 둘러싸고 논란이 일었다.

다만 1991년 김일성의 신년사에서 시작해 연방제 통일에 관한 북한의 태도에 변화가 일어나기 시작했다는 지적이 제기되었다. 1991년 신년사에서 김일성은 "우리는 하나의 민족, 하나의 국가, 두 개의 제도, 두 개 정부에 기초한 연방제 통일 방도로서 이미 고려민주연방공화국 창립방안이 민족적 합의의 기초로 될 수 있는 공명정대한 민족 공동의 통일방안으로 된다고 믿고 있습니다"라면서도, "민족적 합의를 보다 쉽게 이루기 위하여 잠정적으로 연방공화국의 지역자치정부에 더 많은 권한을 부여하며 장차로는 중앙정부의 기능을 더욱더 높여가는 방향에서 연방제 통일을 점차적으로 완성하는 문제도 협의할 용의가 있습니다"라고 하여 후에 살펴볼 한국의 남북연합제안과 유사한 제도에 타협할 여지를 열어놓았다는 것이다. 또한 같은 해 4월 28일 북한의 윤기복 최고인민회의 통일정책심의위원은 평양에서 열린 국제의원연맹 총회에 참가한 한국대표단과 함께한 자리에서 "북과 남의 제도를 그대로 두고 련방통일국가를 세우자. 그러나 잠정적으로 지역자치 정부에 더 많은 권한, 즉 외교권, 군사권 및 내정권 등을 줄 수도 있다"고 발언하기도 했는데, 이러한 시각의 변화가 후에 '낮은 단계의 연방제'에 대한 단초를 마련했다는 설명도 가능하다.[19] 또한 김일성은 1993년 4월 최고인민회의 제9기 제5차회의에서 북한 통일정책의 기본 방침으로서 '조국통일을 위한 전민족 대단결 10대 강령'을 발표했는데, 이 강령의 제3항과 5항에서 "북과 남은 서로 다른 사상과 이념, 제도의 존재를 인정하고"라는 표현과 "북과 남은 …… 서로 상대방에 자기의 제도를 강요하지 말아야 하며 상대방을 흡수하려

19 박호성, 「북한 통일정책 연구의 쟁점: '연방제' 통일방안을 중심으로」, ≪북한연구학회보≫, 8권 2호(2004), 14쪽.

하지 말아야 한다"라는 표현을 사용했다. 이는 북한이 연방제 통일방안을 사실상 불가능한 이상으로 평가하거나 현실적으로 실현되기 위해 상당한 중간 단계가 필요한 장기적인 목표로 설정한 것이라는 해석도 가능하다.[20]

정상회담의 성과를 설명한 통일부의 통일백서에서는 "이번 정상회담에서 김대중 대통령의 연합제안 설명에 대해 김정일 국방위원장은 그 현실성을 인정하고, '낮은 단계의 연방제'는 남북이 현존하는 2체제 2정부를 유지하면서 상호 협력하여 단계적으로 통일을 지향한다는 것으로서, 남북연합과 사실상 같음을 인정하였다"고 밝히고 있다. 북이 한국이 그동안 꾸준히 주장해왔듯이 선(先) 교류 후(後) 통일로 입장을 선회했다는 것이다. 정상회담을 수행한 한 인사의 증언에 따르면 당시 김대중 대통령은 김정일 위원장에게 "현재와 같은 적대적 대결 상태에서 연방제에서 말하는 중앙정부를 구성하여 어떻게 군대를 통합할 것이며, 무슨 도리로 외교권을 합치겠는가"라고 설득했고, 김 위원장이 이를 받아들였다는 것이다.

북한은 2000년 8월 15일 '북남공동선언을 지지 환영하며 그 실천을 위한 공화국 정부, 정당, 단체련합대회'에서 6·15선언을 다음과 같이 해석했다.

> 우리는 낮은 단계의 련방제 통일방도와 련합제안의 공통성을 살려 하나의 통일국가를 지향하는 현실적이며 실천적인 조치들을 적극 취해나갈 것이다. 역사적인 평양 상봉을 통하여 북과 남은 통일방도에 대한 공동의 기초를 마련하였다. 이것은 우리 민족이 55년간 통일 운동 과정에서 이룩한 귀

---

20 박호성, 「북한 통일정책 연구의 쟁점: '연방제' 통일방안을 중심으로」, 16쪽.

중한 성과이며 련방제 통일로 나아가는 력사적인 리정표로 된다. 우리는 북과 남에 존재하는 두 제도를 그대로 인정하고 용납하는 기초 우에서 공존, 공영, 공리를 도모하는 원칙을 철저히 지켜나갈 것이다. 우리는 서로의 차이점은 뒤로 미루고 공통점을 적극 살려 통일방도에서 구체적인 합의를 이룩하기 위하여 적극 노력할 것이다. 우리는 북과 남, 해외에서 통일 론의를 활발히 벌려온 민족의 의사를 모아나감으로써 하나의 민족, 하나의 국가, 두 개 제도, 두 개 정부에 기초한 련방제 통일국가를 건설할 것이다.[21]

이후 2000년 10월 6일 '고려민주연방공화국 창립방안제시 20돌 기념 평양시 보고회'에서 북한은 "낮은 단계의 연방제는 1민족 1국가 2제도 2정부의 원칙에 기초하되 남북의 현 정부가 정치·군사·외교권을 비롯한 현재의 기능과 권한을 그대로 보유한 채 민족통일기구를 구성하는 것"이라고 정의했는데, 일부에서는 이를 사실상 한국의 남북연합 제안을 받아들인 것으로 해석했다.

하지만 6·15선언의 제2항에 대한 부정적인 시각 역시 제기되었다. "남측이 북측의 연방제안에 말려들었나"는 것이고, 북한의 낮은 단계의 연방제는 여전히 '전민족 통일전선'의 구축의 관점에서 이해될 수 있다는 것인데, 대표적으로 북한의 고위관료 출신으로 한국으로 망명한 황장엽은 한 월간지와의 인터뷰에서 다음과 같이 주장했다.

연방제는 통일전선전략을 실현하기 위한 전술적 방안이다. 연방제를 실시하여 북과 남이 자유롭게 내왕하면서 자기 제도와 자기 사상을 선전하게 되면 공화국은 하나의 사상으로 통일된 국가이기 때문에 조금도 영향을 받

21 심지연 엮음, 『남북한 통일방안의 전개와 수렴』.

> 을 것이 없다. 그러나 남조선은 사상적으로 분열된 자유주의나라이기 때문에 우리가 남조선에서 사회주의제도의 우월성과 주체사상 선전을 대대적으로 하면 적어도 남조선 주민의 절반을 쟁취할 수 있다. 지금 인구 비례로 보면 남조선은 우리의 두 배이다. 그러나 연방제를 실시하여 우리가 남조선주민의 절반을 쟁취하는 날에는 공화국의 1과 쟁취한 남조선 주민의 1을 합하여 우리 편이 2가 되고 남조선이 1이 된다. 이렇게 되면 총선거를 해도 우리가 이기게 되고 전쟁을 해도 우리가 이기게 된다.[22]

만약 한국에서 6·15선언 제2항의 내용을 통일 프로그램에 포함시키기 위해서는 이와 같은 황장엽의 경고를 어떻게 해석할 것인지 하는 문제가 관건이 된다. 황장엽이 밝힌바 북한이 연방제를 주장하는 궁극적인 목표가 현실적으로 실현 가능한가 그렇지 않은가의 문제를 떠나서 북한이 이러한 의도를 가지고 연방제 문제에 접근하는 한 이 문제에 관한 한 양쪽 사이에 진정한 의견 교환에 바탕을 둔 합의가 불가능할 것이다.

2) 한국에서 연방제 개념의 등장과 진화

한편, 한국에서 연방 개념이 처음 등장한 것 역시 한국의 통일방안과 관련해서이다. 현재 한국 정부 차원의 통일방안은 노태우 정부의 '한민족공동체통일방안'의 기본 골격을 그대로 유지하고 있다. 1989년 9월 11일에 '한민족공동체통일방안'을 제안하면서 노태우 대통령은 다음과 같은 단계적 통일론을 제시했다.

---

22 황장엽, 「자유민주주의의 승리를 위하여」, 월간조선편집부 엮음, 『어둠의 편이 된 햇별은 어둠을 밝힐 수 없다』(서울: 월간조선사, 2001).

통일로 가는 중간 단계로서 먼저 남과 북은 서로 다른 두 체제가 존재하고 있다는 현실을 바탕으로 서로가 서로를 인정하고 공존공영하면서 민족 사회의 동질화와 통합을 촉진해나가야 합니다. 남북 간의 개방과 교류, 협력을 넓혀 신뢰를 심어 민족국가로 통합할 수 있는 바탕을 만들어가야 합니다. 이와 같이 하여 사회, 문화, 경제적 공동체를 이루어나가면서 남북 간에 존재하는 각종 문제를 해결해간다면 정치적 통합의 여건은 성숙될 것입니다. 통일을 촉진할 이 과정을 제도화하기 위해 쌍방이 합의하는 헌장에 따라 남북이 연합하는 기구를 설치하는 것이 필요합니다. 이러한 연합체제 아래서 남과 북은 민족 공동생활권을 형성하여 공동의 번영을 이룩하고, 민족동질성을 회복하도록 하여 민족공동체의 발전을 보다 가속화시켜 나가야 할 것입니다. 이것은 완전한 통일국가로 가는 중간 과정의 과도적 통일체제라 할 수 있습니다.[23]

당시 김학준 청와대정무수석은 새로운 통일방안의 의의를 다음과 같이 설명했다. 무엇보다도 새로운 통일방안은 "남북한을 어떻게 하나의 제도적 틀 속으로 묶느냐"의 문제를 해결할 필요성에 대응하려는 목적에서 제안되었다. 특히 "북한은 자신의 통일방안을 제시함에 있어서 거의 예외 없이 그러한 제도적 틀을 제시"해왔음에 반해, 남한 정부는 교류와 협력, 공존만을 강조했다는 자각이 중요한 역할을 했다. 한국에서는 오직 김대중의 '공화국연방제', 문익환 및 진보정치연합의 '연방제', 통일민주당의 '한민족연합체' 등 재야의 제도적 통일론이 존재했을 뿐이다. 이에 정부 차원에서 '민족공동체' 개념과 '남북한체제연합' 개념을 제시하기에 이른 것이다. 남북한체제연합은 국가연합과 유사하게 보일 수 있다.

23 심지연 엮음, 『남북한 통일방안의 전개와 수렴』.

하지만 국가연합은 가맹국의 주권만을 인정하며, 따라서 국가연합의 1민족 2국가 체제는 남북한의 분단을 고정화하는 제도적 장치로 오인되어 비난의 대상의 될 수 있다. 따라서 국가연합과 연방제 사이의 '체제연합'이 필요하다. 국가연합이 1민족 2국가, 연방제가 1민족 2지역정부라면 체제연합은 1민족 2체제이다. "체제연합은 기본적으로 남과 북이 각기 주권을 보유하고 국제적으로는 개별적인 주권국가로 존재하되 상호 관계를 국제 관계가 아닌 민족 내부의 특수 관계로 규정"하는 것이다.[24]

김영삼 정부의 '민족공동통일방안'은 '한민족공동체통일방안'과 대동소이하다. 반면, 김대중 정부의 통일방안은 김대중 대통령이 대통령직에 당선되기 이전에 제시한 '3단계 통일론'을 흡수해 완성되었는데, 내용적으로 이전의 통일방안과는 일정한 차이가 있다. 특히 주목을 요하는 것이 남북연합의 성격과 성립방식에 대한 견해이다. '3단계 통일론'은 화해와 협력 단계를 거쳐 남북연합 단계로 이행해야 한다는 한국 정부의 공식 입장과는 달리 남북연합을 먼저 구성해 이를 통해 화해와 협력을 이루고, 이후 연방제를 채택해 통일국가로 이행하기 전의 과도적인 정치체제를 거칠 필요가 있음을 주장하고 있다.

> 남북연합의 형성은 다음과 같은 점에서 우리 민족 모두에게 이익을 가져온다. 첫째, 남북연합은 양측이 평화롭게 공존하며 통일을 지향하는 과정이므로 남북의 주민은 전쟁의 공포로부터 벗어날 수 있다. 둘째, 남북연합은 현재 상태로부터 바로 통일로 나가는 것이 아니므로 급속한 통일로 인해 수반될 후유증을 염려하지 않아도 된다. 셋째, 남북연합은 통일 상태가 아

24 김학준, 「민족공동체와 남북한 체제연합 연구: 제6공화정 '한민족공동체 통일방안'의 배경」, ≪통일문제연구≫, 1권 3호(1989).

닌 엄연한 국가 간의 협력기구이므로 북한의 경제에 대해 우리가 책임질 필요가 없기 때문에 경제적 부담이 없다. …… '3단계 통일론'의 첫 단계로 설정된 남북연합은 현 남한 정부의 남북연합과 다음 몇 가지 점에서 구별된다. 먼저 정부의 방안은 화해, 협력 단계라는 준비 단계를 거쳐 남북연합 단계로 진입하도록 되어 있다. 반면에 '3단계 통일론'은 현 정부안처럼 화해, 협력의 심화를 남북연합의 전제 조건으로 보지 않는다. 대신 핵 문제의 해결을 위시하여 최소한의 정치적 신뢰만 조성되면 남북연합이라는 협력 장치를 제도화하고, 이를 통해 보다 적극적이고 의도적으로 남북 간의 화해, 협력을 성취하고자 한다. …… 둘째, 정부안은 남북연합에서 곧바로 완전통일 단계로 들어가는 것을 상정하고 있으나, '3단계 통일론'은 남북연합 단계 이후 연방제라는 과도기적 단계를 설정하고 있다. 연방제를 설정하는 이유는 체제 통합의 충격을 완화하고, 북한의 특수성과 북한 주민의 자존을 존중하여 지역자치정부를 인정하며, 연방정부가 북한 지역을 일정 기간 특별 지원해야 할 필요성이 있기 때문이다.[25]

3) 그 밖의 연방론

한국에서 연방에 대한 논의는 재야 정치권과 일부 학계에서 가장 활발히 논의되었다. '재야'의 가장 대표적인 통일론으로 문익환 목사의 연방제 통일론을 들 수 있다. 문익환은 "연방제는 민주주의의 기본인 지방자치제를 의미"한다면서 "연방제는 역사의 요청이라고 생각한다. 이를 실행하는 과정의 차이가 있을 뿐이다. 제도적, 법적인 여러 가지 문제가 있을지 모르지만 지방자치제라는 의미에서 연방제안은 민주주의 원칙과

25 김대중, 『3단계 통일론: 남북연합을 중심으로』(서울: 아태평화재단, 1995), 63~64쪽.

결코 모순되지 않는다고 생각한다"고 자신의 견해를 받아들인 바 있다. 문익환은 1989년 방북해 김일성과의 회담에서 이룬 중요한 합의 가운데 하나가 자신의 통일론 1단계를 김일성이 받아들였다는 데 있다고 주장했는데, 그는 자신의 통일론 1단계가 통일원이 구상하는 체제연합과 다를 바가 없음을 강조했다. 하지만 그의 방북이 정부의 승인을 받지 않고 이루어졌다는 점 때문에 많은 공감을 얻지는 못했다.

한편, 영문학자이자 사회비평가인 백낙청을 위시한 '창비'그룹은 지난 1990년대 이래 한반도의 통일과 관련한 독특한 시각을 제공하는 가운데 연방제에 대한 견해를 개진해오고 있다. 백낙청은 통일은 국가를 위한 통일이 아니라 한반도에 살고 있는 주민들을 위한 통일이어야 한다고 주장한다. 즉, "한반도의 대다수 주민이 지금의 분단체제보다 나은 체제 아래 살게 되는 과정이 통일 작업의 핵심이고, 그 과정이 어느 정도 지속된다면 단일형 국민국가의 선포 여부는 하나의 부수적인 문제일 수도 있다"는 것이다. 주민의 안전과 행복에 가장 크게 기여할 수 있는 정치체제를 선택해야지 체제의 형태를 선험적으로 결정해서는 안 된다. 이런 점을 고려하면 한반도 통일국가는 '단일형 국민국가' 이외의 형태를 취하는 것이 바람직하다. 정확하게 그 형태를 미리 그려내는 것은 어렵지만 현 단계에서 그 국가는 '국가연합'의 모습을 취하는 것이 최선으로 보인다. 백낙청은 "구체적으로는 남북 현 정권의 일정한 안정성을 보장하고 남북간 주민 이동의 적당한 통제를 인정하는 국가연합 형태 말고는 다른 합의의 가능성이 없다고 본다." 그런데 "우리가 흔히 간과하는 사실은 남북간에는 국가연합 형태와 흡사한 합의가 이미 이루어진 상태라는 점이다. …… 남북한의 UN 동시 가입이야말로 국가의 상호인정이라는 면에서 그 어느 공동선언보다 실질적인 조치였으며, 이렇게 상호인정을 나눈 두 국가 당국은 1991년 12월에 조인되어 1992년 2월에 발효한 남북합의서에서 남북 관계를 '나라와 나라 사이의 관계가 아니라 통일을 지향하는 과정에서 잠정적으로 형성되는 특수한 관계'로 규정함으로써 이미 국가연합 형태의 단초를 열어 놓은 형국인 것이다." 물론 국가연합 발상이 새로운 것은 아니다. 그런데 "국가연합이 두 분단국가의 국가주의적 타산에 따라 합의되는 것이 아니라 민중이 적극적으로 참여하는 '과정으로서의 통일' 도중에 민중을 위한 최선의 대안으로 채택되어야 한다는 점이 핵심이다."[26]

그 밖에도 이회창이 주도한 자유선진당이 2009년 이른바 '강소국 연방제'를 제안했다. 이 제안에서는 ① 국가구조를 인구 500만~1000만 명 규모로 6~7개의 주(강소국)로 구성된 연방국가로 만들고, ② 주정부는 입법, 사법, 행정, 재정, 교육, 경찰 등의 자치권과 과세자주권을 가지고 외국과 직접 경쟁하고 경제교류하며, ③ 국회는 양원제로 하고, ④ '국가, 시·도, 시·군·자치구' 간의 권한과 기능 배분을 헌법에 명문화함으로써 광역자치정부를 연방정부의 주정부로 만들 것을 제시했다. 한국에서 공적으로 제시된 연방제안 중 거의 유일하게 통치의 효율성 관점에서 연방제 설립을 제시한 사례라는 점에서 흥미롭기는 하지만 여론의 반향을 불러일으키는 데에는 실패했다.

4. 맺음말

서구에서 '연방'은 매우 오랜 역사를 가진 개념이지만 한국에서의 역사는 매우 짧다. 애초에 서구에서 연방 개념이 등장한 것은 국가들 간 무

---

26 백낙청, 『한반도식 통일 현재진행형』(서울: 창비, 2006), 77~81쪽.

정부 상태를 극복하는 수단으로서였다. 조약과 협약을 체결해 국가들 사이의 관계를 좀 더 안정적이고 예측 가능하게 규율하자는 것이 중요한 동기였다. 하지만 18세기 후반 미국에서 연방국가의 등장을 계기로 연방은 국가 건설의 하나의 방식, 정치제도의 하나의 형태를 지칭하게 되었다. 즉, 중앙정부에 권력이 집중되는 것이 아닌, 하나의 국가를 구성하는 지역과 지방, 주 등에 권한이 분산되는 형태의 국가와 정치제도에 연방이라는 수식어가 붙게 되었다. 요컨대 서구에서 연방 개념은 국제정치의 개념이자 국내정치의 개념이라는 특징을 갖는다.

한반도에서 연방의 개념 역시 국제정치적인 측면과 국내정치적인 측면을 모두 지니고 있다. 연방 개념에 관한 논의가 거의 전적으로 남북한 관계의 맥락에서, 그리고 통일국가 건설의 맥락에서 이루어지고 있기 때문이다. 연방 개념을 먼저 선취한 것은 북한이었다. 북한은 지난 1960년대 이래 현재까지 줄기차게 연방국가의 건설을 목표로 하는 통일방안을 주장해왔다. 반대로 바로 이러한 이유 때문에 한국에서는 연방 개념이 터부시되었다. 특히 연방제 통일방안을 어떤 식으로든 수용하는 것은 북한의 '적화전략'에 휘말리는 것과 마찬가지라는 인식이 널리 확산되었다. 이러한 인식은 1989년에 노태우 정부가 '한민족공동체통일방안'을 제안함으로써 어느 정도 극복되었다. 노태우 정부의 통일방안은 한국의 통일안이 북한의 '고려연방제'에 비해 비현실적이고 구체성이 떨어진다는 인식에서 비롯되었다. 1998년 출범한 김대중 정부는 그 이전의 어느 정부보다도 대북 화해를 추진했고, 2001년 6월에 남북정상회담을 성사시켰다. 회담의 성과인 6·15선언의 두 번째 조항에서 남북한 정부는 북한의 낮은 단계의 연방제와 한국 정부의 국가연합이 유사성을 갖는다고 선언했다. 이후 이 조항의 의미를 둘러싸고 한국의 정계와 학계에서 치열한 논쟁이 벌어졌다. 연방제의 수용은 결국 북한의 전략에 휘말리는 것일 뿐이라는 주장이 다시 한번 큰 힘을 발휘했다. 정상회담과 6·15선언이 한국의 정치 지형에서 '좌파'로 분류되는 정부에 의해 이루어졌기 때문에 연방제 통일방안에 관한 논의 역시 급격히 '정치화'되었다. 결과적으로 연방제 통일방안에 관한 논의뿐만 아니라 통일방안 그 자체에 관한 논의가 오히려 1990년대보다도 위축되었다.

현재 한국 내에서 연방제 통일방안에 대한 논의를 이끌고 있는 것은 창비그룹이다. 하지만 이들의 논의는 지나치게 이상주의적인 혹은 추상적인 수준에서 이루어진다는 한계를 갖는다. 이들이 연방 개념 혹은 연방제도의 역사에 관해서 별다른 관심을 가지지 않는다는 점은 매우 아쉬운 일이다. 특히 연방제 통일방안에 관한 논의가 현재와 같이 정치화·이념화되어 있는 상황에서 역사적 탐구의 필요성이 어느 때보다 높다는 점을 감안하면 아쉬움은 더욱 커진다. 서구와 한반도에서 연방 개념의 변천사를 살펴봄으로써 우리는 한반도 통일방안과 관련한 논의를 다시 새롭게 시작해볼 수 있을 것이다.

참고문헌

김대중. 1995. 『3단계 통일론: 남북연합을 중심으로』. 서울: 아태평화재단. 63~64쪽.

김학준. 1989. 「민족공동체와 남북한 체제연합 연구: 제6공화정 '한민족공동체 통일방안'의 배경」, ≪통일문제연구≫, 1권 3호.

심지연 엮음. 2011. 『남북한 통일방안의 전개와 수렴』. 서울: 돌베개.

박호성. 2004. 「북한 통일정책 연구의 쟁점: '연방제' 통일방안을 중심으로」. ≪북한연구학회보≫, 8권 2호, 14쪽.

백낙청. 2006. 『한반도식 통일 현재진행형』. 서울: 창비. 77~81쪽.

칸트, 임마누엘(Immanuel Kant). 2013. 『영원한 평화』. 백종현 옮김. 서울: 아카넷. 124쪽.

황장엽. 2001. 「자유민주주의의 승리를 위하여」. 월간조선편집부 엮음. 『어둠의 편이 된 햇볕은 어둠을 밝힐 수 없다』. 서울: 월간조선사.

Boucher, David. 2001. "Resurrecting Pufendorf and capturing the Westphalian moment." *Review of International Studies*, Vol. 27, No. 4.

Bulmer, Simon J. 1996. "The European Council and the Council of the European Union: Shapers of a European Confederation." *Publius*, Vol. 26, No. 4.

Diamond, Martin. 1974. "What the Framers Meant by Federalism." in Robert A. Goldwin(ed.). *A Nation of States: Essays on the American Federal System*. Chicago: Rand McNally College Pub.

Duchacek, Ivo D. 1982. "Consociations of Fatherlands: The Revival of Confederal Pirnciples and Practices." *Publius*, Vol. 12, No. 4, pp. 147~149.

Elazar, Daniel J. 1987. *Exploring Federalism*. Tuscaloosa and London: The University of Alabama Press. p. 33.

_____. 1998. *Constitutionalizing Globalization: The Postmodern Revival of Confederal Arrangements*. Lanham: Roman & Littlefield. p. 40

_____. 2001. "The United States and the European Union: Model for Their Epochs." in Kalypso Nicolaidis and Robert Howse(eds.). *Federal Vision: Legitimacy and Levels of Governance in the United States and the European Union*. Oxford: Oxford University Press.

Gierke, Otto von. 2002. *Community in Historical Perspective*. edited by A. Black. translated by M. Fischer. Cambridge: Cambridge University Press.

Kant, Immanuel. 1991. *Political Writings*. edited by Hans Reiss. translated by H. B. Nisbet. Cambridge: Cambridge University Press. p. 92.

Koselleck, Reinhart. 1984. "Bund." in Otto Brunner, Werner Conze and Reinhart Koselleck(eds.), *Geschichtliche grundbegriffe: historisches lexiton zur politisch-sozialen sprache in Deutschland*, Band 1. Stuttgart: Klett-Cotta.

LaCroix, Alison L. 2010. *The Ideological Origins of American Federalism*. Cambridge, MA.: Harvard University Press.

Levy, Jacob T. 2007. "Federalism, Liberalism, and the Separation of Loyalties." *American Political Science Review*, Vol. 101, No. 3.

Madison, James, John Jay and Alexander Hamilton. *Federalist Papers*. http://avalon.law.yale.edu/subject_menus/fed.asp

Majone, Giandomenico. 2005. *Dilemmas of European Integration: Ambiguities and Pitfalls of Integration by Stealth*. Oxford: Oxford University Press. pp. 202~221.

Riley, Patrick. 1973. "The Origins of Federal Theory in International Relations Ideas." *Polity*, Vol. 6, No. 1, pp. 87~121.

Warleigh, Alexander. 1998. "Better the Devil You Know? Synthetic and Confederal

Understanding of European Unification." *West European Politics*, Vol. 21, No. 3.
Watts, Ronald. 2008. *Comparing Federal Systems*, 3rd Edition. Montreal & Kingston: McGill-Queen's University Press. p. 9.

제8장

김상배

한국의 정보화 개념

미래개념사 연구를 위한 시론

1. 머리말

한국은 정보화 분야에서 괄목할 만한 성과를 이루어냈다. 흔히 반도체나 디스플레이, 휴대폰과 같은 정보통신산업의 성공, 초고속 인터넷으로 대변되는 IT 인프라 강국의 이미지, 그리고 이러한 산업과 인프라의 성공을 이끌어낸 정부와 기업의 역할 등이 거론된다. 이러한 성과를 바탕으로 한국은 대내외적으로는 정보화 강국으로 알려져 있을 뿐만 아니라 여기서 더 나아가 한국형 정보화 모델의 가능성이 거론될 정도이다. 그러나 정보화를 평가하는 잣대를 달리하면, 한국이 받아놓은 성적표의 점수는 달라진다. 하드웨어 중심으로 쾌속 행진을 벌여온 한국 정보화의 강점이 2000년대 후반 이후 소프트웨어와 콘텐츠를 강조하는, 이른바 스마트 국면이 펼쳐지면서 오히려 약점으로 지적되었다. 이른바 발전국가의 리더십을 발휘하던 정부의 정보화 정책이 오히려 민간 기업들의 창의력을 저해하는 요소로 비판받기도 한다. 요컨대, 한국이 자랑해온 정보화라는 것도 개념적으로 무엇을 정보화라고 보느냐에 따라서 그 평가의 내용이 좌우되는 현상이 벌어지기도 한다.

사실 정보화는 그 외연과 내포가 아주 애매모호한 개념이다. 넓게 보면 정보화라는 개념의 외연은 기술, 산업, 미디어, 정보, 지식, 커뮤니케이션, 문화, 정체성 등과 같은 어느 한 부문에 한정되지 않고 21세기 정보문명 전체를 포괄하기도 한다. 마치 19세기 중·후반 조선의 기술 수용이 단순히 서구의 문물과 기술 및 지식의 수용에만 그친 것이 아니라 서구에 기원을 두는 근대 문명 전반을 수용하는 문제와 연결되었던 것에 비견할 만하다(김상배, 2012). 게다가 그 내포도 모호하기는 마찬가지이다.

※ 이 글은 ≪한국정치연구≫, 25권 2호에 실린 필자의 글을 수정 및 내용 추가한 것이다.

21세기 초반까지 진행된 현실에서 도출된 정보화 개념은 시대와 지역을 초월해 존재하는 불변의 진리를 논할 정도는 아니다. 다시 말해 아직까지 정보화를 두고서 많은 사람들의 생각(mind, 念)의 뿌리를 보여주는(觀) 관념(觀念, idea)이나 사상을 논하기는 이르다. 오히려 정보화는 어느 행위자나 집단이 내거는 슬로건이거나, 다수의 집단적 사고 속에 산재하고 있어 서로 경합하는 다의적인 개념이거나, 또는 사람들의 지식을 구성하는 제도화된 언술체계인 담론 정도로 이해하는 것이 맞다.

정보화의 개념을 묻는 문제는 정보화의 과거를 평가하고 현재를 진단하는 것뿐만 아니라 미래 전략의 실천 방향을 잡는 데에도 영향을 미친다. 정보화는 변화의 와중에서 아직도 창발(emergence)하고 있는 현실을 개념화하는 문제이기 때문이다. 이렇게 보면 정보화는 단순한 개념의 문제가 아니라 자신에게 유리한 방향으로 미래를 개척하는 정치적 문제이다. 다시 말해 동일한 현상이라도 어떠한 측면을 강조하는 개념을 원용하느냐에 따라서 정보화의 의미는 달라지며, 그로 인해 서로 다른 사회적 태도와 정치적 행동이 유발될 수 있다. 이러한 시각에서 보는 정보화의 개념은 '텍스트(text)'가 확정된 '개념의 과거'만을 다루는 것이 아니며, 오히려 '맥락(context)'에 따라서 '상이한 개념의 텍스트가 경합(intertext)'하는 '개념의 미래'까지도 다룬다. 다시 말해 정보화 개념은 역사적 맥락에서 그 개념적 범위에 대한 현재적 관심을 투영함으로써 미래의 현실을 구성해가는 언어적 실천의 문제이며, 이러한 과정에서 개념과 현실의 상호작용을 보여주는 좋은 사례이다.

이러한 점에서 정보화의 개념은 독일의 사학자 라인하르트 코젤렉(Reinhart Koselleck)으로 대변되는 개념사(Begriffsgeschichte)의 연구 대상이다(Koselleck, 1985, 1998, 2002). 1960년대를 전후해서 독일에서 출현한 개념사 연구는 개념의 기원과 진화를 탐구한다. 그러나 개념사 연구가 단순히 개념의 뜻풀이나 그 개념의 역사적 지속이나 변화만을 다루는 것은 아니고, 좀 더 근본적으로는 우리가 사용하는 개념의 의미론적 차원과 그 개념이 잉태된 사회사적 맥락을 분석한다. 이런 점에서 독일 개념사 연구는 구미에서 진행되어온 어원사나 지성사 또는 사상사 등과는 대비된다(하영선, 2004: 6). 실제로 "코젤렉은 정치사회적 담론에서 사용된 기본 개념들의 변화와 정치사회구조의 변화 사이의 상호 관계를 면밀히 탐구하는 '사회사적 개념사'를 역사학의 새로운 전문 분과로 확립했다"고 평가된다(나인호, 2011: 17). 따라서 어느 개념이 진화하는 사회적 맥락을 어떻게 보느냐에 따라서, 개념사의 내용은 넓게는 보편적 문명사가 될 수도 있고, 좁게는 특정 시공간에 한정된 문화사가 될 수도 있다.

이러한 개념사 연구를 오늘날 한국이라는 시공간에 도입하기 위해서는 '미래개념사'의 발상이 필요하다는 것이 이 글의 인식이다. 여기서 미래개념사라 함은 과거의 경험지평과 미래의 기대지평 속에서 창발하는 새로운 개념의 언어적 실천을 조명하는 개념사의 일면을 강조하는 말이다. 이런 점에서 이 글에서 말하는 미래개념사는 단순히 미래의 시나리오를 역사적 맥락에서 제시하는 '미래사'와는 구별된다. 미래개념사에 대한 관심은, 미래의 변환을 잡아내는 개념사 연구를 위해서는 과거와 현재의 개념에만 주목하는 것으로는 부족하다는 인식에서 시작된다. 특히 이 글의 주제인 정보화 개념을 다루는 경우에 더욱 그러하다. 정보화의 미래를 개념적으로 잡아내는 문제는 단순히 미래를 무엇이라고 부르느냐의 문제를 넘어서 개념을 통해서 자신에게 좀 더 유리한 미래를 어떻게 창출할 것이냐의 문제이기 때문이다. 실제로 급변하는 오늘날 정보화의 현실을 둘러보면 미래 개념을 누구보다 먼저 개발해서 전파하는 것은 큰 관심사가 아닐 수 없다.

이 글은 이러한 미래개념사 시각을 원용해서 한국이 추구한(또는 추구할) 정보화의 (국제)정치학적 차원을 살펴보고자 한다. 여기서 (국제)정치학적 차원이라 함은 정보화라는 개념의 생성과 전파 및 수용이 단순히 중립적인 현상이 아니라 국내외 행위자들의 이익과 권력이 개입하는 현상이라는 점을 뜻한다. 다시 말해 정보화는 근대화와 산업화라는 역사적 현상의 연속선상에서 벌어지고 있는 국내외 사회변동과 권력 변환의 맥락에서 이해해야 하는 개념이다. 19세기 근대 기술 개념의 전파와 수용의 역사가 근대 국민국가 행위자들이 벌이는 부국강병의 권력게임을 반영했다면, 오늘날 정보화 개념의 전파와 수용 현상은 21세기의 새로운 권력게임을 둘러싼 새로운 행위자들의 각축을 반영하고 있다. 이러한 시각에서 보면 한국의 정보화 과정에는 통시적 차원에서 본 근대화나 산업화 등과 같은 기존 개념의 영향뿐만 아니라, 정보화 개념이 새로이 생성되어 전파되고 수용되는 세계정치의 공시적 차원이 작동하고 있다. 한국의 미래 국가전략을 거시적으로 통찰하는 차원에서 정보화 개념을 살펴보는 작업의 의미는 바로 여기에 있다.

이러한 문제의식을 바탕으로 하여 이 글은 한국에서 나타난(또는 나타날) 정보화 개념의 언어적 실천을, 여러 개념(또는 담론)이 경합하는 와중에 '표준'의 지위를 획득하기 위해서 경합을 벌인 세 가지 차원의 '개념표준경쟁'의 시각에서 파악하고자 한다. 첫째, 개념의 전파와 수용이라는 차원에서 볼 때, 한국의 정보화는 미국의 정보화 담론과 일본의 정보화 담론이 경합하는 가운데 수용 및 전개되었으며, 최근에는 유럽과 중국의 정보화 담론도 주요 변수로 등장하고 있다. 둘째, 개념의 번역(飜譯)과 반역(反逆 또는 反譯)[1]이라는 차원에서 볼 때, 한국의 정보화는 위로부터의

1 이 글에서 사용하는 '번역'과 '반역'은 행위자-네트워크 이론(ANT: Actor-Network Theory)에 기원을 두는 개념어이다(홍성욱 엮음, 2010). ANT에서 번역은 행위자들이

정보화 담론과 아래로부터의 정보화 담론이 경합하는 가운데 기술효율성을 앞세우는 정부와 기업의 담론과 사회적 형평성을 강조하는 시민참여 담론이 양대 축을 이루는 양상으로 나타났다. 끝으로, 개념의 역(逆)전파와 중개라는 차원에서 볼 때, 한국의 정보화는 한국이 이룩한 정보화의 성과와 비전을 대외적으로 역전파하리라는 기대와 함께, 최근 주목을 받고 있는 중견국 외교의 모색이라는 맥락에서 선진국과 개도국을 중개하는 한국형 정보화 모델의 과제를 던지고 있다. 이렇듯 한국의 정보화 과정에서 나타나는 정보화 개념의 과거와 현재 및 미래에는 미래개념사의 시각에서 본 언어적 실천이 중요한 변수로 작용했다.

여태까지 국내 학계에서는, 정보화의 개념사는 고사하고, 한국에서 이루어진 정보화의 사건사에 대한 연구도 제대로 이루어지지 못했다. 무엇보다도 한국 정보화 연구의 기초가 되는 자료 정리마저도 미흡했다. 정부출연기관에서 출간되는 백서나 핸드북 등이 있지만 주로 국가정보화나 정보통신기술 또는 IT 산업의 역사를 다루고 있어 사회문화적이고 국제적인 차원에서 진행된 정보화의 면모를 전체적으로 파악하는 데 소홀했다. 이런 상황에 포괄적인 시각에서 한국의 정보화를 체계적으로 분석한 사회과학 연구들도 예외적으로만 존재한다. 하물며 한국의 정보화를 개념사 또는 미래개념사의 시각에서 다룬 논문은 거의 전무하다. 그럼에도 앞서 강조한 바와 같이 한국이 추구해온 정보화의 상(像)은 무엇이며 앞으로 모색할 정보화의 미래상이 무엇인지를 묻는 것은 과거와 현

네트워크를 쳐나감으로서 권력을 획득하는 과정을 의미하는데, 개념사와 관련해서는 외부로부터 수용되는 개념이 단순히 수용되는 것이 아니라 현지의 사정에 맞추어 변환되는 과정으로 이해할 수 있다. ANT에서 반역(反逆, treason)은 기성 권력의 번역에 대한 저항의 과정을 의미하는데, 개념사의 맥락에서 보면 '반역(反譯, reverse translation)'이라고 하는 것이 더 적절할 것 같다.

재뿐만 아니라 미래를 위해서 더 이상 미룰 수 없는 과제이다. 이러한 문제의식을 바탕으로 이 글은 제한된 범위 내에서 정보화의 미래개념사 연구를 위한 논의를 시론(試論)의 차원에서나마 펼쳐보고자 한다.[2]

이 글은 크게 다섯 부분으로 구성되었다. 제2절은 이 글의 논의를 펼쳐나가기 위해서 필요한 기초적 문제들을 검토하는 차원에서 개념과 개념사 및 미래개념사란 무엇인가에 대해서 살펴보았다. 제3절은 미래개념사의 시각을 적용해서 보는 정보화의 개념적 특징과 층위에 대한 논의를 담았으며, 이러한 논의를 기반으로 이 글에서 활용한 분석 틀을 마련했다. 제4절은 개념의 전파와 수용이라는 관점에서 미국과 일본의 정보화 담론 사이에서 진행된 한국 정보화의 복합적인 측면을 살펴보았다. 제5절은 개념의 번역과 반역이라는 관점에서 한국형 정보화 모델의 국내적 창발 과정을 개념화했다. 정부 차원에서 발생한 발전국가 담론으로부터 규제국가 모델로의 이행, 기업 차원에서 발견되는 IT 산업조직의 특징, 그리고 시민사회 차원에서 부상한 정치참여 모델의 출현 등을 다루었다. 제6절은 개념의 역전파와 중개라는 관점에서 최근 한국이 중견국 외교의

2 한국 정보화의 사건사를 개괄적으로 엿볼 수 있는 자료로는 한국정보화진흥원에서 발간된 『국가정보화백서』(한국정보화진흥원, 1993~2014)와 정보통신정책연구원에서 펴낸 『정보통신정책핸드북』 시리즈, 그중에서도 제3권(정보통신정책연구원 엮음, 2005)을 일차적으로 참조할 수 있다. 한편 사회과학적 시각에서 한국의 정보화 개념과 관련된 기존 연구들은 간헐적으로 이루어졌는데, IT 인프라 정책에 대한 평가(Lee, O'Keefe and Yun, 2003; Shin, 2007; Kushida and Oh, 2007), 정보화 정책의 발전주의 패러다임에 대한 비판(Kim, P., 2006; 김평호, 2006), 한국형 정보화 모델의 가능성에 대한 탐색(김상배, 2002, 2010; 유석진 외, 2006; 황종성, 2007), 국가정보화의 사례로서 전자정부 정책에 대한 회고와 평가(송희준, 2009; 송희준·조택, 2007; 정충식, 2009; 이혜원·명승환, 2013), 한국의 정보화 정책 및 IT 산업의 구조적 문제점에 대한 비판(홍성태, 2005; 김인성, 2011), 정보화의 사회문화적 측면에 대한 조명(유선영 외, 2007; 이광석, 2012) 등을 주제로 한 연구에 주목할 필요가 있다.

일환으로 진행하고 있는 한국형 정보화 모델의 발산 또는 수출이 지니는 의미와 그 과정에서 발생하는 딜레마를 검토했으며, 정보화 분야에서 한국이 추구할 미래 네트워크 담론의 방향에 대해서도 살펴보았다. 끝으로 맺음말에서는 이 글의 주장을 종합·요약하고 정보화의 미래개념사 연구를 위한 향후 연구 과제를 짚어보았다.

2. 미래개념사 연구 방법의 모색

코젤렉으로 대변되는 독일의 개념사 연구는 개념이 형성되는 정치적·사회적 맥락의 분석과 그 개념의 역사적 진화 과정에 대한 분석을 양대 축으로 하여 진행되었다(Koselleck, 1985, 1998, 2002; 박근갑 외, 2015). 다시 말해, 한편으로는 "개념사와 사회사를 결합함으로써 살아 있는 전체 역사의 모습에 보다 접근하려는 노력"(하영선, 2004: 6)을 펼치는 동시에, 다른 한편으로는 역사의미론(historical semantics)의 관점에서 언어와 실재의 상호 관계를 탐구했다. 이러한 관점에서 볼 때 독일의 개념사 연구의 주요 관심사는 "사람들이 어떻게 자신들이 처한 삶의 현실을 인식하고 해석하며 표현했는가, 또한 이 주관적 인식과 내면적 경험의 세계가 시간의 흐름을 따라 어떻게 변화했는가"(나인호, 2011: 13) 등의 문제를 탐구하는 데 있다고 요약할 수 있겠다. 이러한 개념사의 문제의식을 바탕으로 미래개념사의 연구 방법을 세우기 위해서는 먼저 연구의 대상이 되는 개념이란 무엇인지를 검토할 필요가 있다.

개념(concept)은 우리가 통상적으로 쓰는 관념(idea)이나 담론(discourse)과는 어떠한 차이가 있을까? 나인호(2011)에 따르면, 관념이 "여러 사실들로부터 구체적인 정치적·사회적 맥락과 다양한 이데올로기적 불순물 및 역사적 영향을 제거한 뒤 남는 순결한 단위관념"(36쪽)을 의미한다면, 개념이란 "구체적인 역사적 맥락 속에서 서로 다른 의미를 내뿜고 서로 다른 기능을 수행하는 유연하고 유동적인 언어적 구성물"이다(38쪽). 따라서 역사상 존재했던 개념들은 그 뜻이 하나가 아니라 여럿이거나 모호한 경우가 다반사였으며, "수많은 정치적·사회적 의미와 경험의 맥락들이 (어느) 단어 속에 한꺼번에 유입되어 있어야 비로소 (그) 단어는 개념이 된다"(53쪽). 이러한 개념은 "특정 시대의 특정 지식을 만들어내는 제도화된 말하기 방식 및 생각의 방식"(41쪽)을 뜻하는 담론과도 다르다. 개념은 특정 담론의 구성 요소일 뿐만 아니라 그 자체가 특정 담론의 의미론적 상징이기도 하다. 그러나 이러한 차이에도 불구하고 개념과 관념, 그리고 담론은 복합적으로 이해될 필요가 있으며, 이 글에서 살펴보는 정보화 개념의 경우에 더욱 그러하다.

사실 이러한 개념-관념-담론 복합체의 탐구는 서구 지성사의 오랜 연구주제였다. 얀-베르너 뮐러(Jan-Werner Mueller)는 이러한 개념-관념-담론의 논의를 독일, 영국, 프랑스에서 나타난 지성사의 세 가지 흐름 속에서 설명한다(Muller, 2011). 첫째는 라인하르트 코젤렉 중심의 독일 개념사 학파로서 '사회적 맥락'에서 텍스트를 읽어내려는 시도이다(Koselleck, 1985, 1998, 2002). 둘째는 퀜틴 스키너(Quentin Skinner)로 대변되는 영국 케임브리지 학파로서 '언어적 맥락'에서 텍스트를 해석하려는 시도이다(Skinner, 1969; Bell, 2001). 마지막은 미셸 푸코(Michel Foucault)로 대변되는 프랑스의 담론 분석으로서 '텍스트의 관계적(inter-textual) 맥락'에서 권력/지식(power/knowledge)의 사회적 실천을 분석하려는 시도이다(Foucault, 1980). 이들 학파는 모두 정치사상 텍스트에서 시대를 초월하는 지혜를 찾는 텍스트주의자들의 탈(脫)맥락화(de-contextualized)된 작업을 비판하고, 텍스트 그 자체보다는 각기 '다양한 맥락'을 강조한다는 점에서 인식을 공유한다.

이 글에서 주목하는 독일 개념사 연구는 여타 두 학파와 각각의 친화성이 있다. 특히 독일 개념사의 전통과 영국 케임브리지 학파의 사상사는 상대적으로 친화성이 크다. 예를 들어, 라이너 켈러(Reiner Keller)는 독일에서 피터 버거(Peter L. Berger)와 토마스 루크만(Thomas Luckmann)을 중심으로 발전한 SKAD(The Sociology of Knowledge Approach to Discourse)와 케임브리지 학파의 친화성을 지적하고 있다(Keller, 2011; Berger and Luckmann, 1966). 이러한 점에서 볼 때, 특정한 행위자의 의도와 이익, 정치적 의도가 특정한 개념의 진화에 영향을 미칠 수밖에 없다는 것이다. 한편 독일 개념사와 푸코의 담론 분석도 친화성이 있기는 마찬가지이다. 실제로 담론은 개념을 탄생시키고 그 의미를 만들어내며, 이렇게 만들어진 개념은 담론이 지향하는 사회적 실천을 반영하는 지표이자 구성 요소이다. 따라서 "개념사가 담론의 맥락 속에서 개념을 분석하고 담론사가 개념을 중심으로 담론을 분석한다면, 양자 사이에 명확한 경계는 없다고 할 수 있다"(나인호, 2011: 44). 이러한 맥락에서 볼 때, 개념은 사회적 맥락에서 파악되는 정치적 의도의 반영물이며 미래를 모색하는 담론적 실천의 수단이라고 할 수 있다.

이러한 시각을 적용해서 볼 때, 정보화라는 개념은 '개념'인 동시에 '사상'(관념)이고 '담론'이며, 정보화의 개념사는 코젤렉류의 개념사의 대상인 동시에 스키너류의 사상사의 대상이고 푸코류의 담론 분석의 대상이라고 할 수 있다. 독일 개념사 학파가 말하는 것처럼, 개념사와 사회사의 상호작용이고, 케임브리지 학파가 말하듯이 정치적 의도를 담은 언어적 맥락에서 이해해야 하는 사상이며, 푸코가 말하듯이 권력/지식을 반영한 사회적 실천의 창구이다. 다시 말해, 정보화는 행위자가 구조적 맥락에 맞추어 구성하는 관념이자 개념이며 담론이다. 따라서 이렇게 코젤렉, 스키너, 푸코 등의 접근을 복합적으로 원용해 이해하는 정보화의 개념은 일종의 개념-관념-담론의 복합체라고 할 수 있을 것이다. 이 글에서는 이러한 복합체를 개념과 관념 및 담론(통칭해서 '개념')을 모두 아우르는 '개념'(the concept about concepts)이라는 의미에서 '메타개념(meta-concept)'이라고 부르고자 한다. 이러한 시각에서 볼 때, 정보화의 개념사 연구는 과거와 현재의 경험을 바탕으로 미래의 기대를 펼쳐나가는 메타개념의 언어적·사회적 구성을 보여주는 것이다.

이러한 과거-현재-미래의 입체적인 구도를 조망하면서도, 정보화의 개념사는 그 특성상 좀 더 적극적으로 미래개념사를 지향해야 한다. 사실 개념사는 원래 시간 축을 달리해서 사회사와의 상호작용이라는 진화적 맥락에서 개념을 보자는 연구 방법론이다. 시간의 흐름 속에서 개념의 진화 과정을 추적하는 것이 통상적인 개념사의 방법이다. 개념사는 개념의 기원이 무엇이고 그것이 시간의 흐름 속에서 진화해 앞으로 어떻게 될 것인지의 전개 과정을 추적한다. 이러한 점에서 개념사에는 원래의 '미래의 시각'이 깃들어 있다고 할 수 있다. 코젤렉이 미래 기대지평과 과거 경험지평 속에서 현재를 바라보는 시각을 강조하는 것은 바로 이러한 맥락이다. 이러한 점에서 볼 때, 현재 창발하고 있는 정보화는, 코젤렉이 강조하는 과거의 경험과 미래의 기대의 지평 속에서 등장하는 새로운 개념의 대표적 사례라고 할 수 있다. 특히 앞서 설명했듯이, 담론의 사회적 실천이라는 시각을 원용하면 정보화를 통해서 구성되는 미래의 지평에 대한 논의는 좀 더 본격적인 개념사의 연구 대상으로 편입되어야 한다.

이렇게 시간 개념을 다르게 설정하면, 이러한 (미래)개념사를 투영하는 공간 개념도 다르게 볼 수밖에 없다. 사실 개념사 연구에서 공간 축을 다르게 보는 것이 중요한 이유는 독일 개념사의 문제의식 안에 단순한 개념의 생성과 변화사가 아닌 외래 개념의 전파사라는 시각이 담겨 있기 때문이다. 코젤렉의 개념사를 조명하는 작업들이, 영국, 프랑스, 미국과 같은 구미의 주류 역사학계나 사상학계가 아닌, 핀란드와 같은 유럽의 주변부나 라틴 아메리카, 그리고 한국을 비롯한 동아시아 등지에서 좀 더 주목받고 있는 것도 동일한 맥락이다. 특히 개념사 또는 개념전파사는 그 바탕에 서구 중심주의의 사회과학적 풍토에 대한 비판적 시각을 강하게 깔고 있다. 실제로 공간 축을 이동해보는 (미래)개념사는 개념이 장소에 따라서 어떻게 다르게 쓰이는지를 탐구하는 문제이다. 다시 말해, 동시대의 유사한 개념이라도 장소에 따라서는 상이한 의미로 사용된다는 사실에 대한 민감성을 요구한다. 이러한 시각에서 볼 때, (미래)개념사 연구는 "시간의 문제에 대해서는 공시적이고 통시적인 분석을, 그리고 장소의 문제에 관해서는 비교문명권의 입장에 입각해야 한다"(김용구, 2008: 8).

이러한 공간 축 이동에 대한 관심은, 오늘날 한국에 닥쳐오는 미래의 변환을 잡아내는 개념사 연구를 위해서는 현재적 맥락에서 본 서구 근대 개념의 변환만을 아는 것으로는 부족하다는 인식을 바탕으로 한다. 서구 개념에 대한 이해와 더불어, 일차적으로는 동아시아 전통 개념과 비교하는 시각이 필요하다(하영선 외, 2009; 하영선·손열 엮음, 2012). 또한 전파된 서구 개념의 수용사와 이에 대한 번역의 개념사가 필요하며, 그 개념을 성장사, 그리고 궁극적으로 미래개념전파사의 차원으로 발전시켜야 한다. 이러한 맥락에서 하영선은 "한국 개념사 연구는 19세기 개념 도입사에서 21세기 4중개념 복합사로 확대되어야 한다"고 주장한다. 상술컨대, "19세기 동아시아가 새롭게 겪어야 했던 근대적 문명표준을 개념화하기 위해서 서양 개념을 도입했다면 21세기 아시아 태평양이 겪고 있는 복합적 문명표준은 고금동서를 동시에 품을 수 있는 개념을 필요로

하고 있다"는 것이다. 이러한 맥락에서 4중개념 복합사의 핵심 내용은 전통개념영향사, 근대개념도입사, 냉전개념형성사, 미래개념전파사로 요약될 수 있다(하영선 외, 2014).

결과적으로 시공간을 복합해서 보는 미래개념사는 개념의 생성-전파-수용-번역-반역-역전파-중개 등으로 구성된다. 이러한 시각에서 볼 때, 한국에서 나타난 (또는 나타날) 정보화 개념의 언어적 실천은 세 가지 차원에서 여러 개념-관념-담론 복합체가 경합하는 와중에 '표준'의 지위를 획득하기 위한 '투쟁'이 진행된 '메타개념'의 표준경쟁이라고 볼 수 있다. 첫째, 개념의 전파와 수용이라는 차원에서 볼 때, 한국의 정보화는 서로 경합하는 외래의 정보화 담론을 수용 및 전개하는 것이었으며, 미래에도 그러한 양상이 지속될 것으로 예상된다. 둘째, 개념의 번역과 반역이라는 차원에서 볼 때, 한국의 정보화는 개념 수용 과정에서 위와 아래로부터의 국내 정치·사회 세력들이 경합하는 가운데 진행되는 양상으로 나타나고 있다. 끝으로, 개념의 역전파와 중개라는 차원에서 볼 때, 한국의 정보화는 그 성과와 비전을 대외적으로 발산하는 기대와 함께, 글로벌 정보화질서에서 한국의 위상을 정립하는 문제가 될 것이다.

3. 정보화의 개념적 분석 틀

정보화(情報化)라는 말은 1960년대 후반 일본의 연구자들에 의해 처음 사용되었다. 당시 일본의 사회경제적 맥락에서 보면, 전후 경제회복을 바탕으로 산업화 이후의 새로운 비전을 모색하는 슬로건 차원에서 정보화라는 용어가 고안되었던 것으로 보인다. 산업화라는 말에서 파생한 '정보+화(情報+化, informati+zation)'라는 말을 만들어낸 것은 당시 일본의 관점에서 본 미래 개념의 창출이라고 할 수 있다. 정보화의 번역어인 'informatization'은 비영어권에서 고안된 말이기 때문에 영어사전에는 나오지 않는다. 영어권의 연구자들은 정보화라는 용어보다 '정보혁명(information revolution)'이나 '정보사회(information society)' 또는 '정보시대(information age)'라는 용어를 더 선호한다. 정보화라는 용어는 학술 개념이라기보다는 정책 슬로건이나 저널리즘의 용어로 사용되는 경향이 강해서 엄밀한 개념 정의를 바탕으로 하고 있지 않은 경우가 많다.

한국에서 정보화의 개념은 대략 1970년대 이래 컴퓨터 및 정보통신 기술이 발달해 정보, 지식, 커뮤니케이션 등과 관련된 활동에 적용됨에 따라 발생하는 다층적인 사회 변화를 지칭하는 것으로 이해되고 있다. 한국정보통신기술협회(TTA)에서 발간한 『온라인 정보통신용어사전』에 따르면, 정보화는 "**정보**를 생산하거나 유통 또는 활용하여 **사회** 각 분야의 활동을 가능하게 하거나 그러한 활동의 효율화를 도모하는 것. 생산과 처리, 축적, 유통, 공급에 관련된 **기술**이 발달하고 공장이나 사무실에 전자 정보 **기기**가 도입되어 사무 **자동화**가 이루어지고, 생산 기술이나 **경영 전략**에 정보의 활용이 활발하게 진행된 상태"(강조는 필자가 추가)라고 되어 있다. 그러나 다양한 용례들을 보면 한국에서 이해한 정보화라는 말은 좁은 의미에서 보느냐 또는 넓은 의미에서 보느냐에 따라서 가지각색으로 사용되고 있는 현실이다.

이렇듯 일상적인 또는 학술적인 용례로 볼 때 정보화는 그 외연과 내포를 설정하기 어려운 메타개념, 즉 개념-담론-관념 복합체이다. 머리말에서 적은 바와 같이, 정보화 개념의 외연과 내포는 애매모호하다. 그렇지만 이렇게 정보화가 메타개념이라는 사실은 개념으로서 지위를 얻는 데 중요한 조건이 되기도 한다. 역사상 존재했던 개념들은 그 뜻이 하나가 아니라 여럿이거나 모호한 경우가 다반사였으며, 수많은 정치적·사

그림 8-1

정보화의 언어적 구성

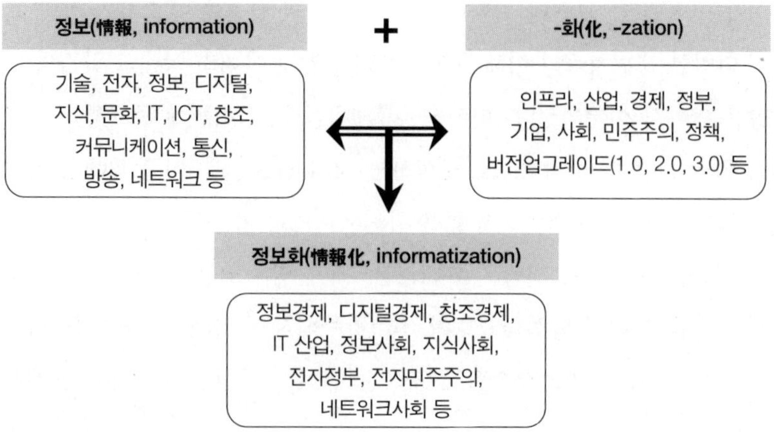

회적 의미와 경험의 맥락들을 동시에 품는 것은 개념으로의 필요조건이기도 했다. 마치 정치학에서 가장 대표적인 개념 중의 하나인 '국가'는 한마디로 정의할 수 있는 성격의 것이 아니라, 그 말 안에 통치, 영토, 시민, 입법, 사법, 행정, 조세, 군대 등과 같은 인접 사회과학 개념들이 유입되어 있을 경우에 오히려 더 좋은 개념으로서의 역할을 수행할 수 있다는 사실을 떠올려볼 필요가 있다. "각자 고유한 전문술어와 용어들로 지칭되는 모든 다양한 사실(실상)들이 '국가'라는 단어로 파악되면서 이것들을 공통적으로 지칭하는 하나의 개념이 되는 것이다"(나인호, 2011: 53).

마찬가지로 정보화 개념도 여러 가지 정치적·사회적 맥락이 유입되어 있는 메타개념이다. 실제로 한국에서 정보화와 관련된 용례나 개념은 〈그림 8-1〉에서 보는 바와 같이, 보통 '정보(情報, information)'를 한 축으로 하고, '-화(化, -zation)'를 다른 한축으로 하는 두 가지 그룹의 단어들이 조합되는 '언어적 구성'의 합성어로 출몰했다고 볼 수 있다. 이러한 과정을 통해서 우리가 흔히 사용하는 정보경제, 디지털경제, 창조경제, IT 산업, 정보사회, 지식사회, 전자정부, 전자민주주의, 네트워크사회 등의 용어가 구성된다. 그런데 이러한 언어적 구성의 과정은 후술하는 바와 같이 다양한 행위자들의 이해관계를 반영할 뿐만 아니라 국내외 환경의 영향을 받아서 이루어졌다. 따라서 이들 개념과 그 이면에 존재하는 담론적 현실을 좀 더 구체적으로 분석하는 것이 필요한데, 이를 위해서 대략 다음과 같은 세 가지의 분석 틀을 마련해보는 것이 유용하다. 즉, 한국에서 나타난 정보화의 개념은 아래의 세 가지 범주 내에서 발생하는 개념적 조합을 통해서 형성되었으며, 각 범주의 각 층위에서 나타나는 정보화 개념 중에서 어느 부분을 강조하는 언어적 구성을 하느냐의 문제가 중요했다.

첫째, 정보화의 개념은 보통 기술적 차원에서 세 개의 층위로 나누는데, 그 층위는 ① 컴퓨터 네트워크 인프라와 정보기기 하드웨어 등으로 구성된 물리적 층위, ② 정보, 특히 소프트웨어나 기술표준 등으로 구성되는 논리적 층위, ③ 지식, 이념, 정체성, 커뮤니케이션 등으로 구성되는 콘텐츠 층위 등이다.

이러한 정보화의 개념적 층위에서 어느 부분을 강조하는 언어적 구성을 하느냐의 문제가 중요하다. 예를 들어, 물리적 층위를 강조하는 정보화냐, 논리적 층위를 강조하는 정보화냐, 아니면 콘텐츠 층위를 강조하는 정보화냐의 문제이다. 다시 말해 물리적 인프라를 구축하는 전산망 사업이나 전자정부 사업을 중심으로 정보화를 사고했느냐, 소프트웨어 생산이나 정보서비스 제공과 같은 산업과 경제의 맥락에서 정보화에 접근했느냐, 아니면 디지털 콘텐츠의 생산과 그 활용을 중시하는 사회문화적 관심사를 우선시했느냐 등의 문제를 놓고 정보화의 개념을 달리 설정해볼 수 있을 것이다. 좀 더 구체적으로는 물리적 층위의 정보화 중에서도 네트워크 사업자의 시각에서 물리적 인프라로서 네트워크 또는 통신 방송 네트워크를 강조할 것이냐, 아니면 유선 네트워크, 무선 네트워크, 유비쿼터스 네트워크, 유무선 복합 네트워크, 사물인터넷 중에서 무엇을 강조할 것이냐의 문제가 관건이 된다.

둘째, 정보화의 개념은 정보화를 추진하는 주체, 즉 네트워크를 구성하는 노드(node)에 따라서도 구분해볼 수 있는데, 이는 정보화를 추진하는 과정에서 상대적으로 주도권을 행사하는 행위자가 누구이냐에 따라서 정부 주도 정보화, 기업 주도 정보화, 시민사회 주도 정보화 등으로 나누어볼 수 있다.

이러한 구분에 입각해서 볼 때, 정보화는 주체에 따라서 합리성, 효율성, 형평성 중에서 어느 한 부분의 담론을 강조하게 된다. 예를 들어, 정부의 입장에서 정보화 사업을 수행하더라도 그것이 정부(government), 정권(regime), 네이션(nation) 중에서 어떤 관점이냐가 문제시되는데, 이에 따라 전자정부, 감시정권, 지식국가, 발전국가, 규제국가, 참여국가 등의 담론이 경합한다. 또한 기업의 시각에서는 어떠한 기술경제와 정보산업의 비전과 산업 모델을 제시할 것이냐가 문제시될 수밖에 없다. 또한 시민사회의 시각에서도 효율성의 기술경제 비전을 넘어서는 형평성의 지식사회 비전을 제시할 수 있을 것이냐, 또는 정부의 감시와 통제에 대항해 좀 더 적극적인 정치참여를 강조할 것이냐의 문제가 관건이다. 이러한 과정에서 각 주체들이 정보화 관련 용어를 사용하는 과정은 그야말로 언어적 실천의 과정인데, 정보화 정책의 기조를 둘러싼 정부 간의 이해관계가 대립할 뿐만 아니라 미래에 정보화와 관련된 규범을 어떻게 구성할 것이냐를 놓고 벌이는 국가와 시민사회의 담론 경쟁도 나타난다.

끝으로, 정보화의 개념은 정보화의 목표와 결과라는 차원에서 생성되는 네트워크의 아키텍처와 작동 방식, 즉 과거와 현재 및 미래 정보화가 상정하고 있는 네트워크가 어떠한 유형이냐에 따라서 구분할 수 있는데, 이는 단허브(mono-hub)형 네트워크, 다허브(multi-hub)형 네트워크, 탈허브(hub-bypass)형 네트워크 등으로 대별해서 볼 수 있다.

이러한 구분에서 쟁점이 되는 것은 네트워크 중심에 위치해 중심성(centrality)을 제공하는 주체(예를 들어 서버)의 존재 여부인데, 이는 한국의 정보화 과정에서 외래 정보화 담론의 기원을 이루는 미국과 일본의 담론이 경합하는 부분이기도 했으며, 향후 가시화될 가능성이 있는 미국과 유럽, 일본, 중국의 정보화 담론을 구별해서 보는 감상 포인트이기도 하다. 또한 네트워크의 작동 방식이라는 점에서는 집중과 탈집중 및 복합의 세 가지 메커니즘이 상정될 수 있는데, 이는 이른바 일방향 네트워크로서의 웹1.0과 쌍방향 네트워크로서의 웹2.0, 그리고 그 중간에 존재하는 복합 네트워크로서의 웹1.5 등을 나누어보는 기준이 된다. 이는 지배냐 참여냐, 아니면 중개냐의 문제로 연결된다. 한편 정보화의 역사에서 중요한 문제였던 것 중의 하나는 네트워크(특히 인터넷)에서 물리적 링크 자체의 존재 여부였는데, 이에 따라서 유선 인터넷 모델, 무선 인터넷 모델, 유무선 복합 모델 등을 나누어볼 수 있으며, 이는 한국 정보화의 초기 역사에서 매우 중요한 변수로 작동했다.

요컨대, 이렇게 정보화 관련 용어와 개념들의 구성 과정은, 단순히 단어 선택의 문제가 아니라, (미래)개념사의 시각에서 본 한국 정보화의 사회사를 반영한다. 다시 말해, 정보화와 관련된 개념의 선택과 조합의 과정에 언어적 실천으로서 정보화의 개념이 담겨 있다는 말이다. 앞서 살펴본 바와 같이, 시공간을 복합한 미래개념사의 시각에서 볼 때, 정보화 개념의 '생성-전파-수용-번역-반역-역전파-중개' 과정에서 나타난 '개념-관념-담론' 복합체(즉 메타개념)의 경합은 그야말로 실재의 구성을 둘러싸고 벌어진 '언어적 실천'의 '표준경쟁'이었다고 할 수 있다. 이하에서는 이러한 과정에서 엿볼 수 있는 정보화 개념의 과거와 현재, 그리고 미래를 (국제)정치학의 시각에서 살펴보는 시론 작업을 펼쳐보도록 하겠다.

4. 전파와 수용: 미·일 정보화 담론 사이에서

정보화 개념의 전파와 수용이라는 시각에서 볼 때, 초창기 한국의 정보화는 대외적으로는 미국의 네트워크 담론과 일본의 네트워크 담론이 경합하는 가운데 진행되었다. 정보화를 추진하는 과정에서 한국은 미국과 일본 중에서 어느 쪽의 개념을 청사진으로 삼아서 정보화 시대의 네트워크 세상을 만들어가려고 했을까? 물론 미국과 일본의 정보화 담론을 지나치게 대립적으로 볼 필요는 없겠지만, 양국이 정보화의 선도 부문에서 패권을 잡기 위한 경쟁을 벌인 것은 사실이다. 이러한 경쟁 구도에서 한국이 미국과 일본 두 나라가 허브가 되어 만드는 네트워크 중에서 어느 쪽에 연결하려 했느냐의 문제는 한국에서 추진된 정보화의 개념적 궤적을 이해하는 데에 중요한 문제가 아닐 수 없다. 이러한 구도는 유무선 인터넷 담론과 유비쿼터스 담론의 전파와 수용을 놓고서 벌어졌으며, 향후 사물인터넷 담론의 전파와 수용 과정에서도 나타날 가능성이 있다.

첫째, 유무선 인터넷 담론의 전파와 수용이다. 초창기 인터넷 담론의 생성과 전파라는 점에서 미국과 일본의 담론은 상당한 정도의 차이를 보인다. 대별해서 보면 미국의 인터넷 담론은 정보화 시대 초창기의 유선(wired) 인터넷 담론을 기반으로 시작되었다. 미국 내뿐만 아니라 글로벌 차원에서 초고속 정보고속도로 구축의 유선 담론을 생성하고 전파해 왔으며, 그 후 이러한 유선 인터넷 모델 위에 무선(wireless) 인터넷 모델이 중첩되는 양상을 보였다고 할 수 있다. 이에 비해 일본은 다양한 국내적 여건의 특성으로 인해서 인터넷 초창기 유선 인터넷의 보급이 원활치 못했다. 게다가 국내 시장의 특수성을 활용하는 일본 정보통신 기업들의 전략과 관성으로 인해서 유선 인터넷보다는 무선 인터넷을 강조하는 담론과 서비스가 발달하는 특징을 보였다.

한국에서 인터넷의 보급과 관련해 주목을 끄는 점은, 유선 인터넷을 중심으로 발전한 미국 모델이나 무선 인터넷을 중심으로 발전한 일본 모델에 비교할 때, 한국 인터넷 모델이 양자를 모두 담아내는 일종의 복합 모델로 전개되었다는 사실이다. 실제로 1980~1990년대와 2000년대 한국의 인터넷 보급 모델은 유선 모델과 무선 모델이 모두 강점을 보이는 독특한 '유무선 퓨전 모델'의 모습을 보여주었다. 이른바 인터넷 강국의 이미지는 세계 1, 2위를 달리는 IT 인프라와 고속 인터넷의 보급률에 더불어 휴대폰과 같은 모바일 기기 및 무선 인터넷의 높은 보급률을 바탕으로 했다(Lee, O'Keefe and Yun, 2003; Shin, 2007; Kushida and Oh, 2007).

한국은 일찌감치 정부 주도로 국가 기간전산망 구축사업을 벌였다. 1980년대 전두환·노태우 정부 시기, '정보화=전산망구축'이라는 공식이 통용되었다. 1960년대 산업화 과정에서 박정희 정부가 오프라인의 교통망, 즉 고속도로망을 건설했듯이, 1980년대 전두환·노태우 정부는 온라인의 교통을 위한 정보고속도로 시스템을 정비했다. 1990년대 김영삼 정부에 이르러서는 2015년까지 정보고속도로를 구축해 미국과 일본에 이어 제2의 선두그룹으로 부상하는 목표를 설정했다. 1994년 12월에는 정보통신부를 설치했고, 1995년 8월 '정보화촉진기본법'을 제정했으며, 정보화촉진기본계획도 수립해 진일보한 국가정보화 계획의 청사진을 제시했다.

2000년대에 들어서면서 무선 인터넷 담론을 실현하는 정보화 노력이 민간을 중심으로 진행되었다. 특히 미디어 융합에 따른 새로운 환경에 적응하는 노력이 이루어졌다. 예를 들어, 한국은 세계 어느 나라보다도 앞서 DMB(digital media broadcasting)나 IPTV(Internet Protocol Television) 서비스를 선도적으로 개시했다. 또한 WCDMA(Wideband Code Division Multiple Access)와 같은 각종 이동통신 서비스나 와이브로(WiBro)와 같은 휴대인터넷 서비스도 선도적으로 개시해 테스트베드로서 한국의 통신시장의 이미지를 만들어냈다. 이와 더불어 선도적인 IT 인프라의 보급을 바탕으로 전자정부 서비스의 보급이나 전자상거래의 활성화를 위한 각종 서비스를 보급했다.

둘째, 유비쿼터스 담론의 전파와 수용이다. 초창기 유무선 인터넷에서 나타났던 한국 정보화의 특징은 2000년대에 이르러 이른바 유비쿼터스 분야에서도 나타났다. 2000년대 초반 RFID(Radio-Frequency Identification)로 요약되는 미국의 '유비쿼터스 컴퓨팅 모델'과 디지털 정보가전의 홈 네트워킹으로 요약되는 일본의 '유비쿼터스 네트워크 모델'이 복합적으로 전파 및 수용되는 양상을 보였다. 앞서의 유무선 인터넷 담론과 마찬가지로 미국과 일본의 유비쿼터스 담론은 완전히 상호배타적인 방식으로 작동한 것은 아니었다. 그러나 이러한 담론에 양국 기업들의 이익이 강하게 담겨 있음은 물론이었다.

사실 미·일의 유비쿼터스 담론의 기원에 얽힌 사연이 있다. 유비쿼터스라는 용어를 IT 분야에 처음으로 도입해서 사용한 사람은 미국의 제록스(Xerox)가 운영하는 팰로앨토연구소(Palo Alto Research Center)의 마크 와이저(Mark Weiser) 박사였다. 와이저는 1991년에 발표한 논문에서 어디에서나 컴퓨터에 접근이 가능한 환경을 '유비쿼터스 컴퓨팅'이라고 불렀다. 그러나 IT 분야의 역사를 거슬러 올라가보면, 어디서나 컴퓨터를 사용한다는 구상의 기원은 1980년대 초반, 일본의 트론(TRON: The Real-time

Operating-system Nucleus) 프로젝트에서 그 단초가 발견된다. 트론은 1984년에 당시 도쿄대학교 교수였던 사카무라 켄(坂村健)이 '어디에나 컴퓨팅(Computing Everywhere)'이라는 구상을 가지고 차세대 컴퓨팅을 구현하고자 시작했던 산학협동 프로젝트였다(김상배, 2004).

사람이 어디서든지 컴퓨터의 지원을 받을 수 있는 환경을 구현하는 방법으로는 두 가지를 생각할 수 있다. 하나가 모든 장소와 물체에 컴퓨터를 내장시켜 놓는 방법이라면, 다른 하나는 사람 자신이 직접 네트워크와 통신할 수 있는 기능을 갖춘 소형 컴퓨터를 가지고 다니는 방법일 것이다. 전자가 마크 와이저가 언급한 모든 곳에 편재하는 '유비쿼터스 컴퓨팅'이라면, 후자는 어디에든지 가지고 다닐 수 있는 사카무라 켄의 'Computing Everywhere' 구상에 기원을 두고 있다. 사카무라 켄은 전자를 유비쿼터스(ubiquitous)라는 라틴어가 의미하는 바 그대로 기독교적 유일신의 질서에 비유했는데, 이와 대비해 자신이 제시한 'Computing Everywhere'의 담론을 수많은 신들이 여기저기에 존재하는 일본 고유의 애니미즘질서에 비유했다(김상배, 2004).

이러한 차이는 유비쿼터스 시대의 인터넷 접속에 대한 미국과 일본의 기술 담론상의 차이를 반영했다. 다시 말해, 전자가 도처에서 브로드밴드 네트워크에 대한 접근이 가능해서 이동하는 곳마다 컴퓨터를 사용할 수 있는 미국형 '유선 인터넷 담론'의 원형을 이룬다면, 후자는 모바일 단말기에 컴퓨터 칩을 내장시켜 어디에서든 사용할 뿐만 아니라 이를 통해서 컴퓨터 칩이 내장된 정보가전제품들을 제어하는 일본형 '무선 인터넷 담론'의 모태라고 할 수 있다. 초창기 유무선 인터넷의 복합적 수용의 경우와 마찬가지로 유비쿼터스 시대를 맞이해서도 한국의 정보화는 이러한 두 가지 경합하는 유비쿼터스의 담론을 복합적으로 수용하는 특징을 보였다.

마지막으로, 사물인터넷 담론의 전파와 수용이다. 사물인터넷(IoT: Internet of Things)이란 사람, 사물, 공간 등 모든 것들(things)이 인터넷(internet)으로 서로 연결되어, 모든 것에 대한 정보가 생성·수집되고 공유·활용되는 것을 말한다. 사물인터넷이라는 용어를 처음 사용한 것은 1999년에 P&G의 케빈 애슈턴(Kevin Ashton)이 RFID 및 센서가 사물에 탑재된 사물인터넷이 구축될 것이라고 언급하면서부터이다(정혁·이대호, 2014). 그러나 용어 그 자체의 사용을 넘어서 그 뜻을 좀 더 폭넓게 보면 앞서 언급한 유무선 인터넷과 유비쿼터스 담론에 맥이 닿는다. 사물인터넷은 이미 존재하는 사물들의 네트워크를 인터넷에 연결하고 아울러 각 사물에 스마트 기능을 도입해 하나의 틀로 묶어내어 서비스를 제공하는 기술을 통칭한다.

현재 사물인터넷 기업들의 행보를 보면, 각기 다른 이해관계를 반영한 기술과 서비스를 표준으로 세우려는 경쟁을 벌이고 있다. 사물인터넷 경쟁은 주로 인프라 및 플랫폼 구축, 다양한 영역에서의 기기 개발, 데이터의 활용 등 세 가지 영역에서 주도권을 다투는 방식으로 진행되고 있다. 사물인터넷을 주도하는 주체가 누구냐에 따라서 각기 다른 플랫폼을 구축하고 이를 바탕으로 상이한 사물인터넷의 생태계가 창출될 가능성이 크다. 이러한 사물인터넷 경쟁에서 누가 승자가 될지는 아직 미지수이다. 적어도 현재 발견되는 경쟁의 구도에서는 사물인터넷 서비스의 주도권을 인터넷 플랫폼 기업들(구글, 애플 등)과 솔루션 기업들(IBM, 오라클 등)이 쥐고 있는 가운데, 가전, 자동차, 반도체 등의 하드웨어 제조역량을 보유하고 소프트웨어의 역량을 강화하고 있는 제조사들(예를 들어 독일, 일본, 중국, 한국 등의 제조업체)과 인프라를 장악한 통신사들이 추격하는 양상으로 나타나고 있다(박경수·이경현, 2015).

이러한 과정에는 국가별 담론의 차이도 발견된다. 물론 아직은 명확한 대립의 구도가 형성되었다고 보기는 어렵다. 그러나 미국이 중심이 되어 생성하는 사물인터넷 담론이, 중앙 서버가 존재하며 하나의 장치로 다른 여러 장치를 동시에 통제하거나 동기화하는 클라우드 컴퓨팅의 담론이라면, 독일이나 일본, 중국이 강조하는 담론은 이른바 M2M(Machine To Machine) 기반 인터랙션 데이터 저장의 사물인터넷 담론이다. 다시 말해, 미국의 담론이 외부에 서버를 둔 클라우딩 시스템과 빅데이터 활용 기반의 중앙제어적인 단허브형 네트워크 모델이라면, 독일이나 일본, 중국의 경우는 근접센서를 탑재한 기기들이 동일한 플랫폼을 기반으로 하여 통신하는 다허브형 네트워크 모델을 연상케 한다.

물론 이러한 두 가지 방식이 상호배타적으로 기능한다고 볼 수는 없다. 충분히 호환 가능하며, 기술의 발전 방향도 M2M 방식에서 클라우딩 방식으로 발전했기 때문에 현재 미국 기업들과 여타 국가의 기업들이 보유하고 있는 기술력의 차이를 반영한 담론의 생성으로 볼 수 있다. 예를 들어, 최근에는 중국도 클라우딩 방식의 기술표준을 확보하기 위해 노력하고 있으며, 이를 기반으로 한 사물인터넷 산업을 미래산업으로 밀고 있다. 그러나 중국의 정책적인 사물인터넷 구현에서 M2M 방식의 사물인터넷이 주축인 사업이 대다수이기 때문에, 앞으로의 방향을 전망할 때 근접센서 방식을 이용한 M2M 방식의 사물인터넷이 중국 내에서 좀 더 널리 확산될 것으로 예상할 수 있다(Bu, 2012). 실제로 GSMA 인텔리전스의 전망에 의하면, 〈그림 8-2〉에서 보는 바와 같이, 2014년 현재 약 1.4배 정도 미국을 앞서고 있는 중국의 셀룰러 M2M 연결이 2020년에 이르면 거의 2배에 이를 것으로 보인다.

좀 더 넓은 의미에서 이러한 경쟁의 양상은 '제4차 산업혁명' 담론의 차이에서도 나타난다(〈표 8-1〉 참조). 주요 국가들의 제4차 산업혁명 접근 전략은 크게 둘로 나누어진다고 한다. 그 하나는 서비스를 기점으로 하

그림 8-2

셀룰러 M2M 연결

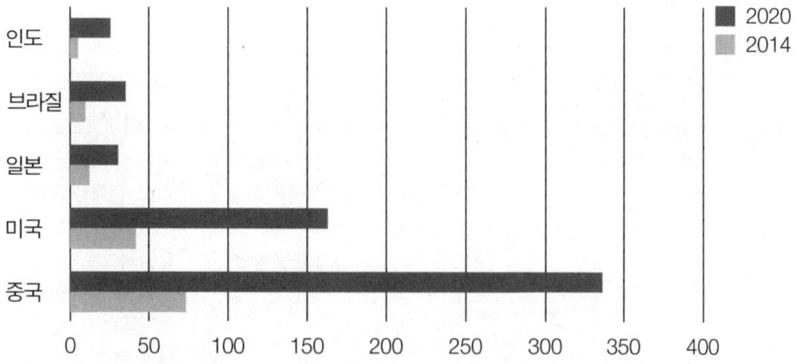

자료: 황원식(2015: 16)에서 재인용.

는 모델인데, 네트워크 플랫폼 모델로서, 검색, 광고, 상거래 등 네트워크 서비스를 지렛대로 로봇과 자동차 같은 현실 세계의 사업 분야로 확장해 가는 미국형 전략이다. 이 경우 클라우드에서 전 세계의 공장이나 제품에 대한 데이터를 수집하고 클라우드 서버에 데이터를 축적하며 인공지능으로 처리한다. 다른 하나는 제품을 기점으로 하는 모델인데, 제조 현장의 생산 설비와 로봇 등 현실 세계의 강점을 지렛대로 현장 데이터의 네트워크화를 통해 새로운 플랫폼 구축을 지향하는 독일형 전략으로서, 최근 인더스트리4.0으로 알려져 있다. 독일은 전통적인 제조 강국의 기반을 견고히 하는 한편, 자국의 제조 시스템을 표준화해 세계로 확장하고자 한다(하원규·최남희, 2015: 280). 이러한 상황에서 궁극적으로 한국이 어느 쪽의 담론에 친화적인 사물인터넷 또는 제4차 산업혁명 전략을 추진할 것인지의 문제가 앞으로 관건이 될 것이다.

표 8-1

주요 국가의 제4차 산업혁명 전근 전략 비교

구분	미국	독일	일본	중국
어젠다	산업인터넷 (2012년 11월)	인더스트리4.0 (2011년 11월)	로봇 신전략 (2015년 1월)	중국 제조 2025 (2015년 5월)
플랫폼	• 클라우드 중심의 플랫폼(클라우드 서비스의 수비 영역을 확정)	• 설비·단말 중심의 플랫폼(제조 시스템의 표준화를 통한 세계로의 수출)	• 로봇·IoT·AI를 연계한 지능 로봇화 플랫폼(로봇 플랫폼과 AI와 CPS 연계 플랫폼 추진)	• 인터넷 플러스 전략과 강력한 내수 시장 연계 플랫폼(제조 대국에서 제조강국으로의 전환 과정에서 파생되는 플랫폼의 사실상의 표준 전략)
추진 체계	• IIC(Industry Internet Consortium, 2014년 3월 발족) • GE, 시스코, IBM, 인텔, AT&T 등 163개 관련 기업과 단체	• 플랫폼 인더스트리4.0(2013년 4월) • 독일공학아카데미, 독일연방정보기술·통신·뉴미디어협회(BITKOM), 독일기계공업협회(VDMA), 독일전기전자제조업협회(ZVEI) 등 관련 기업과 산업단체	• 로봇혁명 실현회의(2016년 1월) • 로봇혁명 이니셔티브협의회(148개 국내외 관련 기업과 단체) • IoT 추진 컨소시엄(2016년 10월)	• 국무원 국가제조강국건설지도소조(國家製造强國建設指導小組) • 클라우드 컴퓨팅과 빅데이터 전략을 추진하는 인터넷 기업들과 연합
기본 전략	• 공장 및 기계 설비 등은 클라우드에서 지령으로 처리 • AI 처리와 빅데이터 해석을 중시하는 사이버(Cyber)에서 리얼(Real) 전략	• 공장의 고성능 설비와 기기를 연결해 데이터 공유 • 제조업 강국의 생태계를 살려서 리얼(Real)에서 사이버(Cyber) 전략	• 로봇 기반 산업 생태계 혁신 및 사회적 과제 해결 선도 • IoT, CPS, AI 기반 제4차 산업혁명 선도	• 5대 기본 방침, 4대 기본 원칙, 3단계 전략에 의한 강력한 국가 주도 제조혁신 전략 • 방대한 내수 기반의 지혜 도시(스마트 시티)와 제13차 5개년 계획과 연계

자료: 하원규·최남희(2015: 280).

5. 번역과 반역: 발전-규제-참여 담론의 경합

한국은 미국과 일본 등으로부터 전파된 정보화 개념을 단순히 수용하는 차원을 넘어서 '번역'의 과정을 통해 한국의 현실에 맞추어 나름대로의 정보화를 추구하는 노력을 보였다. 이는 비교 정보화 전략의 시각에서 한국형 정보화 모델을 논하게 되는 단초를 제공했다(유석진 외, 2006). 이러한 정보화의 번역 과정에는 19세기 이래 근대화나 1960~1970년대 이래 산업화에서부터 비롯되는 '전통 개념'이 상당한 영향을 미쳤음은 물론이다. 이러한 정보화 번역의 과정은 이명박 정부 초기에 이르러 부분적인 변환을 겪게 된다. 한편 이와는 별도로 노무현 정부를 거치면서 효율성 중심의 정보화 추진에 대응해 형평성과 참여를 내용으로 하는 새로운 정보화 담론이 부상했는데, 이는 정부 차원의 정보화 정책의 기조 변화와는 또 다른 차원의 '번역(飜譯)'이라는 의미에서 '반역(反譯)'이라고 해석할 수 있겠다.

초창기부터 정부가 주도한 한국의 정보화 정책은 이른바 발전국가(developmental state) 담론을 기반으로 하여 진행되었다(홍성걸 외, 2006). 정보 인프라 확충을 비롯한 상당수의 정보화 사업들이 정부 주도로 이뤄졌다. 1980년대의 국가정보화는 대부분 대통령이 주도한 하향모형에 의존했고, 대통령 의제 추진을 위해 행정, 재정 및 기술 자원을 적절히 배정하고, 투자예산의 확보와 신축적 운영을 위한 강력한 방법을 동원하는 방식이었다(송희준, 2009). 이러한 과정에서 공공 부문의 전산화를 통해 효율적인 정부를 구현하고, 국민 편익과 기업의 생산성을 제고하는 한편, 전산망 구축으로 인해 발생한 수요를 바탕으로 국내 정보통신산업이 발전할 수 있는 토대를 제공했다. 1994년에는 정보화 주무 정부부처인 정보통신부를 신설했고, 1995년에는 '정보화촉진기본법'을 제정했으며, 이를 기반으로 하여 1999년 '사이버 코리아 21', 2002년 'e-코리아 비전 2006', 2003년 '브로드밴드 IT코리아 비전 2007', 2006년 'U코리아 기본계획' 등과 같은 정부 주도의 정보화 계획을 발표해서 추진했다(정충식, 2009: 39~40).

이러한 과정에서 정보통신부의 산업정책과 규제정책, 특히 정보화 촉진기금, 정보화기본계획 등의 존재는 과거 경제개발기의 발전국가의 모습을 연상케 했다. 특히 정보화 추진 과정에서 "한국 정부는 장기적인 전략과 목표를 설정하는 설계자로서의 역할을 수행했다. 정보화의 초보 단계인 1970년대와 1980년대는 물론이고 인터넷의 확산을 통해 정보화가 본격 심화되는 1990년대 이후에도 전략적 중요성이 높은 서비스와 시장은 정부가 기획한 것이 많았다"(황종성, 2007: 9). 이렇게 발전주의 패러다임에 기초하고 있는 정보화 정책은 사회의 질적 발전보다는 기술과 산업의 양적 성장에 편향된 정책 목표를 설정했다는 비판을 받을 수밖에 없었다(김평호, 2006). 그럼에도 산업화 시대에 기원을 두는 발전국가 담론이 초창기 한국의 정보화에 끼친 긍정적인 영향도 무시할 수 없다. 게다가 1990년대에 들어와 신자유주의적 지구화의 진전과 민주화를 겪으면서 정부 주도의 모델은 일정한 정도의 변화를 모색하게 된다(문돈·정진영, 2014). 한편 오정연·안현수·신수정(2009)이 〈표 8-2〉와 같이 정리하고 있듯이, 거시적인 차원에서 본 인프라와 하드웨어 중심의 전산화 또는 국가정보화의 담론이 점차로 미시적인 일상 정보화의 담론을 수용하는 방향으로 진화하고 있음에도 주목할 필요가 있다.

이러한 와중에 이명박 정부의 출범 이후 정부조직 개편의 과정에서 이루어진 정보화 관련 부처들의 통폐합은 정보화 담론의 변화를 엿보게 하는 사례이다. 당시 지구화의 추세 속에서 시장의 자유화와 작은 정부를 지향하는 정부조직 개편을 추진하지 않을 수 없는 상황이 펼쳐졌다. 정보화 분야에서도 IT가 산업 전반에 쓰일 정도로 성숙함에 따라 IT 기능

표 8-2

시기별로 분석한 정보화 개념의 진화

시기	주요 정책	정책적 개념 변화	이론적 개념 변화
1975 ~1986	행정전산화계획	정보화란 컴퓨터 장치를 행정 업무에 활용함으로써 편리성을 추구하는 '전산화' 개념	물질의 변화 → 거시구조 변화
1987 ~1995	국가기간전산망 기본계획	정보화란 컴퓨터 장치를 행정 업무뿐 아니라 주요 공공 분야에 도입하고 이를 서로 연계해 정보교환을 신속히 하는 것	거시구조 변화 → 미시행위 변화
1996 ~2000	정보화촉진기본계획, 사이버 코리아 21 등	고성능 컴퓨터 보급을 개인 영역까지 확장하고 사회 전 분야가 네트워크를 형성해 좀 더 많은 용량을 신속히 전달하는 것	거시구조 변화와 미시행위 변화 → 의식의 변화
2001 ~2009	e-코리아 비전 2006, U코리아 기본계획, 국가정보화 기본계획 등	정보화란 정보의 활용 및 이용이 개개인의 일상이 되는 것. 정보화의 범위와 수단이 무한대로 확대	

자료: 오정연·안현수·신수정(2009: 15).

을 분리해 산업별로 내재화하는 것이 효율적이라는 주장이 득세했다. 특히 정보화 분야에서 이러한 정부조직 개편을 하는 이면에는 미디어 융합 담론이 자리 잡고 있었다. 통신과 방송 시장의 변화와 더불어 미디어 융합 환경에 적합한 규제체제를 마련할 필요성이 제기되었다. 다시 말해, 새로이 출현하는 미디어 융합의 환경변화에 적응하기 위해서는 과거의 '수직적 규제체계'를 탈피하고 '수평적 규제체계'가 도입되어야 한다는 이른바 규제국가 담론이 기존의 발전국가 담론을 대체해서 등장했다.

이명박 정부 출범 이후 이러한 규제국가 담론에 입각해서 이루어진 가장 큰 정책 환경의 변화는 2008년 2월 단행된 정보통신부의 해체였다. 방송통신 융합 등 미디어 융합, 행정개혁과 전자정부의 연계 강화, 정보통신진흥기금의 성격 및 배정 방법의 변화 등에 따른 정보통신부 해체는 불가피한 선택이 되었고 이에 따라 국가정보화의 주축은 정보통신부로부터 여타 정부부처로 분산되어 이동했다. 구체적으로 말해, 정보통신부가 폐지되면서 기존에 정보통신부가 담당하고 있던 정보화 관련 정책 기능이 방송통신위원회(방송통신 및 IPTV 등), 지식경제부(IT 산업 정책), 행정안전부(정보화 기획 기능), 과학기술부(IT 기술 혁신) 등으로 분산되었다. 이러한 정부조직 개편과 방송과 통신의 융합 시대에 대응하는 과정에서 미국 연방통신위원회(FCC: Federal Communication Commission)를 모델로 하는 이른바 영미형의 '수평적 통합 모델'이 한국 정보화의 방향을 전환케 한 청사진으로 기능했다.

이명박 정부의 정부조직 개편은 정보화를 추진하는 전담 기구의 필요성에 대한 논의와 함께 정보화의 언어적 구성과 실천이라는 점에서 한국형 정보화 모델의 변화를 야기한 중요한 계기가 되었다. 그렇지만 이러한 정부조직 개편에 대해서는 우려의 목소리도 컸던 것이 사실이다. 정보통신부는 출범 이후 한국의 정보화에 크게 기여했고 급속도로 빠르게 진행되는 기술발전에 따라 IT 전문 관료 조직이 필요하다는 점에서 정보통신부 해체에 대한 아쉬움도 등장했다. 또한 정보통신부의 해체로 인해 '또 다른 중복 규제의 체제'가 등장할 가능성에 대한 우려도 제기되었다. 게다가 2000년대 후반 IT 산업의 성장률이 저하되고 있는 이유를 세계적인 경기 침체보다는 정부조직 개편의 후유증으로 진단하는 분위기마저도 조성되었다. 이러한 정부 정책의 난맥상은 2010년에 이르러 이른바 '아이폰 쇼크'로 인해 논의의 전면에 등장했다.

이러한 분위기 속에서 제기된 정보화 전담 부처의 부활에 대한 목소리는 박근혜 정부 출범 이후 이루어진 정부조직 개편에 반영되어 정보화 정책 기능의 재분산이 이루어졌는데, 미래창조과학부, 산업통상자원부,

문화관광체육부, 행정안전부 등에서 정보화 업무를 재조정해서 맡게 되었다. 이러한 과정에서 특히 주목할 것은 이명박 정부의 정부조직 개편 이전에 정보통신부와 과학기술부가 맡고 있던 업무를 미래창조과학부로 통합했다는 사실이다. 특히 복수차관제를 도입해 제1차관은 과학, 제2차관은 정보통신기술을 담당하게 되었다. 미래창조과학부는 창조경제, 사이버 안보, 빅데이터, 사물인터넷, 클라우드 컴퓨팅, 모바일 컴퓨팅 등의 업무 전반에 걸쳐서 창조경제라는 슬로건을 구현하기 위한 정책을 펼쳤다. 그렇지만 이러한 정책적 행보는 기존의 산업화 담론이 정보화 담론을 덮어쓰는 모습이라는 비판을 초래하기도 했다.

이렇게 정부 부문에서 전개된 정보화 담론은 민간 부문의 기업 모델에도 투영되었다. 정보화 분야 기업 모델에 대한 논의는 산업화의 과정에서 나타난 기업 모델과 동일한 맥락에서 이해할 수 있다. 다시 말해, IT 분야의 현장에서 뛰었던 한국 기업의 조직 모델이나 IT 분야의 산업조직 모델을 살펴보면, 산업화 시대에까지 거슬러 올라가는 연속성이 발견된다. 예를 들어, 한국의 정보화와 IT 산업의 성공을 이끈 기업들은 엄밀한 의미에서 보면 벤처형 중소기업들이 아니다. 삼성, LG, SK, KT 등의 사례에서 보듯이 오히려 기존의 대기업이거나 그 자회사들이다. 그렇다고 이들이 전통적인 의미의 한국형 재벌이라고만은 볼 수 없고, 새로운 비즈니스 아이템을 가지고 대기업 그룹의 재정적 지원을 받는 이른바 전문 대기업 모델이라고 할 수 있다. 그렇지만 이러한 기업들의 조직 모델들은 여전히 '수직적 통합 모델'에 기반을 두고 있는 것도 사실이다(김상배, 2010: 418~419).

실제로 대기업의 존재는 한국의 정보화에서 아주 중요한 의미를 갖는다. 한국이 추진한 수출 지향적 산업화와 IT 부문의 압축 성장을 이루기 위해서는 해외시장에서 경쟁력을 갖춘 대기업의 육성이 필요했다. 이들 기업들은 반도체, CDMA 이동통신, 초고속인터넷, 와이브로 등 대규모 투자와 기술축적이 필요한 품목에 주력해왔다. 이러한 기술을 발전시키려면 장비제조업체와 서비스업체 모두 대규모 투자 능력을 가지고 있어야만 했다. 특히 공급이 선행하고 수요가 뒤를 따르는 공급 주도적 발전 모델에 있어서는 투자에 대한 이익이 실현되기까지 재정적 부담을 떠맡을 능력이 있는 기업의 존재가 반드시 필요했다. 이런 점에서 보면 한국의 IT 발전 전략은 그 속성상 대기업의 적극적 참여를 통해 실현 가능했고, 역으로 한국의 IT 산업 발전은 대기업의 자본축적을 더욱 가속화시키는 효과를 수반했다(황종성, 2007: 13~14).

흥미로운 것은 이러한 기업 모델들이 IMF경제위기를 겪으면서 개혁의 대상으로 지목되었으나 끝내 죽지 않고 적응의 과정을 거쳤다는 점이다. 이러한 모델이 한계를 가지고 있는 것도 사실이고, 이러한 문제점을 인식하고 있음에도 불구하고 기업의 조직관성으로 인해서 구조조정을 하지 못하고 있는 것도 사실이다. 그렇지만 이러한 기업 모델들은 IT 분야의 하드웨어 산업이나 지식기반 제조업 분야에서 그 효과를 발휘하고 있음도 무시할 수 없다. 1997년 소위 IMF 경제위기를 겪으면서 추격의 시대를 마감한 것으로 평가되는 나라로서 한국의 경제발전 모델에 대한 비판과 반성이 제기된 바 있었다. 그렇지만 그 후 10여 년간 한국 경제, 좀 더 구체적으로는 한국의 IT 산업 분야가 보인 행보를 살펴보면, 한때 극복의 대상으로만 여겨졌던 한국의 정치경제 모델이 IT 분야에서 한국의 성공을 이어나가게 하는 모델로서 작용했다는 평가를 낳게 한다.

특히 이러한 평가는 정부정책과 기업전략의 기저에 흐르는 사회적 담론을 보면 더욱 힘을 얻는다. 기업이나 정부를 주요 행위자로 하는 정치경제 모델의 차원을 넘어서는 IT 분야의 기술혁신체제나 여기서 더 나아가 이러한 IT 혁신을 뒷받침하는 정보화 문화라는 차원에서도 한국의 정보화는 산업화 시대로부터 이어져온 모델의 연속선상에서 이해할 수 있다. 예를 들어, IT 하드웨어 산업이나 지식기반 제조업을 뒷받침하는 방향으로 '대학·연구소·정부'의 기술혁신 네트워크가 형성·작동했다. 한편 '지적재산권법'이나 '반독점법'의 부과와 같은 기술문화와 지식레짐 분야에서도 한국의 정보화는 경제개발기의 유산을 여전히 떠안고 있다. 또한 20세기 후반 산업화 시대 동아시아 국가들의 성공과 함께 학계의 주목을 받았던, 이른바 아시아적 가치로 개념화되었던 사회문화적 요소들도 한국 정보화의 배경적 요소로서 작용하고 있다. 또한 IT 산업 분야에서 발견되는 다양한 인맥과 학맥의 네트워크는 산업화 시대에서부터 작동하던 한국의 독특한 사회문화적 요소이다(김상배, 2010: 420).

그러나 한국 정보화의 기저를 이루는 사회문화적 요소와 관련해 더욱 주목해야 할 것은 사이버 공간을 중심으로 새로운 대항 담론이 출현했다는 사실이다. 특히 2000년대 들어 인터넷이 널리 확산되면서, 1980년대 이후의 발전주의 담론 또는 그 변형으로서, 2000년대 후반의 규제국가 담론을 넘어서는 새로운 정보화 담론인 참여 담론이 출현했다. 이 글에서는 이러한 참여 담론을 기성 권력이 주도하는 정보화 담론의 '번역'과는 궤를 달리하는 현상으로 이해하고 정보화 담론의 '반역(反譯)'이라는 용어로 지칭했다. 이러한 반역 담론의 등장은 국내적 차원에서 위로부터의 정보화 담론과 아래로부터의 정보화 담론이 경합하는 맥락, 또는 기술효율성 담론과 사회형평성 담론의 경합이라는 맥락에서 이해할 필요가 있다.

이러한 참여 모델의 기원을 살펴보면, 인터넷상의 포털과 각종 문화동호회, 연예인과 정치인 팬클럽 등의 형태로 활동하던 네티즌들이 붉은악마나 노사모, 촛불집회 등을 통해서 사이버 액티비즘의 형태로 다양하게 발전되었다. 그런데 이러한 과정에서 중요한 점은 한국의 정치사회사에서 등장했던 예전의 참여 모델과는 달리 2000년대의 양상은 지식과 정보, 좀 더 구체적으로 인터넷과 모바일 통신기기를 매개로 한 새로운 정치적·사회적 참여 모델이라는 사실이다. 이러한 모델을 개념적으로 파악해보면, 동원 모델에서 참여 모델로 이행하는 과정에서 나타나는 한국의 독특한 특징을 보여준다. 2000년대 초반부터 한국 정치·사회에서 많은 사례들이 부상했지만, 정보화 담론의 변환이라는 관점에서 가장 주목할 것은 광우병의 우려가 있는 미국산 쇠고기의 수입 반대 문제와 연관되어 벌어졌던 2008년 촛불집회의 사례이다.

2008년 촛불집회의 복합적인 양상은 정보사회에 접어든 한국의 정치·사회 모델을 반영한다. 촛불집회가 내보인 모델은 '다이내믹 코리아(dynamic Korea)'라는 이미지를 가능케 한 사회문화적 광장 모델이었다. 이는 산업화 시대의 민주화 투쟁을 바탕으로 정보화 시대의 민주주의를 공고화하는 시민사회의 역동성을 반영하는 모델이다. 또한 경제발전과 민주화에도 불구하고 정체되지 않고 정치적·사회적 역동성을 보유하는 동태적인 면모를 내보이는 이미지이기도 하다. 다시 말해 촛불집회의 디지털 정치참여 모델은 권위주의와 시장경제의 조합으로 대변되는 '박정희 모델'을 넘어서 민주주의와 시장경제가 조합되는 '김대중 모델'로의 이행을 담아내고 있다. 이러한 경제발전과 민주주의에 대한 보편적 열망이 인터넷을 도구로 하여 '노무현식'의 다이내믹 코리아 모델로 표출되었다고 평가할 수 있겠다(김상배, 2010: 428).

6. 역전파와 중개: 한국형 정보화 모델의 발산?

정보화 개념의 수용과 번역의 차원을 넘어서 한국의 정보화가 대외적으로 갖는 의미는 무엇일까? 정보화 분야에서 일정한 정도의 성과를 거둔 한국이 개념적 차원에서 정보화를 역전파할 가능성은 없을까? 만약에 이러한 가능성이 있다면 대외적으로 수출될 한국형 정보화 모델에 담길 내용은 무엇일까? 이렇게 정보화의 역전파 가능성에 대한 기대는 지난 수십여 년 동안 한국이 이룩한 정보화 분야에서의 성과를 바탕으로 할 뿐만 아니라 최근 개도국에서 중견국으로 도약한 한국의 외교적 역량의 증대를 배경으로 해서 생성되고 있다. 특히 단순히 한국이 이룩한 정보화의 성과를 대외적으로 발산하는 차원을 넘어서 선진국과 개도국 사이에서 중견국 외교를 모색하고 있는 한국 외교 전반의 문제의식과도 통한다. 더 나아가 이러한 문제의식은 한국이 추구하는 정보화 모델이 새로이 창발할 미래질서에서 어떠한 위상을 차지할 것인가의 문제와 연결된다.

이 글에서 주목하는 한국형 정보화 모델의 내용은 크게 정보화의 전개 과정에서 정부가 담당했던 발전국가로서의 역할, 대기업들이 주도했던 지식기반 제조업의 모델, 그리고 발달된 인터넷 환경을 활용한 정치참여의 활성화 등의 세 가지로 요약된다. 물론 이러한 정보화 모델이 드러낸 문제점도 적지 않다. 무엇보다도 신자유주의적 지구화의 전개와 국내적 민주화 이후 정부의 설계자 역할은 더욱 어려운 상황을 맞고 있다. 급변하는 경쟁 환경에 대처하기에는 대기업의 수직적인 조직 모델은 유연성이 떨어진다. 게다가 최근 소셜 미디어를 활용한 정치적·사회적·문화적 참여의 활성화는 중우주의(衆愚主義)의 우려를 낳기도 한다. 그럼에도 한국의 정보화가 밟아온 궤적은 다른 국가들의 정보화에 나름대로의 모범을 보였다. 이러한 점에서 보면 한국형 정보화 모델은 대기업 모델과 발전국가 모델의 조합으로 대변되는 동아시아형 발전 모델이 산업화 시대의 성공과 좌절을 겪고 나서 정보화 시대에 이르러 나름대로 적응하는 모델로 그려질 수 있다. 다시 말해 정보화를 맞는 한국의 정치경제 모델은 산업화 시대의 모델을 완전히 대체하는 것이라기보다는 변화하는 기술·산업 환경에 맞추어 변환하는 모델로서 평가할 수 있다. 따라서 한국의 정보화에 대해서 단순히 성공이냐 실패냐를 묻는 방식을 넘어서 다른 나라의 정보화 사례들과 비교해 한국이 지닌 독특한 특징이 무엇인지를 밝히는 것이 중요할 것이다.

한국형 정보화 모델에 대한 논의를 펼쳐나감에 있어서 이 글이 특별히 주목하는 점은 한국의 정보화에서 이른바 '서울 컨센서스'의 요소들이 얼마나 발견되느냐의 문제이다(손열 엮음, 2007). 서울 컨센서스는 산업화와 민주화를 동시에 달성한 한국이 정보화 국면에 접어들면서 세계를 향해서 제시하는 모델의 의미를 지닌다. 서울 컨센서스는 베이징 컨센서스와 워싱턴 컨센서스를 모두 품는 개념인 동시에, 유사한 국가전략의 과제를 안고 있는 국가들의 발전 경로를 보여주는 동태적인 모델의 성격을 강하게 지닌다. 그도 그럴 것이 한국의 정치경제체제는 베이징 컨센서스에서 논하는 것과 같은, 박정희 시대의 개발독재 모델을 딛고 일어서 경제성장을 하면서도 민주화의 역동성을 잃지 않는 동태적 과정의 가능성을 보여주었기 때문이다. 발전국가 담론에서 시작해서 규제국가 담론을 거쳐 정치참여 담론의 '반역'을 경험한 한국의 정보화 모델은 이러한 단초를 품고 있다. 이런 점에서 서울 컨센서스는 베이징 컨센서스와 워싱턴 컨센서스의 시계열적 경로를 보여주는 동태적 모델인 동시에, 양자를 모두 엮어내는 일종의 '메타 모델(meta-model)'의 가능성을 지니고 있다(김상배, 2010: 414).

이러한 맥락에서 최근 정보화 분야의 한국이 벌이고 있는 국제협력 사업들에 주목할 필요가 있다. 글로벌 정보격차 해소사업과 관련된 IT 분야 교류협력의 일환으로서 ODA(Official Development Assistance) 형태의 IT 분야 개도국 지원, 정보화 선진국으로서 한국의 개발 경험의 전수, 인터넷 청년봉사단 파견 등이 진행되었다. 동남아시아 국가들을 상대로 한 전자정부 자문사업과 전자정부 모델의 수출, 그리고 한국형 표준화 모델의 전파 등도 유사한 맥락에서 이해할 수 있는 사례들이다. 이러한 맥락에서 선진국과 개도국을 잇는, 한국의 정보화 분야 중견국 외교의 가능성도 논해볼 수 있으며, 더 나아가 한국이 글로벌 정보화질서에서 차지하는 새로운 위상과 역할을 상정해볼 수도 있을 것이다.

이러한 한국의 정보화 외교의 내용은 선진국과 개도국 사이에서 담당할 중견국으로서의 역할과 밀접히 관련이 있다. 중견국으로서 한국이 제시할 글로벌 정보화 리더십의 내용은 무엇인가? 이는 국제사회에서 캐나다, 호주, 스웨덴, 노르웨이 등과 같은 국가들이 수행하는 중견국의 역할 모델에서 유추해볼 수 있다. 예를 들어, 물질적 국력은 중간 정도이지만 나름대로 자신의 매력을 발산하는 중견국 모델을 떠올려볼 수 있지 않을까? 이러한 맥락에서 볼 때 정보화 분야에서 서울 컨센서스가 지향하는 목표는 '글로벌 일등국가'나 또 하나의 '아류 제국'이 되고자 하는 것이 아니라, 오히려 글로벌 차원의 중견국으로서의 '조정적 보편성'을 추구하는 데 있다고 보아야 할 것이다(김상배, 2010: 436~437).

그러나 글로벌 정보화 거버넌스 분야에서 최근 한국이 추진하고 있는 중견국 외교의 양상은 그러한 역할을 담당하기가 쉽지 않음을 여실히 보여주었다. 예를 들어, 2012년 12월에 두바이에서 열린 WCIT(World Conference on International Telecommunication)에서 시도된 ITR(International Telecommunications Regulation)의 개정을 위한 투표 당시 한국은 선진국과 개도국 사이에 끼어서 난감한 상황이 연출되었던 바 있다. 결과적으로 한국은 89개국의 구사회주의권 국가 및 개도국 그룹에 합류해서 ITR 개정에 찬성표를 던졌다(〈그림 8-3〉의 검은색). ITR 개정에 공식적으로 반대한 국가들은 55개국이었으며(〈그림 8-3〉의 진한 회색), 나머지 국가들은 비회원국들이었다(〈그림 8-3〉의 연한 회색). 한국의 투표 직후 한국의 어느 언론 보도는 한국 정부가 인터넷을 통제하려는 속내를 드러낸 행태였다고 비난했다(≪동아일보≫, 2012.12.17). 정부가 개정된 ITR이 국내 규정이나 국가이익에 모순되지 않는다고 발표했지만, 언론은 OECD 회원국이자 2010년에는 G20의 주최국이었던 한국이 민주주의 정치체제와 자유무역 체제를 신봉하는 서방 국가들과 다른 입장을 취했다는 사실을 우려했다. 이러한 연속선상에서 볼 때, 향후 사이버 안보의 국제 규범과 글로벌 거버넌스 형성 과정에서 한국은 유사한 종류의 딜레마를 다시 겪을 가능성이 크다(Kim, S., 2014: 340~341).

이러한 상황을 고려하면 한국의 정보화 외교는 기존의 선진국들이 만들어놓은 질서, 또는 선진국들과 개도국들이 경합하는 질서 내에서 어떠한 위상을 차지할 것인가에 대한 부단한 고민이 필요하다. 이러한 고민은 한국형 정보화 모델을 수출하는 맥락에서만 제기되는 것이 아니라, 빠르게 변화해가는 글로벌 IT 환경에서 새로이 전파될 가능성이 있는 외래 정보화 담론을 수용 또는 번역하는 문제와도 연관될 수 있다. 이러한 점을 고려하면, 경우에 따라서 한국이 생각하는 미래 네트워크 담론을 대외적으로 제시하는 노력도 병행할 필요가 있다. 미래 정보화를 추구하는 관점에서 볼 때 한국에 유리한 정보화 분야 글로벌 네트워크의 아키텍처와 운영 방식은 무엇인가? 한국이 그러한 네트워크의 아키텍처와 운영 방식을 스스로 고안할 수 없다면 누가 만드는 어떠한 네트워크로 편입해야 하는가? 그리고 네트워크 안에서 한국은 어떠한 위치를 차지하고

그림 8-3

2012년 WCIT의 ITR 개정 투표에 참가한 나라들의 분포

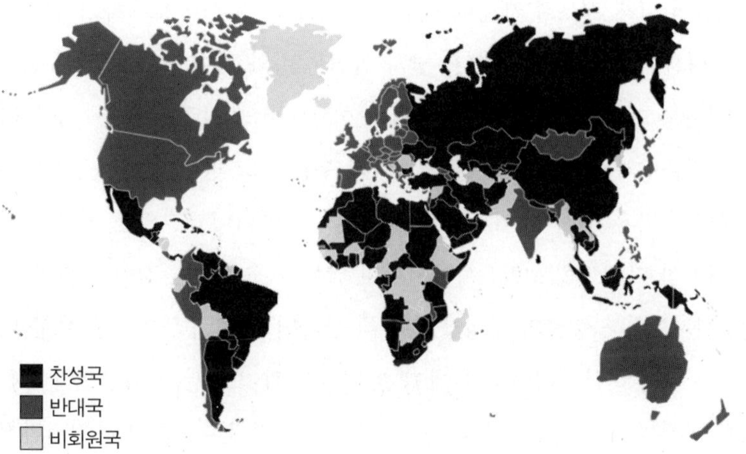

자료: S. Kim (2014: 340)에서 재인용.

국내적으로는 어떠한 정보화를 '번역'해야 하는가?

앞서 살펴본 바와 같이, 과거 한국이 추진했던 정보화는 미국이 짜 놓은 네트워크의 판에 일본의 네트워크 담론이 도전하는 맥락에서 '자리 잡기'를 모색했다고 할 수 있다. 그런데 앞으로 미래에는 유사한 종류의 '자리 잡기'를 미국과 중국이라는 두 강대국 사이에서 벌여야 할 가능성이 크다. 그렇다면 미래개념사의 시각에서 볼 때, 미국과 중국 사이에서 한국은 어떠한 정보화 담론을 생성 또는 수용해야 하는가? 이러한 논의는 미국과의 관계를 설정하는 문제보다도 최근 급부상하는 중국과의 관계를 어떻게 설정할 것이냐의 문제와 연결된다. 궁극적으로 21세기 미래 권력을 놓고 벌이는 미국과 중국의 경합 사이에서 한국이 추구하는 중견국으로서의 입지라는 것이 존재할 것인가? 어쩌면 미래 정보화 담론과

관련해 이러한 고민을 하는 것 자체가 미래개념사의 시각에서 이해하는 언어적 실천의 한 방편이라고 할 수 있다.

사실 미래 정보화 세상에 대한 나름대로의 방편을 모색하기 위해서는 남다른 상상력이 필요하다. 앞서 살펴본 바와 같이, 기독교적 유일신의 질서를 연상시키는 미국 주도의 단허브형 사물인터넷 담론, 즉 클라우드 컴퓨팅과 빅데이터 담론의 적극적 수용이 그 방편이 될 수 있을까? 아니면 수많은 신들이 여기저기에 존재하는 애니미즘질서를 연상케 하는 일본의 다허브형 M2M 사물인터넷 담론을 수용하는 것이 적합한 방편일까? 그러나 중국의 부상을 염두에 둔다면 미국 주도의 단허브형 네트워크 담론은 아니더라도 이에 대한 대안을 과거 일본이 제시했던 다허브형 네트워크 담론에서만 찾을 필요는 없을 것 같다. 굳이 종교철학적 전통에서 네트워크 담론의 원형을 찾자면, 사실 동아시아의 전통 문화는 오히려 유교나 불교 또는 노장사상의 안에 좀 더 풍부한 힌트를 지니고 있다.[3] 여하튼 앞으로는 미국과 중국의 네트워크 담론이 경합할 것으로

3 이러한 맥락에서 아직 초보적이지만 한국이 제시할 미래 정보화 담론으로서 유불선의 세계관과 우주관에 기반을 둔 탈허브형 네트워크 담론의 가능성을 둘러볼 필요가 있다. 이러한 탈허브형 담론은 허브가 있더라도 이를 우회하는 노드들 간의 상호작용이 빈번해서 그 허브의 존재 의미가 퇴색된, 그야말로 허브와 노드의 구분이 무색한 종류의 네트워크를 상정한다. 이러한 네트워크를 개념화하는 다양한 노력이 학계에서 벌어지고 있지만, 잠정적으로 '포스트 네트워크(post-network)'나 '메타 네트워크(meta-network)' 등으로 불러볼 수 있을 것이다. 또한 '네트워크들의 네트워크(a network of networks)'라는 의미에서 명명한 '망중망(網重網)'이라고 부를 수도 있다. 사실 이러한 망중망은 화엄경에서 말하는 중중무진제망(重重無盡帝網)의 탈허브형 네트워크와도 맥이 닿는데, 구슬과 구슬이 인연(因緣)을 맺어서 연결되는 와중에 구슬 하나하나가 부처가 되는 네트워크인 인드라넷(Indranet)의 아키텍처와도 유사하다. 이러한 중중무진제망과 인드라넷에 대한 논의는 만청과의 대화에서 착상을 얻었다. 한편 성리학에서 말하는 송대와 명대 사대부들의 네트워크에 드러나는 아키텍처와 작동 방식에서도 새로운 네트워크의 미래 담론에

예상되는 가운데 한국이 추구할 미래 정보화 개념에 대한 고민을 바탕으로 누구보다 먼저 매력적인 개념을 개발해서 전파하는 것은 미래개념사의 시각에서 볼 때 매우 중요한 국가전략의 사안이 아닐 수 없다.

7. 맺음말

이 글은 (국제)정치학의 시각에서 한국의 정보화 개념의 과거, 현재, 미래를 살펴보는 시론의 작업을 펼쳤다. 이렇게 정보화의 개념사를 살펴보는 작업은 정보화의 과거를 평가하고 현재를 진단하는 차원을 넘어서, 다가오는 미래 정보화를 자신에게 좀 더 유리한 방향으로 개척하려는 언어적 실천의 동학을 탐구하는 의미를 가진다. 이 글이 코젤렉이 주도한 독일 개념사의 연속선상에서 새로운 연구 방법으로서 미래개념사를 제안한 것은 바로 이러한 이유 때문이었다. 이러한 문제의식을 바탕으로 하여 이 글이 파악한 한국의 정보화는 이른바 한국형 정보화 모델을 모색하는 언어적 실천의 양식들이 서로 경합하는, 국내외 차원의 표준경쟁이라는 시각에서 이해될 수 있다. 이렇게 개념의 과거와 현재, 미래의 지평 속에서 벌어진 정보화 개념의 표준경쟁은 대체로 세 가지로 요약될 수 있다.

첫째, 정보화 개념의 전파와 수용이라는 차원에서 볼 때, 한국의 정보화는 미국의 정보화 담론과 일본의 정보화 담론이 경합하는 가운데 수용 및 전개되었다. 이러한 구도는 크게 두 차례에 걸쳐서 형성되었는데,

---

대한 힌트를 얻을 수 있을 것이다. 이렇게 해서 생성되는 네트워크를 통칭해서 부르자면 일종의 '천하망라(天下網羅) 네트워크'일 것이다.

1990년대 인터넷의 도입과 확산 과정에서 미국이 주도하는 유선 인터넷 담론과 일본이 주력한 무선 인터넷 담론이 경합하는 구도가 펼쳐졌으며, 2000년대에는 모든 곳에 컴퓨터를 내재시키는 미국형 유비쿼터스 컴퓨팅을 한편으로 하고, 정보가전 기기들이 서로 통신하며 네트워킹하는 일본형 유비쿼터스 네트워크 담론이 다른 한편을 차지하는 구도를 형성했다. 이러한 구도에서 한국의 정보화는 미국과 일본의 개념을 복합적으로 수용해 번역하는 양상으로 전개되었다.

둘째, 정보화 개념의 번역과 반역이라는 차원에서 볼 때, 한국의 정보화는 위로부터의 정보화 담론과 아래로부터의 정보화 담론이 경합하는 가운데 기술효율성을 앞세우는 정부-기업 담론과 사회적 형평성을 강조하는 시민참여 담론이 양대 축을 이루는 양상으로 나타났다. 김영삼 정부와 이명박 정부, 그리고 박근혜 정부를 거치면서 정부 주도의 정보화 담론은 그 형식과 내용의 변화를 겪었지만, 전반적으로 정보화의 번역 과정에서 산업화 시대로부터 이어져 내려오는 발전국가 담론이 주류를 형성했다. 이러한 정부의 정책은 정보화 분야 대기업들을 지원하면서 한국형 정보화 모델의 가능성을 엿보게 했다. 그러나 2000년대 들어서 사회 전면으로 나선 네티즌들의 참여와 소셜 네트워크의 힘은 한국의 정보화 과정에서 새로운 반역의 계기를 마련했다.

끝으로, 정보화 개념의 역전파와 중개라는 차원에서 볼 때, 한국의 정보화는 한국이 이룩한 정보화의 성과와 비전을 대외적으로 투사하는 기대와 함께, 중견국 외교의 모색이라는 맥락에서 선진국과 개도국을 중개하는 모델의 발산이라는 과제를 안고 있다. 그러나 한국의 정보화는 국내적 차원에서 정보화 개념을 번역하는 과정에서 창출한 모델이 대외적 차원에서 정보화 강국의 리더십을 발휘하는 데 다소 모순적 요소로 작용하는 딜레마를 안고 있는 것도 사실이다. 2012년 WCIT의 ITR 개정

투표에서 한국이 처했던 사정에서 보는 바와 같이, 최근 글로벌 정보화 거버넌스 분야에서 경험하고 있는 한국 정보화 외교의 난맥상은 이러한 현실을 잘 반영한다. 궁극적으로 향후 한국이 미래 정보화 담론을 성공적으로 창출하기 위해서는 국내외 두 차원 모두에서 서로 호환되는 정보화 담론을 번역해야만 하는 과제를 안고 있다.

이러한 과정에서 도출된 한국형 정보화 모델의 내용은 크게 외래 정보화 개념의 복합적 수용, 정부의 발전국가로서의 역할, 대기업 주도 산업조직 모델, 디지털 정치참여의 활성화, 중견국 정보화 외교의 추진 등으로 요약된다. 그런데 여기서 한 가지 유의할 점은, 지난 수년여 동안 제기되었던 정보화 개념들이 단지 이렇게 다섯 가지로 요약되는 획일적인 모습으로만 나타났던 것이 아니라는 사실이다. 정보화의 각 행위 주체들이 자신들에게 유리한 현실을 창출하고자 경합하는 모습을 다양하게 내보였으며, 이러한 와중에 특정한 개념-관념-담론의 복합체가 표준의 지위를 획득하게 된 것으로 이해해야 할 것이다. 이러한 양상은 주로 외래 정보화 담론을 수용하고 번역 및 반역하는 과정에서 나타났지만, 2000년대 이후에는 정부와 기업이 주도한 효율성 위주의 번역에 대항하는 반역의 목소리가 출현했다. 이런 점에서 볼 때, 한국의 정보화는 미래 개념사의 시각에서 본 언어적 실천의 경합 과정으로 그려진다.

개념사의 시각에서 볼 때 앞으로 미래 정보화의 개념을 살펴보는 과정에서 가장 유의해야 할 것은, 과거에는 주로 미국과 일본의 경쟁이라는 구도 속에서 한국 정보화의 길이 모색되었다면, 앞으로는 중국이 일본의 자리를 대신하게 될 것이라는 사실이다. 특히 최근 급성장하고 있는 중국의 인터넷 기업들이나 사물인터넷 산업의 기세로 미루어볼 때 미국과 중국 사이에서 한국이 어느 쪽으로 네트워킹할 것이냐의 문제를 놓고 고민이 깊어질 것으로 예상된다. 이러한 구조 변환의 전망 속에서 한국이 기본적으로 갖추어야 할 역량은, 미국과 중국 그 어느 쪽과도 배타적이지 않은 관계를 설정하는, 다시 말해 호환성을 지닌 미래 정보화 개념을 생산해 내는 일이다. 이렇게 대외적으로 호환되는 개념을 성공적으로 창출하기 위해서 국내적 차원에서도 정부·기업·사회의 세 주체가 상호 포용적인 관계를 유지하는 것이 중요함은 물론이다. 또한 글로벌 차원에서도 정보화를 선도하고 있는 선진국들을 설득하고, 한국의 성과에 주목하는 개도국들의 지지를 끌어내는 매력적인 상상력의 발휘도 필요하다.

요컨대, 미래개념사의 연구 방법을 원용한 (국제)정치학의 시각에서 보면 정보화라는 개념의 생성과 전파 및 수용은 단순히 중립적인 현상이 아니라 국내외 행위자들의 이익과 권력이 개입하는 정치현상의 대표적인 사례이다. 따라서 정보화는 19세기 근대화와 20세기 산업화의 역사적 연속선상에서 벌어지고 있는 국내외 권력 변환의 맥락에서 이해해야 한다. 역사 속의 근대화와 산업화의 개념사가 근대 국민국가 행위자들의 전통 권력 게임을 반영했다면, 21세기 정보화 개념의 전파와 수용, 번역과 반역, 그리고 역전파와 중개가 발생하는 현상은 신흥 권력(emerging power)을 둘러싼 새로운 행위자들의 각축을 반영한다. 이러한 시각에서 보면, 정보화는 과거의 경험지평 속에서 미래의 기대지평을 열어가는 언어적 실천의 첨단에 있는 현상 중의 하나이다. 강조컨대, 한국의 미래 국가전략을 거시적으로 통찰하는 미래개념사의 차원에서 정보화 개념을 살펴보는 작업의 의미는 바로 여기에 있다. 이러한 문제의식을 바탕으로 향후 한국의 정보화 개념에 대한 후속 연구가 활발히 진행되기를 기대해 본다.

참고문헌

김상배. 2002. 「정보화에 대한 대응: 한국형 정보화 전략의 모색을 위한 시론」. 세종연구소. 『21세기 도약을 위한 세계화 전략: Upgrade Korea』. 세종연구소. 143~163쪽.

_____. 2004. 「트론(TRON)의 세계정치경제: 일본형 컴퓨터표준의 좌절과 유비쿼터스 담론의 기원」. ≪국제정치논총≫, 44집 3호, 101~123쪽.

_____. 2010. 「지식·문화 분야에서 IT모델의 확산」. 동북아역사재단 엮음. 『동아시아 공동체의 설립과 평화 구축』. 동북아역사재단. 409~440쪽.

_____. 2012. 「근대한국의 기술개념」. 하영선·손열 엮음. 『근대한국 사회과학 개념 형성사 2』. 창비. 307~341쪽.

김용구. 2008. 『만국공법』. 소화.

김인성. 2011. 『한국 IT산업의 멸망』. 북하우스.

김평호. 2006. 「뉴미디어-정보화 정책과 개발주의 패러다임의 문제」. ≪한국언론정보학보≫, 통권 36호, 231~254쪽.

나인호. 2011. 『개념사란 무엇인가: 역사와 언어의 새로운 만남』. 역사비평사.

문돈·정진영. 2014. 「'발전국가모델'에서 '신자유주의모델'로: '한국발전모델' 논쟁에 대한 비판적 평가」. ≪아태연구≫, 21권 2호, 129~164쪽.

박경수·이경현. 2015. 『사물인터넷 전쟁: 누가 승자가 될 것인가?』. 동아엠엔비.

박근갑 외. 2015. 『개념사의 지평과 전망』 개정증보판. 소화.

손열 엮음. 2007. 『매력으로 엮는 동아시아: 지역성의 창조와 서울 컨센서스』. 지식마당.

송희준. 2009. 「국가정보화정책의 성찰과 전망」. ≪The e-Bridge≫, 7월호, 82~111쪽.

송희준·조택. 2007. 「한국의 전자정부」. ≪정보화정책≫, 14권 4호, 20~37쪽.

오정연·안현수·신수정. 2009. 「정보화정책에 기반한 정보화 개념 재정의」. ≪IT정책연구시리즈≫, 10호. 한국정보화진흥원.

유석진 외. 2006. 『정보화와 국가전략: 서구와 아시아의 비교 연구』. 푸른길.

유선영 외. 2007. 『한국의 미디어 사회문화사』. 한국언론재단.

이광석. 2012. 「디지털 정보 문화사 25년의 궤적과 미래: 새로운 접근과 방법 모색」. ≪Local Informatization Magazine≫, 74권, 5·6월호, 64~67쪽.

이혜원·명승환. 2013. 「국내의 정보화 및 전자정부 연구동향 분석」. ≪정보화정책≫, 20권 4호, 3~22쪽.

정보통신정책연구원 엮음. 2005. 『(정보통신정책핸드북 제3권)정보사회와 정보화정책』. 법영사.

정충식. 2009. 「국가정보화 추진체계에 대한 비판적 검토: 추진체계의 변화과정을 중심으로」. ≪한국지역정보화학회지≫, 12권 4호, 39~66쪽.

정혁·이대호. 2014. 「사물인터넷의 진화와 정책적 제언」. ≪KISDI Premium Report≫,

14-03.
하영선. 2004. 「변화하는 세계와 개념사」. ≪세계정치≫, 기획특집: 개념 도입사, 25(2), 3~13쪽.
하영선·손열 엮음. 2012. 『근대한국의 사회과학 개념 형성사 2』. 창비.
하영선 외. 2009. 『근대한국의 사회과학 개념 형성사』. 창비.
하영선 외. 2014. "전파모임 세미나 기록." 2014년 4월 26일. http://www.hayoungsun.net/panelView.asp?code=ys_meet2&idx=509&id=meet2&page=1 (검색일: 2016.2.28).
하원규·최남희. 2015. 『제4차 산업혁명』. 콘텐츠하다.
한국정보화진흥원. 1993~2014. 『국가정보화백서』. 한국정보화진흥원.
홍성걸 외. 2006. 『정보화시대의 신성장국가론』. 나남.
홍성욱 엮음. 2010. 『인간·사물·동맹: 행위자네트워크 이론과 테크노사이언스』. 이음.
홍성태. 2005. 『지식사회 비판』. 문화과학사.
황원식. 2015. 「중국 사물인터넷 산업 동향과 시사점」. ≪산업분석≫, 11월호, 14~-23쪽.
황종성. 2007. 「한국식 정보화 모델의 탐색」. ≪정보화정책≫, 14권 4호, 4~19쪽.

Bell, Duncan S. 2011. "The Cambridge School and World Politics: Critical Theory, History and Conceptual Change." Working Paper, First Press.
Berger, Peter L. and Thomas Luckmann, 1966. *The Social Construction of Reality.* Garden City. New York: Anchor Books.
Bu, Fanjin, 2012. "Development Plan of Internet of Things In China." Institute of Electronic Technology Standardization Ministry of Industry and Information Technology of China.
Foucault, Michel. 1980. *Power/Knowledge: Selected Interviews and Other Writings, 1972~1977.* New York: Pantheon Books.
Keller, Reiner. 2011. "The Sociology of Knolwedge Approach to Discourse(SKAD)." *Hum Stud,* Vol. 34, pp. 43~65.
Kim, Pyungho. 2006. "Is Korea a Strong Internet Nation?" *The Information Society,* Vol. 22, pp. 41~44.
Kim, Sangbae. 2014. "Cyber Security and Middle Power Diplomacy: A Network Perspective." *Korean Journal of International Studies,* Vol. 12, No. 2, pp. 323~352.
Koselleck, Reinhart. 1985. *Futures Past: On the Semantics of Historical Time.* Cambridge, MA: MIT Press.
_____. 1998. "Social History and Begriffsgeshichte." in Iain Hampsher-Monk, Karin

Tilmans, and Frank van Vree. eds. *History of Concepts: Comparative Perspective.* Amsterdam: Amsterdam University Press.

_____. 2002. *The Practice of Conceptual History: Timing History, Spacing Concepts.* Stanford: Stanford University Press.

Kushida, Kenji and Seung-Youn Oh. 2007. "The Political Economies of Broadband Development in Korea and Japan." *Asian Survey,* Vol. 47, No. 3, pp. 481~504.

Lee, Heejin, Robert M. O'Keefe, and Kyounglim Yun. 2003. "The Growth of Broadband and Electronic Commerce in South Korea: Contributing Factors." *The Information Society,* Vol. 19, pp. 81~93

Müller, Jan-Werner. 2011. "European Intellectual History as Contemporary History." *Journal of Contemporary History,* Vol. 46, Iss. 3, pp. 574~590.

Shin, Dong-Hee. 2007. "A Critique of Korean National Information Strategy: Case of National Information Infrastructures." *Government Information Quarterly,* Vol. 24, pp. 624~645

Skinner, Quentin. 1969. "Meaning and Understanding in the History of Ideas." *History and Theory,* Vol. 8, pp. 3~53.

지은이 소개(가나다순)

구갑우

북한대학원대학교 교수이다. 일본 도야마대학교 외래교수, 릿쿄대학교 방문연구원을 지냈다. 연구 분야는 국제정치경제, 북한외교, 남북한 문학이다. 지은 책으로는 『분단된 마음의 지도』(2017, 공저), 『북한의 국제관과 동북아 질서』(2011, 공저), 『국제관계학 비판: 국제관계의 민주화와 평화』(2008), 『비판적 평화연구와 한반도』(2007) 등이 있고, 논문으로는 "The Discursive Origins of Anti-Americanism in the Two Koreas"(2017), 「탈식민·탈패권·탈분단의 한반도 평화체제」(2016), 「북한 소설가 한설야(韓雪野)의 '평화'의 마음(1), 1949년」(2015), 「제2차 북미 핵갈등의 담론적 기원」(2015), 「북한 '핵담론'의 원형과 마음체계, 1947년~1964년」(2014), 「아일랜드섬 평화과정 네트워크의 형태변화」(2013), 「탈식민적 분단국가의 재생산: 남북한과 아일랜드-북아일랜드의 사회적 장벽」(2012) 등이 있다

김상배

서울대학교 사회과학대학 정치외교학부(외교학 전공) 교수이다. 서울대학교 사회과학대학 외교학과를 졸업하고, 동 대학원에서 석사학위를, 미국 인디애나대학교에서 정치학 박사학위를 받았다. 정보통신정책연구원(KISDI) 책임연구원, 일본 GLOCOM(Center for Global Communications) 객원연구원 등을 역임했다. 저서로는 『버추얼 창과 그물망 방패: 사이버 안보의 세계정치와 한국』(2018), 『아라크네의 국제정치학: 네트워크 세계정치이론의 도전』(2014), 『정보혁명과 권력변환: 네트워크 정치학의 시각』(2010), 『정보화시대의 표준경쟁: 윈텔리즘과 일본의 컴퓨터 산업』(2007) 등이 있다.

김성배

국가안보전략연구원 수석연구위원이다. 서울대학교 외교학과에서 학사, 석사, 박사학위를 받았다. 주요 연구로는 「미중시대 북한의 국제정치 읽기와 대응」(2014), 「한국의 근대국가 개념 형성사 연구」(2012), 『유교적 사유와 근대 국제정치의 상상력』(2009) 등이 있다.

김준석

가톨릭대학교 국제학부 부교수이다. 서울대학교 외교학과에서 정치학 학사와 석사학위를, 미국 시카고대학교에서 "Making States Federatively: Alternative State Formation in Early Modern Europe"으로 정치학 박사학위를 받았다. 저서로 『근대국가』(2011)가 있고, 주요 논문으로는 「1차세계대전의 교훈과 동아시아 국제정치」(2014), 「17세기 중반 유럽 국제정치의 변환에 관한 연구」(2012) 등이 있다.

김현철

동북아역사재단 한일관계연구소 책임연구위원이다. 서울대학교 외교학과를 졸업하고, 동 대학원에서 정치학 석사 및 박사학위를 받았다. 고려대학교 평화연구소의 연구교수와 일본 도쿄대학교의 외국인 객원연구원을 역임하였다. 주요 관심 분야는 한국정치외교사와 한일관계 등이다. 주요 저서로 『갑오년의 동아시아: 1894와 2014』(공저, 2015), 『근대한국의 사회과학 개념 형성사 2』(공저, 2012), 『근대한국 국제정치관 자료집 1-개항·대한제국기』(공저, 2012), 『한국정치사상사 문헌자료 연구(III): 조선 개항기편』(공저, 2006) 등이 있다. 또한 「개항기 청의 대조선 정책」(2016), 「二十世纪初韩国的和平思想(20세기 초 한국의 평화사상)」(2014), "Ahn Jung-geun's Treatise on Peace in the East and Its Implications for the Peace of Northeast Asia"(2011), 「구한말 한국지식인의 '국제사회' 인식의 유형과 특성」(2008) 등을 비롯해 근대 한국외교사와 정치사, 동북아국제관계사에 관한 다수의 논문이 있다.

마상윤

서울대학교 외교학과 학부 및 대학원에서 공부했고, 영국 옥스퍼드대학교에서 국제관계학 박사학위를 받았다. 가톨릭대학교 국제학부 교수로 재직 중이며, 미국 브루킹스 연구소와 우드로 윌슨 센터에서 방문연구위원으로 활동한 바 있다. 현재는 외교부 외교전략기획관으로 봉직 중이다. 연구 분야는 한미 관계를 중심으로 미국 외교정책, 동아시아 국제정치, 냉전사 등에 걸쳐 있다. 주요 논문으로는 「글로벌 냉전과 동북아시아」(2015), 「박정희 시대 한국의 민주주의와 한미관계」(2014), 「미중관계와 한반도: 1970년대 이후의 역사적 흐름」(2014), 「적(敵)에서 암묵적 동맹으로: 데탕트 초기 미국의 중국 접근」(2014), 「1970년대 초 한국외교와 국가이익: 모겐소의 국익론을 통한 평가」(2012) 등이 있다.

손열

연세대학교 국제학대학원 교수 및 동아시아연구원(EAI) 원장이다. 서울대학교 사범대를 졸업하고 미국 시카고대학교에서 정치학 박사학위를 받았다. 중앙대학교 조교수 및 부교수, 도쿄대학교, 와세다대학교, 노스캐롤라이나대학교(채플힐), 캘리포니아대학교(버클리) 방문교수를 거쳤고, 전공은 일본 및 동아시아 국제정치경제이다. 최근 저서 및 편저로는 『대한민국 시스템, 지속가능한가』(2018), *Japan and Asia's Contested Order*(공편, 2018), *Understanding Public Diplomacy in East Asia*(공편, 2016), 『한국의 중견국 외교: 역사, 이론, 실제』(공편, 2016), 『갑오년의 동아시아: 1894와 2014』(공저, 2015), 『나눔의 사회과학』(공저, 2014), 『일본 부활의 리더십』(2013), 『근대한국의 사회과학 개념 형성사 2』(공편, 2012) 등이 있다.

전재성

서울대학교 정치외교학부 교수이다. 서울대학교 외교학과에서 학사, 석사학위를 받았고, 미국 노스웨스턴대학교에서 정치학 박사 학위를 받았다. 저서로는 『정치는 도덕적인가: 라인홀드 니버의 초월적 국제정치사상』(2012)과 『동아시아 국제정치: 역사에서 이론으로』(2011)가 있다.

하영선

동아시아연구원(EAI) 이사장이며 서울대학교 명예교수이다. 서울대학교 외교학과에서 학사 및 석사학위를, 미국 워싱턴대학교에서 국제정치학 박사학위를 받았다. 서울대학교 외교학과 교수로 재직(1980~2012)했고, 미국 프린스턴대학교 국제문제연구소와 스웨덴 스톡홀름 국제평화연구소의 초청연구원이었으며, 서울대학교 국제문제연구소장, 미국학연구소장, 한국평화학회 회장을 역임했다. ≪조선일보≫와 ≪중앙일보≫에 "하영선 칼럼"을 7년 동안 연재했고, 한국외교사, 개념사, 정보세계 정치, 동아시아연구원의 연구모임 들을 이끌며 한국 국제정치학의 길을 개척해왔다. 최근 저서 및 편저로는 『사행의 국제정치: 16~19세기 조천·연행록 분석』(공저, 2016), 『1972 한반도와 주변4강 2014』(2015), 『2020 한국외교 10대과제: 복합과 공진』(2013), 『하영선 국제정치 칼럼 1991~2011』(2012), 『근대한국의 사회과학 개념 형성사 1, 2』(공저, 2009, 2012), 『복합세계정치론: 전략과 원리 그리고 새로운 질서』(공저, 2012), 『역사 속의 젊은 그들』(2012), 『북한 2032: 선진화로 가는 공진전략』(공저, 2010), 『한일신시대를 위한 제언: 공생을 위한 복합 네트워크의 구축』(공저, 2010) 등이 있다.

한울아카데미 2079

한국 사회과학 개념사
조공에서 정보화까지

엮은이 **하영선, 손열**
지은이 **구갑우, 김상배, 김성배, 김준석, 김현철, 마상윤, 손열, 전재성, 하영선**
펴낸이 **김종수**
펴낸곳 **한울엠플러스(주)**
편집 **김다정**

초판 1쇄 인쇄 **2018년 6월 15일**
초판 1쇄 발행 **2018년 6월 29일**

주소 **10881 경기도 파주시 광인사길 153 한울시소빌딩 3층**
전화 **031-955-0655**
팩스 **031-955-0656**
홈페이지 **www.hanulmplus.kr**
등록번호 **제406-2015-000143호**

Printed in Korea.
ISBN 978-89-460-7079-0 93300(양장)
ISBN 978-89-460-6501-7 93300(반양장)

* 책값은 겉표지에 표시되어 있습니다.